中资矿业企业海外并购理念与实务解析

张源 ◎ 著

The Concepts and Practice of Chinese Mining Companies in Overseas Mergers and Acquisitions

企业管理出版社
ENTERPRISE MANAGEMENT PUBLISHING HOUSE

图书在版编目（CIP）数据

中资矿业企业海外并购理念与实务解析 / 张源著 . —北京：企业管理出版社，2021.5
ISBN 978-7-5164-2210-6

Ⅰ . ①中… Ⅱ . ①张… Ⅲ . ①矿业—工业企业—企业兼并—跨国兼并—研究—中国 Ⅳ . ① F426.1

中国版本图书馆 CIP 数据核字 (2020) 第 169032 号

书　　名	中资矿业企业海外并购理念与实务解析
作　　者	张　源
责任编辑	赵喜勤
书　　号	ISBN 978-7-5164-2210-6
出版发行	企业管理出版社
地　　址	北京市海淀区紫竹院南路 17 号　　邮编：100048
网　　址	http://www.emph.cn
电　　话	编辑部（010）68420309　　发行部（010）68701816
电子信箱	zhaoxq13@163.com
印　　刷	北京虎彩文化传播有限公司
经　　销	新华书店
规　　格	710 毫米 ×1000 毫米　　16 开本　　15.25 印张　　227 千字
版　　次	2021 年 6 月第 1 版　　2021 年 6 月第 1 次印刷
定　　价	68.00 元

版权所有　　翻印必究　　印装有误　　负责调换

序 言

张源撰写的《中资矿业企业海外并购理念与实务解析》一书顺利出版，必将有助于我国矿业企业到海外发展业务，把握国际市场机会，成功获取优质矿业项目。

我国矿业企业走国际化的发展道路是大势所趋。这方面的尝试已经进行了近20年。我作为一名矿业领域的专业工作者和管理者，亲历了几十年来国际矿业市场的跌宕起伏，感受到了中资矿业企业在国际矿业并购和运营方面的快速进展。

最初，中资企业带着国内矿业的运营理念，到环保要求较低、劳动力价格低廉的发展中国家寻找矿山项目，以国内技术标准衡量国外矿业项目，认为特别便宜的项目就买，然后按中国方式经营，结果大多失败。后来，中资企业渐渐理解了各国国情和政策法规的差异，熟悉了国际矿业技术标准，认识了真正优质的矿业项目，并根据企业的控制权和财务并表的要求，追逐成熟的、利润好的生产矿山项目，却发现这样的项目或者不卖，或者价格昂贵，因此很难找到理想的项目。

近年来，国际并购的理念日趋成熟，中资企业开始根据自己的需要和技术特长，选择资源潜力大的矿山生产和开发项目，并且通过与国际矿业企业的合作，渐渐适应国际矿业的大环境，取得了可喜的成就。

紫金矿业集团是我国矿业企业海外发展道路上的一名优秀领跑者。因工作关系，我有幸见证了紫金矿业集团在海外发展过程中所取得的可喜可贺的业绩。十几年来，紫金矿业集团在海外矿业并购方面勇于探索，努力进取，坚持不懈，在北美、南美、非洲、欧洲、亚洲和澳洲各地寻找项目和机会，积累了丰富的经验和教训。尤其自2013年以来，紫金矿业集团抓准了国际市场的有利时机，成功收购了一系列的海外优质矿业项目，并且在若干项目上取得了可观的收益。如今，紫金矿业集团已经发展成为名副其实的大型国际矿业企业。

中资矿业企业，尤其紫金矿业集团，在海外扩张发展中取得的可喜进展和可贵经验，值得深入总结、发扬光大。本书作者张源在紫金矿业集团长期从事海外矿业项目并购和运营管理工作，他结合自己亲身的经历、独立的思考和感悟，比较全面地总结了紫金矿业集团在海外矿业并购中的理念和方法，并将其提升到国际并购理论的高度。

本书是从事海外矿业项目并购和经营管理人员的良师益友，还特别为非矿业专业人员提供了行业背景知识和国际并购的基本工作程序，有很强的实用性。

杨开辉

2020 年 10 月 15 日

加拿大多伦多

杨开辉，中国地质大学（北京）博士，加拿大 NI43-101 资质地质师。曾任加拿大巴里克黄金公司（Barrick Gold Corp）高级地质顾问、世界银行（华盛顿）高级矿业顾问、紫金矿业集团副总裁、加拿大上市公司亚洲现代资源公司总裁等职。

前 言

十五年前，笔者沿史迪威公路故道一路向南，过腊戍，越瓦城，直抵仰光。次月沿伊洛瓦底江北返，仲夏某日到达瓦城矿山，凝远目，漫天星斗，意神驰。自此投身矿业，四海漂泊。

每每回首，湄公河畔的悠扬钟声，安第斯山的皑皑白雪，蒙古戈壁的飘逸驼队，一幕幕如昨日；皓首穷经，多少日夜，财务模型的折磨，各式合同的拉锯，层出不穷的突发事件的冲击，一年年似流水。不知不觉，走过青年，步入中年，种种磨难，都成如烟往事。

中资企业走向海外，一路筚路蓝缕，有失有得。如何将先行企业的海外并购经历进行如实记录并结合理论进行分析，如何将其内部并购从业人员的隐性知识一一梳理固定为显性知识，是一项兼具理论和现实双重意义的工作。目前有关并购相关理论与实务的专著汗牛充栋，但是理论上多为专业院校学者的外部研究，实务上则多是律所从业者及企业法务专家从并购程序和法务工作角度出发的研究，都难以真正从宏观角度审视并购与运营的整个过程，鲜有人基于工作经验分析进行理论回归并将多专业相关知识做框架性总结。因此，此类书籍对于计划投资海外的中资企业（特别是矿业企业）思考海外投资战略、构建海外投资与运营架构、组织海外投资与运营团，对于有志于投身海外矿业并购的非地采选专业的从业者而言，虽有值得肯定的分类别细项借鉴意义，但也有源自无法真正融入案例历史和掌握时序性原始数据的原生不足。中资企业并购团队成员下沉到运营阶段后，从内部观察者的角度基于全流程案例对此进行反思和补充研究，并对法务之外的技术经济、地采选、并购流程等基础性框架知识进行要点总结，应该是对目前研究的有益补充。

在这十几年的海外矿业并购与运营生涯中，笔者有幸在不同性质的大型企业平台上汲取营养、积累经验，对矿业企业从并购项目到运营项目的各个方面，都慢慢有了些粗浅的认识。遂整理笔记，通过案例研究的方式记录企业项目并购过程，并将碎片化的地采选、估值和法务知识进行总结。通过这本浅显的小书，如果计划投资海外矿业的企业管理者能根据自身企业实际思考投资路径、并购团队新成员能对海外矿业并购有初步的框架认识，进而可以读懂专家学者在细分类别上的专著，笔者心愿足矣。

张源

2021年春于无雨之城

目　录

第一章　国际化模式案例研究 …………………………………… 1
一、文献回顾 ……………………………………………………… 1
（一）范式 ……………………………………………………… 2
（二）乌普萨拉模型 …………………………………………… 3
（三）演化经济学 ……………………………………………… 7
（四）企业理论 ………………………………………………… 9
（五）结论 ……………………………………………………… 11
二、研究方法 ……………………………………………………… 12
（一）数据收集 ………………………………………………… 12
（二）编码 ……………………………………………………… 12
三、案例研究 ……………………………………………………… 13
（一）概述 ……………………………………………………… 13
（二）编码分析 ………………………………………………… 15
（三）乌普萨拉改进模型（AU模型）………………………… 20
四、结论、启示与研究局限 ……………………………………… 22

第二章　矿业基础知识 …………………………………………… 25
一、项目阶段性 …………………………………………………… 25
（一）国内项目阶段划分 ……………………………………… 25
（二）西方项目阶段划分 ……………………………………… 27
（三）中外分类对比 …………………………………………… 29
（四）矿业项目价值/风险变化 ……………………………… 30
（五）总结 ……………………………………………………… 30
二、矿业企业分类 ………………………………………………… 31

三、地采选基础知识 ································ 32
（一）地质 ······································· 32
（二）采矿 ······································· 35
（三）选矿 ······································· 39

四、黄金成本标准 ···································· 40

五、资源量与储量标准 ································ 41
（一）国内标准 ··································· 41
（二）西方体系 ··································· 42
（三）体系对比 ··································· 43

六、项目技术简报 ···································· 46
（一）结构 ······································· 47
（二）公司概况 ··································· 47
（三）交通、基建与地理 ··························· 47
（四）历史工作与矿权沿革 ························· 48
（五）区域地质（简述） ··························· 48
（六）矿床地质（简述） ··························· 48
（七）矿体地质（重点） ··························· 48
（八）采选矿总结 ································· 49
（九）其他资产概述 ······························· 51
（十）估值 ······································· 51
（十一）风险分析 ································· 51
（十二）结论与建议 ······························· 52

七、并购流程 ·· 52
（一）一对一交易 ································· 52
（二）招标 ······································· 53

八、并购架构 ·· 54
（一）考虑因素 ··································· 54
（二）主要形式 ··································· 54

九、融资 ·· 54

第三章　估值 ······ 57
一、方法概述 ······ 57
二、现金流法 ······ 58
　（一）框架公式 ······ 58
　（二）估值思路与数据基础 ······ 61
　（三）分项说明 ······ 65
　（四）公司基本面分析 ······ 82
　（五）报价模型 ······ 86

第四章　尽职调查 ······ 89
一、基础知识 ······ 89
　（一）尽职调查框架与流程 ······ 89
　（二）尽职调查人员与结论 ······ 90
　（三）尽职调查的作用 ······ 91
二、业务调查 ······ 91
三、法律调查 ······ 93
　（一）公司事务 ······ 94
　（二）矿业法 ······ 94
　（三）矿权 ······ 94
　（四）重大合同与诉讼 ······ 94
　（五）人事信息 ······ 95
　（六）交易审批 ······ 95
四、财税调查 ······ 96
　（一）财务调查 ······ 96
　（二）税务调查 ······ 97
五、社区调查 ······ 98

第五章　法务 ······ 99
一、非约束性报价函 ······ 99
　（一）文件名称 ······ 99
　（二）文件篇幅 ······ 100

（三）相关概念 ·· 100
　（四）内容分解 ·· 101

二、股权购买协议（Share Purchase Agreement）············· 114
　（一）价格（Price）·· 114
　（二）陈述与保证（Representations and Warranties）······ 114
　（三）对价调整机制（Price Adjustment Mechanism）······· 124
　（四）先决条件（Condition Precedent）······················ 127
　（五）不招揽、不谈判条款（No Shop，No Talk）··········· 130
　（六）承诺条款（Covenants Clause）························· 131
　（七）交割（Closing/Completion）··························· 132
　（八）公告（Public Announcements）························ 134
　（九）披露（Disclosure）······································ 134
　（十）重大不利变化（Material Adverse Change）··········· 135
　（十一）保护机制：分手费与反向分手费 ··················· 139
　（十二）保护机制：未来盈利定价机制（Earn Out）········ 141
　（十三）保护机制：其他机制 ································ 142
　（十四）赔偿（Indemnity）···································· 142
　（十五）终止（Termination）································· 147
　（十六）语言与解释（Language and Construction）········ 149
　（十七）其他条款/一般性条款（Miscellaneous Provisions）·· 150

三、其他法律文件 ··· 159
　（一）保密协议（CA/NDA）··································· 160
　（二）顾问聘用协议（Engagement Letter）·················· 162
　（三）股东协议（Shareholders Agreement）················· 165

附件 ··· 179
　附录1　矿业并购专业术语 ····································· 179
　附录2　全球在产铜、金、银矿项目汇总 ···················· 202

参考文献 ·· 225
后记 ··· 233

第一章　国际化模式案例研究

随着中国经济的高速发展，中国新兴矿业企业纷纷走向海外，紫金矿业集团股份有限公司（以下简称"紫金矿业"）是其中重要一员。自2005年涉足海外项目以来，紫金矿业在11个国家有投资；根据2019年年报，紫金矿业海外金、铜、锌资产占总资产的49.42%；境外矿产金、铜、锌产量分别占公司总量的62.53%、41.44%、52.46%；境外金、铜、锌资源量约占公司总量的69%、82%、33%，国际化程度远超同行企业。但是，对于紫金矿业进行海外投资的原因和以收购为主的国际化方式，学界鲜有进行全周期历时研究者。就相关理论而言，乌普萨拉模型（以下简称"U模型"）虽是研究企业国际化的重要理论工具，模型创始人也不时引入新变量修改，并开始向其理论渊源进行有限回归，但学界对其仍有质疑。在这种特殊情境下，基于乌普萨拉模型，以紫金矿业为分析样本，对其国内与国外两个发展阶段（截至2016年）进行对比分析，不仅有一定的理论意义，对于志在海外的中资矿业企业群体也有实践参考意义。

一、文献回顾

基于库恩的范式理论和以乌普萨拉模型为基础的各层次理论之间的渊源关系，本章提供了一个综合理论框架。理论分析层次包括：①提供微观研究课题现象解释——作为基层工具的 U 模型；②提供研究课题载体背景解释和核心理论概念——作为中层理论的企业理论（资源基础观/动态能力论）；③提供宏观理论研究假设——作为高层理论的演化经济学。

首先，在基层工具方面，学界认为 U 模型是国际化领域最有影响力的理论，其适应性得到认可。Marjorie 等的研究指出有大量中国样本企业的国际化遵循了 U 模型。因此，U 模型是适合企业国际化历时研究的工具，亦即直接的基层理论工具。

其次，在中层理论方面，RBV 是基于潘罗斯理论发展而来的理论，被认为是乌普萨拉模型的直接理论渊源。因此，资源基础观/动态能力的分析，特别知识、能力、企业家等核心概念，对于乌普萨拉模型的演进研究具有深远意义。换言之，作为模型载体，企业理论为乌普萨拉模型提供企业层面的中层理论支持。

最后，在高层理论方面，基于学者们的研究，演化经济学是国际化研究的重要经济学渊源。Johanson 等提出乌普萨拉模型应该被置于一个与新古典经济学相悖的环境中研究。这意味着演化经济学适合作为乌普萨拉模型的高层经济学渊源。

（一）范式

为了理解本书提出的演化经济学—企业理论—U 模型三层理论链条，需要用 Kuhn 的范式理论从框架和历史角度进行分析。换言之，本书三层理论体系之外，在高层经济学理论之上，需要一个全局性分析工具来判断上述理论的定位与发展阶段。

虽然 Kuhn 指出社会科学的范式应用还是一个不确定的问题，但他仍然认为范式这个概念是有弹性的，可以在任何学科中得到应用，且社会科学的研究还处于前范式阶段。Laudan 也认为在社会科学领域存在着范式，而 Dosi 已经成功地将范式应用于经济学领域。在应用于演化经济学领域时，范式概念更被认为是富有成效的，范式概念实际上是演化经济学角度的基础性概念。

Kuhn 最初认为范式是一个语言模式，是某学科研究发展的方案模板，也是一个基于某种哲学的学科传统和分析模式。后又进一步认为范式是一个科学共同体承认的概念框架，意图发现和解释现实。Kuhn 将范式理论的发展过程分为四个阶段（如图 1-1 所示）：前范式阶段（学界没有形成对现象的唯一解释）；常规科学阶段（学界形成了对现象的唯一解释）；科学革命阶段（范式由于受到非常规案例的冲击而产生解释困难，但仍在试图调整）；新常规科学阶段（旧范式无法解释非常规案例而导致崩溃，新范式从而诞生）。科学革命（Scientific Revolutions）意味着范式转换（Paradigm Shift）的开始。

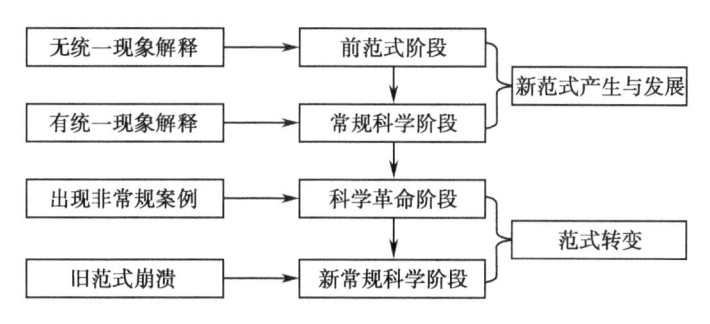

图 1-1 范式理论的发展阶段

资料来源：KUHN T S. The Structure of Scientific Revolutions [M]. 2nd Edition. Chicago, Illinois: The University of Chicago Press, 1970.

社会科学的研究仍处于前范式阶段，演化经济学—企业理论—U 模型三层理论体系也不例外。首先，在高层经济学理论层次，Foster 和 Metcalfe 指出演化经济学领域仍有很多未决问题，亦即无统一现象解释。其次，在中层企业理论层次，虽然资源基础观和其相关的企业理论的经济学渊源是演化经济学，但 Priem 和 Butler 认为，企业理论的大多数研究还是静态的，或者说是均衡的，即在理论渊源和理论研究实际中出现了矛盾。这说明尚未进入常规科学阶段。最后，在基层理论工具层次，学者们在 U 模型应用范围问题上并没有统一看法，补充模型例外很普遍，亦即具体研究中仍存在理论分裂。因此，从这三层理论的发展程度看，可以认为三层理论体系，甚至可以说国际化研究仍然处于前范式阶段，进一步的体系整合或辨析是必须的。

（二）乌普萨拉模型

1. 理论缘起

企业国际化研究可以追溯到 18 世纪，但就现代而言，Hymer 是最早进行系统性研究的学者。根据他的垄断优势理论可知，企业通过跨国经营获得规模和知识上的垄断优势，进而取得垄断利润。Buckly和Casson同期提出了内部论，即跨国企业的子公司可以通过建立内部交易市场解决知识与技术外部交易的低效问题。之后，Johanson和Vahlne开创性地提出乌普萨拉模型（如图1-2所示），以瑞典企业为研究对象，以知识和心理距离为两个研究重点或国际化成长的两个维度，通过分析知识发展和逐步投入的互动、投资国与企业所在国的心理距离与投资顺序之间的关系，描述了企业国际化过程的特点，提出国际化是企业逐步递进决策的结果。具体而言，心理距离方面，投资企业所在国与目标国之间广泛存在的文化、管理、语言和教育等方面的差异决定着企业对外投资的方式。知识方面，可以用两个有内在联系的次级过程表示：经验学习和承诺构建。企业国际化的过程中有两种决策顺序：在资源投入程度上，企业选择进入国外市场的过程是由较低资源投入向较高资源投入过渡；在区域选择上，企业首选心理距离近的国家，而后向心理距离远的国家发展。简言之，企业倾向于在与企业所在国心理距离近的国家进行渐进性资源投入。

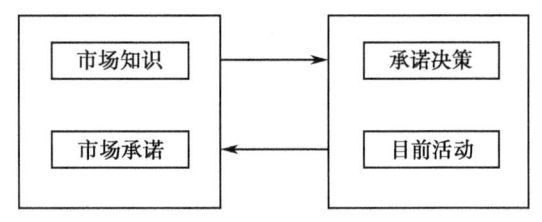

图1-2 乌普萨拉模型

资料来源：JOHANSON J, VAHLNE J E. The Internationalization Process of the Firm-A Model of Knowledge Development and Increasing Foreign Market Commitments[J].Journal of International Business Studies, 1977（1）：23-32.

2. 理论发展

U模型诞生后，企业国际化成为独立的研究领域，Dunning、Oviatt和McDougall分别提出了著名的折衷论（企业对外投资需具备所有权、内部化和区位优势）和国际新创企业论（企业在创立之初就要利用国际资源和市场以获得竞争优势）；Luo和Tung提出了为获取战略资产、弥补其竞争劣势从而进行国际化的跳板论；Cheung和Qian提出了企业国际化是母国投资政策推动的制度论；Marjorie等提出了将内向积累的经验向海外输出的内向论。但是学界仍认为U模型是这个领域最有影响力的理论，Marjorie的研究也指出仍有大量中国样本企业的国际化遵循了U模型。U模型研究的背景与新古典经济学相悖；模型解释对象是企业的历时演化；研究内容主要是经验学习和承诺构建；研究重点是过程和心理距离；补充模型例外很普遍；动态能力和网络因素等新变量的研究成为热点。总之，U模型仍是适合于企业国际化历时研究的工具，其适应性得到认可，这来源于模型的包容性。

3. 理论缺陷与体系归因

U模型被学者们从不同角度提出质疑，主要是因为传统U模型缺乏对整体理论框架的审视，较少从作为其中层理论渊源的企业理论中汲取营养，也没有以作为其高层理论渊源的演化经济学理论的演化思想为研究出发点，这导致了对企业家因素的忽略、非理论渊源的新古典经济学的介入及使用情境的局限性等问题。

第一，仅考虑引入更多新变量或影响因素，而不是从整体理论体系框架考虑，是U模型研究和实际应用的主要缺陷。进行点状补充研究，提出各种新变量的学者不胜枚举，即便是模型提出者Johanson和Vahlne也在后续研究中陆续引入新变量。虽然我们惊喜地发现他们在使用网络概念和动态能力对模型进行修改，但遗憾的是，其出发点仍缺乏体系思维。这种补漏式的思考方式暴露出来的理论问题在于U模型与其渊源理论（演化经济学与企业理论）没有实现同步发展，或者说当基础理论工具在实践中遇到无法解释的问题时没有寻找中高层理论的系统性指引。

与此相同，U模型因缺乏对企业家因素的分析而被诸多学者所质疑，如Axinn和Matthyssens认为U模型无视企业管理层的作用，其核心问题还是缺乏范式思维和理论体系思考。从企业家或者管理者的角度考虑问题是奥地利学派的传统，而奥地利学派的理论渊源之一是Schumpeter的企业理论。Schumpeter对企业能力理论做出了巨大贡献，企业家因素研究是其核心贡献。因此，企业家因素并不能被称为新变量，它是U模型理论渊源的一部分（如图1-3所示）。为了讨论企业国际化过程问题，自然有必要研究企业家因素。换言之，企业家因素在相关研究中被忽视，问题在于高层理论的发展成果并未应用于基层理论。从这个层面来讲，当底层理论遇到理论障碍或质疑时，对其高层理论追根溯源是非常有意义的，也是必需的。

第二，缺乏对范式和理论体系的思考也导致U模型在国际化过程研究体系中出现了错误定位。U模型是基础理论工具，具有情境导向性，无法承载超越其理论定位的理论职责。Jensen研究银行业，Prashantham和Yong研究软件业，得到的结论都是U模型提出的基于学习的阶段性投入理论并不适用于其所研究的企业样本。Madsen和Servais、Tykesson和Alserud则指出在某些情境下心理距离并不是有效的。虽然Anderson认为U模型是综合模型，应该可以适用于所有具体情境，但是Johanson和Vahlne一边如上文所述忙于添加新变量，一边也不得不承认其心理距离概念并不适用于所有情境，只不过他们仍坚持该模型可以充当综合性的反映整个现实世界的工具。其实Johanson和Vahlne大可不必如此，他们开创性的理论成就已经为学界观察企业国际化提供了一条光明大道，因为即便是反对者也不能忽视这个现实，即心理距离和阶段性在某些地域的某些企业确实是有效的，而且模型的演化思想和知识等核心概念在从不同角度分析案例国际化过程时并不为学界所否定。因此，虽然完全可以认为在某些情境下U模型的适用性较差，但是这正说明了U模型是情境导向型工具，这与其在整个范式框架中的底层理论工具地位是一致的，它并不能充当解释更大范围或抽象世界的高层理论工具。后者是演化经济学和企业理论的世界。因此，讨论U模型是否是一个综合模型，或者说是高层理论实际是个伪命题。

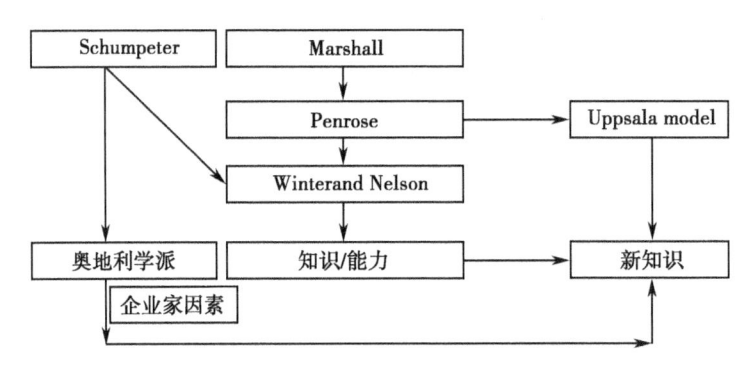

图1-3 企业理论与U模型理论发展的路径联系

第三，新古典经济学的介入造成了U模型理论体系的混乱状态与研究对象的阶段性割裂。

首先，新古典经济学在U模型研究现状和趋势上的介入反映出前范式阶段理论的混乱。Andersen指出，虽然理论渊源是演化的，但就研究方法而言，U模型的研究是静态的，很多研究采用了均衡的方法；就研究趋势而言，Johanson和

Vahlne 提出将 U 模型和邓宁的折衷范式进行整合，而后者是新古典经济学范畴的理论，结果自然是发现两个模型的假设之间区别太大而不能合并。这种强行捏合的理论整合属于两个不同经济学范畴的强行对接，无疑是不可行的。毕竟不同理论缘起预设了不同的理论路径，细节可能类似，某些方法可能通用，但理论类别与研究方向难以交融。

其次，U 模型研究仅聚焦于企业某个独立的发展阶段，例如海外发展阶段，反映出新古典经济学的思维方式影响了其对研究对象发展阶段的选择。虽然 Tykesson 和 Alserud 已认识到这个问题，但其质疑也仅是从模型决策效度角度出发的。换言之，他们不认为仅从某个发展阶段出发是新古典经济学的思维方式。研究的时间跨度不仅是一个独立的问题，在一定意义上也是不同经济学研究边界的问题，选择研究样本的某个独立发展阶段与演化经济学的基本演化理念是相悖的。

综上所述，传统的 U 模型并没有从中高层理论渊源中汲取营养，甚至没有完全认识到模型在理论体系中的真正定位。这可以归因于整个理论体系仍处于前范式阶段的现实。

（三）演化经济学

U 模型属于对外投资理论，故其经济学理论渊源需要厘清。Cantwell 等认为 U 模型的特点是演化，Johanson 和 Vahlne 进一步提出模型是用于解释企业历时演化的工具。实际上，演化经济学已被广泛用于国际化过程研究中，这意味着 U 模型根植于演化经济学的土壤中。

1. 理论缘起

演化经济学的哲学范式（U 模型的起点）是广义达尔文主义。广义达尔文主义在承认经济和生物两个领域有相当大差异的前提下，提出达尔文主义在本体论共通性上不仅适用于生物学领域，也适用于社会科学领域，或者说适用于一切开发系统；共通表现在变异、复制与选择三个特性上。问题在于差异前提，即经济与生物两个领域客观存在共通的元理论或者哲学理念，但在两个领域共通上还需要在具体领域中就具体问题提出补充性解释。其本体论是层级观，即世界被视为一个整体的层级结构，每一个层次都有双重性，既是本层次的一个整体，又是其他层次的组成部分。但需要注意的是，每一个层次不能还原为其组成部分的加总；需要贯彻突现原则，即低层次物质虽然构成高层次物质，但同时也产生了超越低层次物质或不可沿用低层次物质解释的新特性。其核心还是一个创新问题，由于创新的出现，使得部分加总不等于整体，整体也不能由部分加总来解释。这为U模型40年来不断产生例外做了注解。

2. 理论发展

经济学发展的历史是从不辨自明的政治说教发展到以静态均衡分析为主的表面逻辑性很强的精密科学，然后向仍受质疑的动态演化传统回顾的过程。对于这个发展过程，Zenburg 曾有经典的总结：虽然有过于简化之嫌，但是经济学可以分为两类，一类是牛顿式机械经济学，另一类是生物式经济学。Marshall 认为经济学的目标是经济生物学，而非经济力学。他也指出，经济生物学比经济力学要负责，而他的理想是动态的，而非静态的。从这种意义上来说，经济力学在现实中的体现是主流经济学，而生物式经济学就是演化经济学。主流经济学向演化经济学的变化主要是由于其均衡方法受到质疑。

按照时间顺序，沿着演化思想的发展痕迹进行排列，演化经济学的理论渊源为：斯密—马尔萨斯、达尔文、熊彼特—纳尔逊、温特、博尔丁，其理论沿革脉络是清晰的。但不同的经济学家为演化和演化经济学提出了不同的定义：Foss 认为演化经济学的研究目标是生成（becoming），亦即研究经济系统的创生、传播和由此而来的结构变化；Hodgson 提出了三个标准来定义，即本体论（是否接受新事象）、方法论（是否反对还原论）和隐喻（是否借用生物学隐喻），前两者是必要标准，隐喻是补充标准。基于此，Hodgson 建立了著名的 NEAR 演化经济学（接纳新事象并反还原论）。本书采用 Hodgson 的定义。

演化经济学的一组重要概念，即时间假设和路径依赖为 U 模型提供了历史观点和阶段性对比的理论依据。

Robinson 对于过去、现在和未来的定义是这样的：历史是从一去不复返的过去向着未知的将来前进。Bergson 和 Ebner 都有类似观点。Nelson 和 Winter 指出经济发展过程是一个马尔科夫过程，某一时期一个行业的状况决定它在下一个时期的状况的概率分布。总而言之，他们对于时间的认识是时间不可逆和历史重要。

其中，Ebner 不仅认为经济现象是时间依赖的，也指出地区依赖的重要性。如果从更抽象的概念上讲，经济现象不仅是时间依赖和地区依赖的，而且是条件依赖的。同时，个体的历史满意决定其未来选择，因此历史很重要，研究有必要进行阶段性对比。

David 引入了路径依赖概念，而这个概念是基于技术历史分析研究的结果，具有演化经济学的背景。Liebowitz 和 Magolis 认为路径依赖的定义是，未来不仅取决于现在，也取决于过去。发展取决于历史事件，偶然性的因素通过反馈机制影响动态体系。这是一个锁定的状态，并不一定是有效的。换言之，从这个概念出发可以得出：历史很重要，研究有必要进行阶段性对比。

3. 理论缺陷与体系归因

就理论缺陷而言，Dolper 指出演化经济学的方法与研究兴趣点产生了分裂。Silva 和 Teixeira 进一步认为演化的具体特点是一个未决问题。杨虎涛则提出两个主要问题的研究并不清晰，即模糊的论述与缺乏研究范式。Hodgson 也持此观点，他认为演化概念还没有达到广泛接受的程度。总而言之，演化经济学就内容而言，仍不完整；就论述而言，仍不严谨；就核心概念而言，仍不确定。演化经济学更多地体现了演化思想，缺少体系化构建与核心概念接受度，这不可避免地影响了其理论体系下的中层理论和基础理论，造成了底层理论的阶段性混乱。

（四）企业理论

1. 理论缘起

企业理论发源于 Marshall 和 Schumpeter 的学说，而现代企业理论的基石是 Panrose、Nelson 和 Winter 的理论。根据 Marshall 的研究，产业间存在人力分工，企业的不同部门之间也存在人力分工。Marshall 还认为知识是生产的核心因素，而企业的知识不只是工作人员的知识。Schumpeter 则指出企业是生产要素的合集。Penrose 进一步认为企业是一个管理组织，同时也是人力资源和其他资源的集合。如果说 Schumpeter 开始摆脱主流经济学的影响，那么 Penrose 就奠定了演化企业理论的主要基础。Penrose 认为内部资源是企业发展最重要的发动机，最关键的是如何有效配置资源并最大限度地利用知识。Nelson 和 Winter 认为企业的"DNA"

是一系列惯例，而惯例是内部程序和方法的集合。这些持演化思想的学者也都认为企业惯例就是知识。知识是 U 模型的核心概念，U 模型与企业理论的核心连接在此得到解释。

2. 理论发展

基于以上四个支柱理论，企业理论分流为两个进路。第一进路是从基础资源观（RBV）到动态能力论。RBV 起源于企业能力研究，由 Wernerfelt 奠基，经 Barney 和 Peteraf 的研究而发展成熟，是 U 模型的直接理论渊源，有助于从企业主体角度理解其国际化。基础资源观认为，企业是知识（惯例）的集合，其能力是显性或隐性知识的集合，拥有符合 VRIO 标准（价值、稀缺、难以模仿与组织）的资源的企业有竞争优势。但企业如何取得优势则处于黑箱状态，企业的整合、构建和重组内外部优势、适应快速发展的环境的能力，亦即动态能力论为此提供了答案。学者们认为正是这种使用资源以应对环境变化的能力让企业获得了竞争优势。Leonard 认为核心能力随情境变化而变为障碍，心理承诺和路径依赖锁定是原因，这是动态能力必须要解决的理论关卡。第二进路是奥地利学派，其研究重点在于企业家理论。其核心内容是在非均衡、信息不完全的变化市场中，企业家有先知先觉之能，并据此在市场竞争中获得超越一般市场竞争者的利润，并不断获得新知识，推动企业和经济发展。企业理论进路分析有助于理解为何 U 模型研究应注重分析企业能力、资源、知识，并考虑动态能力和企业家理论等因素。

3. 理论缺陷与体系归因

基础资源观被认为是发展 U 模型的直接理论来源。在 U 模型中，企业是国际化进程的载体，而国际化的过程实际就是企业获取和维持竞争的轨迹。因此，对企业理论缺陷的分析有助于识别 U 模型的研究现状与趋势中出现的问题。

第一，在企业理论发展中均衡研究的存在体现了中层企业理论与高层演化经济学在一定程度上的背离。Barney、Collis、Priem 和 Butler 都认为，虽然基础资源观与相关企业理论的理论渊源都是演化经济学，但大量的相关研究仍然是静态的或者说是均衡的。与此相同，也就不难理解为何 U 模型研究中也时常见到均衡研究。换言之，中层企业理论的理论实践偏差也影响了基层理论工具的方法选择。

第二，在中层企业理论中存在有关动态能力定义的争论。学者们认为动态能力是同义反复的，亦即动态能力定义在学界仍存在争论。因此，基层U模型利用中层企业理论的前沿理论成果在一定程度上存在选择犹豫与本源瑕疵。

（五）结论

U模型被学者们从政策、行业等角度提出质疑，创始人也常引入新变量修改模型。理论研究缺陷在于缺乏对整体理论框架的审视，与其理论渊源发展不同步，导致企业家因素被遗忘、新古典经济学的介入、研究区域和产业类型有限、研究方法名动实静等问题。理论创始人在近期的研究中已向模型的渊源理论进行有限回归，这是其试图将U模型和新古典经济学的折衷范式进行整合遇阻的结果，故不能说他们实现了模型与其理论渊源的贯通和同步演进。研究中的变量添加式修改和工具性回归应归功于理论渊源的本源性引力。由图1-4可以看出，U模型理论渊源的原生缺陷造成了模型演进的阻碍：一是演化经济学不成熟，概念尚未被广泛接受，兴趣点存在分裂，演化的具体特点未决，缺乏明确论述与研究范式，使作为基层工具的U模型缺乏清晰的顶层理论指导。二是企业理论中能力和竞争优势之间的因果关系不明显，导致U模型没有广域适应性；动态能力定义存在争议，使得U模型利用中层企业理论的前沿理论成果时存在本源瑕疵；研究方法不统一，大量研究仍是均衡的。综上所述，U模型是演化经济学—企业理论—模型理论体系中的基础工具。由于高层理论有原生性缺陷，基础工具的演进

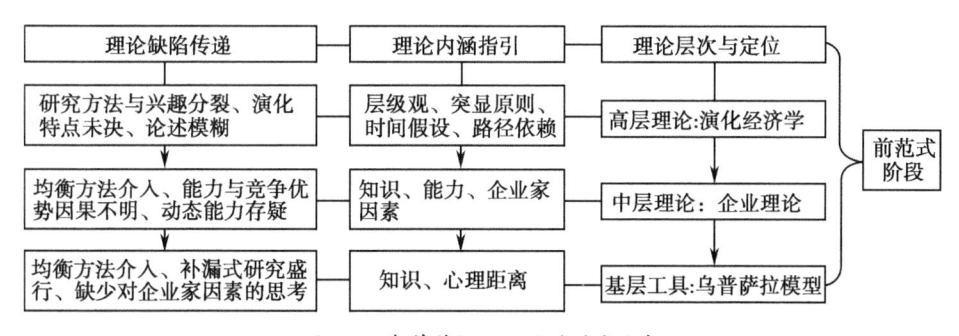

图1-4 乌普萨拉理论体系范式分析

间或游离于高层理论内核的指引，同时又受到其渊源理论的本源性吸引而间或回归。因此，U 模型不能承载它作为基础理论工具所不应涉及的理论使命。演化经济学—企业理论—乌普萨拉模型三层理论体系作为社会科学的组成部分仍处于前范式阶段，理论整合发展与内核本源回归是不可忽视的理论大背景。

二、研究方法

本章采用案例研究的方法，以紫金矿业 2016 年前的数据为样本进行了编码分析。首先，案例研究适合回答"为什么"和"如何"两种问题，而本章研究的主要内容正是紫金矿业国际化的原因和过程。其次，紫金矿业执行业牛耳，有大量海外投资案例，是较为合适的研究样本。最后，本章采用了三角互证、研究歧视规避和持续观察等方法，提高了研究的信度与效度。

（一）数据收集

数据源包括文档、记录、个人历年工作笔记及外部资料等。企业年报提供了产量、战略、投资等信息，个人工作笔记提供了每个研究阶段研究者的思考与样本历时演变史料，外部资料则包括 SNL 报告、世界黄金协会报告等，提供行业信息。

（二）编码

编码方法包括编制时间码、分析事件参与方和投资关系等。如表 1-1 所示，共有 33 个初始范畴，其中核心范畴 8 个，A1~A3 是传统 U 模型范畴，用于分析 U 模型在紫金矿业案例中的不适用性；B1~B5 是新范畴，构成了乌普萨拉改进模型（AU 模型），用于分析 U 模型在紫金矿业案例中的适用性。范畴的定义如下：A1（投资模式）指投资方式、地点和规模，A2（心理距离）指信息流隔断因素，A3（市场知识）是指福建省外的市场知识；B1（产业特点）是指资源获取方法、资源分布和经营特点等，B2（国家政策影响力）指与企业国际化发展紧密相关的国家政策，B3（企业家影响）指个人人格、人力资本等，B4（动态能力）指技术重构能力、内外部观察能力和组织重构能力，B5（能力悖论因素）指结构惰性、认知陷阱和路径依赖与锁定。

表1-1 编码汇总说明

核心范畴	代码	初始范畴	核心范畴	代码	初始范畴
A1 投资模式	A11	投资方式	B1 行业特点	B11	资源获取方式
	A12	投资地点		B12	资源分布不均衡
	A13	投资规模		B13	矿业企业经营特点
A2 心理距离	A21	经济	B2 国家政策影响力	B21	国家政策
	A22	教育		B22	企业股权结构
	A23	政府激励		B23	企业家
	A24	语言差异		B24	投资程序
A3 市场知识	A31	企业知识	B3 企业家影响	B31	人格
	A32	管理层知识		B32	人力资本
	A33	员工知识		B33	企业文化
	A34	顾问知识		B34	企业战略
	A35	隐性知识		B35	战略执行方式
	A36	显性知识	B4 动态能力	B41	技术重构能力
	A37	人员流动率		B42	内外部观察能力
	A38	转化媒介		B43	组织重构能力
			B5 能力悖论因素	B51	组织惰性
				B52	认知陷阱
				B53	路径依赖与锁定

三、案例研究

（一）概述

国内投资方面，2016年前紫金矿业共投资33个项目，收购总金额约4亿美元，具体情况如表1-2所示。

表 1-2 紫金矿业 2016 年前国内投资汇总

时间	投资地	投资额（百万美元）	投资方式	时间	投资地	投资额（百万美元）	投资方式
2001	G	T1	收购	2006	S	T20	收购
2001	A	T2	收购	2006	H	T21	收购
2002	X	T3	收购	2006	S	T22	收购
2002	J	T4	收购	2006	Y	T23	收购
2003	Q	T5	收购	2007	F	T24	收购
2003	A	T6	收购	2007	Y	T25	收购
2003	S	T7	收购	2007	F	T26	收购
2003	X	T8	收购	2007	Y	T27	收购
2004	Y	T9	参股	2008	—	0	—
2004	X	T10	收购	2009	—	0	—
2005	G	T11	收购	2010	内蒙古	29.30	收购
2005	L	T12	收购	2011	陕西	11.10	收购
2005	X	T13	参股	2011	陕西	5.10	收购
2005	H	T14	收购	2012	—	0	—
2005	S	T15	收购	2013	—	0	—
2006	S	T16	收购	2014	福建	5.65	收购
2006	Y	T17	收购	2014	河南	113.00	收购
2006	H	T18	收购	2014	山西	14.31	收购
2006	S	T19	收购				

资料来源：根据《紫金矿业年鉴》（1986—2008 年）和 2009—2016 年紫金矿业年报（已并购项目的后续投资不计入）整理。

注：上市（2009 年）前的投资地和投资额以编码代替。

海外投资方面，2016 年前紫金矿业共投资 16 个项目，投资总额约 12.26 亿美元，具体情况如表 1-3 所示。

表1-3 紫金矿业2016年前海外投资汇总

时间	地点	投资方式	投资金额（百万美元）	时间	地点	投资方式	投资金额（百万美元）
2005	加拿大	参股	1.82	2009	—	—	0
2005	缅甸	收购	21.80	2010	—	—	0
2006	南非	参股	19.02	2011	吉尔吉斯斯坦	收购	66.00
2006	蒙古	收购	8.35	2011	澳大利亚	收购	25.73
2006	俄罗斯	收购	10.69	2012	—	—	0
2006	俄罗斯	收购	43.80	2013	澳大利亚	收购	145.04
2007	越南	收购	4.84	2014	南非	收购	13.88
2007	秘鲁	收购	80.55	2014	刚果金	收购	19.90
2007	塔吉克斯坦	收购	55.10	2015	刚果金	收购	412.00
2008	—	—	0	2015	巴布亚新几内亚	收购	298.00

资料来源：根据《紫金矿业年鉴》（1986—2008年）和2009—2016年紫金矿业年报（已并购项目的后续投资不计入）整理。

（二）编码分析

1. 投资特点—U模型范畴（A1）

就投资方法（A11）而言，国内投资方面，紫金矿业共投资33个项目，其中31个是收购，2个是参股。在首笔投资之前，从资料分析看，紫金矿业并未在投资目的省份设置探索性机构收集信息。因此，国内投资基本是采用收购方式，没有经过阶段性探索。海外投资方面，共投资16个项目，也以收购为主。需要注意的是，2005年紫金矿业同时进行了两笔投资，资料无法证明加拿大项目（参股）早于缅甸项目（收购）启动，即不能说先参股后收购。因此，可以认为紫金矿业的海外投资也是以收购为主，且没有经过阶段性探索，与国内模式相同。就投资地点（A12）的地理位置而言，国内方面，2001—2003年，共投资8个项目，分布于和紫金矿业所在地不相邻的7个省份。海外方面，如以资源量或产量进入全球前20位为标准定义矿业大国，则紫金矿业海外投资目的国中有9个符合标准，投资额占总投资额的90%以上。可见投资呈现资源导向性，未就近投资，与国内模式相同。就投资规模（A13）而言，国内方面，从数据看是降—升—降—升的过程，2008—2009年国际经济危机期间无投资。这不是一个逐步增长的过程，而是波浪形发展的过程。海外方面，投资规模也呈波浪形发展。可见，紫金矿业的海外投资与其国内投资模式类似，即呈波浪式前进。

2. 心理距离—U模型范畴（A2）

根据易江玲对心理距离定义的总结，本书将国内投资的心理距离测量维度定为政府激励、语言差异、经济发展水平和教育。国内方面，就投资地经济发展水平（A21）而言，根据陈国艳对各省经济水平的研究，紫金矿业并未选择与其所在省份经济水平相近的省份进行投资。就投资地教育水平（A22）而言，根据陈钊等的研究，紫金矿业并未限于选择与其所在省份教育水平相近的省份进行投资。就投资地政府激励水平（A23）而言，根据Tung和Cho对投资激励水平的研究，紫金矿业并未限于选择与其所在省份投资激励水平相近的省份进行投资；就投资地语言差异（A24）而言，参照郑锦全对各省方言沟通度的研究结果，紫金矿业并未限于选择与其所在省份语言相似度较高的省份进行投资。可见，紫金矿业在国内投资时并不存在心理距离这个因素。海外方面，2005年，紫金矿业同时对缅甸和加拿大进行投资，根据Blomkvist和Drogendijk的研究，缅甸和加拿大的心理距离分别是34.1和92.7（如表1-4所示），后者几乎是在心理距离上离中国最远的国家。2005—2016年，资金矿业的投资国与所在国（中国）的心理距离并非从近到远。因此，心理距离因素在紫金矿业的海外投资案例中不适用。

表1-4 投资国心理距离统计

国别	心理距离	国别	心理距离
加拿大	92.7	塔吉克斯坦	NA
缅甸	34.1	吉尔吉斯斯坦	NA
南非	51.26	澳大利亚	66.83
蒙古	NA	俄罗斯	58.55
越南	24.58	刚果金	40.30
秘鲁	52.04	巴布亚新几内亚	52.61

资料来源：BLOMKIVST K, DROGENDIJK R. The Impact of Psychic Distance on Chinese Outward Foreign Direct Investments [J]. Management International Review, 2013 (5): 659-686.

3. 市场知识—U 模型范畴（A3）

国内方面，就企业知识（A31）而言，2003 年前紫金矿业无省外投资，公司层面并无以官方资料记录的成体系的省外知识，知识积累更多体现在员工的个人层面。就管理层知识（A32）和员工知识（A33）而言，当时的投资管理人员和团队成员在对外投资前也没有很丰富的省外矿业项目投资经验（省外矿业投资经验指以领导人身份负责过市场化跨省矿业投资项目）。就顾问知识（A34）而言，紫金矿业在进行省外投资时没有雇用真正意义上的顾问，故可认为顾问没有提供知识。海外方面，2006 年前没有以官方资料记录的体系性海外知识，2013 年开始建立系统性数据库，但仍不完善。员工层面，从资料分析可知，项目启动时员工也无海外矿业投资经验（海外矿业投资经验指以领导人身份负责过市场化跨国矿业投资项目）。顾问层面，紫金矿业历来不过于依靠外部，顾问只在一定程度上丰富了员工的知识，在公司层面留下的是大量的文档资料，而没有留下隐性知识。

就知识载体与转化媒介（A35~A38），即隐性知识（A35）、显性知识（A36）、人员流动率（A37）和转化媒介（A38）而言，人员与企业间的隐性/显性知识转化对于理解企业行为很重要。国内方面，国内投资部门的离职率和调动率较低，这使得员工层面的隐性知识长期稳定存在。但是，公司层面和部门层面以官方资料记录的成体系的市场知识积累仍在完善中，这表明显性知识并没有真正形成。企业培训还处于对员工进行矿业知识和规章制度的基础性普及阶段，有经验的员工无法通过组织工具将其核心隐性知识转化为组织显性知识，亦即企业缺乏有效的知识转化媒介（A38）将隐性知识转化为显性知识。海外方面，国际投资部门的离职率和调动率较高，这使得员工层面的隐性知识无法长期稳定存在。公司层面和部门层面以官方资料记录的系统知识也还在积累和完善中，表明真正、全面的显性知识（A36）没有形成。与前述原因相同，有经验的员工无法通过组织工具将其隐性知识（A35）转化为显性知识，也缺乏有效的知识转化媒介（A38）将隐性知识转化为显性知识。

综上所述，从公司和员工两个层面来看，紫金矿业在市场知识有限的前提下进行对外投资，是摸着石头过河；投资方式是固定的（收购），投资规模则呈波浪形。可见，市场知识、紫金矿业的固定投资方式和波浪形的投资力度三者之间没有正相关关系。

4. 行业特点—AU 模型范畴（B1）

从资源获取方式（B11）来看，据 SNL 统计，2004 年至 2014 年 4 月，全球共有 114 起黄金项目并购，收购资源量为 1.48 亿盎司，比勘探量高 1 倍。据 2016 年企业年报，紫金矿业 2017 年计划投资 109.7 亿元，是其勘探投入的 30 倍，可见紫金矿业主要的资源获取方式是收购。就投资方式（A1）而言，主要方式是收购。在这个意义上，投资方式（A1）与资源获取方式（B11）相关。就资源分布与潜力的不均衡性（B12）而言，国内方面，矿业资源呈现不均衡分布，据张雷的研究数据，西部地区拥有全国 41.6% 的铜矿资源和 31.2% 的金矿资源，东部地区矿产资源潜力及产出情况不如西部地区。可见投资方式（A11）、资源获取方式（B11）也与资源分布的不均衡相关。海外方面，根据美国地质调查局 2014 年数据，14 个矿业大国拥有超过全球 80% 的黄金资源，这可以解释紫金矿业为何聚焦于矿业大国。根据 FRASER 矿业报告的标准，紫金矿业进行海外投资的国家中有 7 个是高风险国家。就矿业企业经营特点（B13）而言，企业经营易受世界经济波动、事故的影响。无论国内还是海外，2008—2010 年期间紫金矿业投资为零，这就是世界经济波动的结果。此外，根据紫金矿业 2010 年年报，当年重大事故也是造成各项投资中断的原因。因此，投资规模（A13）与矿业企业经营特点（B13）相关。

5. 基于企业性质的国家政策影响力—AU 模型范畴（B2）

就国家政策（B21）而言，国内方面，紫金矿业积极响应政府政策。《紫金矿业年鉴》明确指出：公司积极实施"西部开发"和"走出去"发展战略，首笔收购就在西部。2001—2004 年，紫金矿业进行收购的 10 个省份中有 7 个在西部。可见，西部大开发的国家政策（B21）影响了紫金矿业的投资地点（A12）选择。海外方面，就"走出去"战略与境外管理办法而言，中国政府"走出去"战略是紫金矿业进行海外收购的重要原因。2004 年末，政府正式出台了"走出去"战略，2005 年紫金矿业就完成首笔海外投资。就企业股权结构（B22）而言，紫金矿业是国有相对控股企业。就企业家（B23）而言，资金矿业的企业家群体大多具有政府或事业单位工作经历。政府在投资程序中有较大发言权，同时企业家对企业也具有相当的影响力。就投资程序（B24）而言，国有资产管理方在企业国内外重大投资方面有不可忽视的影响。因此，投资地点在一定程度上受政府政策影响，同时间接与紫金矿业的企业性质相关。综上所述，国家政策影响力（B2）直接影响了紫金矿业的国际化投资模式（A1）。

6. 基于文化与战略的企业家影响力—AU 模型范畴（B3）

Gartner 提出了衡量企业家的两个维度：人格与人力资本。就人格（B31）而言，以陈景河先生和蓝福生先生为首的福建籍紫金矿业企业家群体，肩负将紫金矿业推向国际市场的使命，他们身上具有福建人特有的冒险精神。就人力资本（B32）而言，企业家群体具有技术专家和企业家的双重身份。紫金矿业的企业文化（B33）则聚焦于服务国家、造福人民。紫金矿业的企业战略（B34）是成为高科技的高效国际化矿业集团。就战略执行方式（B35）而言，紫金矿业以金铜矿产为主业，项目证券化、大型化意味着海外投资地点选择需要聚焦于金铜资源禀赋较好的国家，这解释了紫金矿业为何最初不从组建办事处开始逐步增加投资，而是一开始就并购，且投资力度上是抓大放小，并非循序渐进。因此，人格（B31）、人力资本（B32）、企业战略（B34）和战略执行方式（B35）对投资模式（A1）有相当大的影响。

7. 动态能力—AU 模型范畴（B4）

就内外部观察能力（B42）而言，政府于 2000 年开始实施"西部大开发"战略，紫金矿业 2001 年就完成了首笔西部投资，可见紫金矿业有敏锐的政策观察力，这实际归功于紫金矿业的企业家群体的独特眼光。换言之，企业内外部观察能力（B42）根植于企业家影响因素（B3）而与国家政策影响力（B2）紧密相连。就技术重构能力（B41）而言，紫金矿业拥有行业最全研发部门和首家国家重点实验室，也有创新传统。在国内投资中（如贵州水银洞和吉林珲春项目），技术创新发挥了重要的作用。在海外投资中，超过一半的海外项目有技术难度，紫金矿业的技术创新能力在推动海外项目发展中起到了关键作用。就组织重构能力（A43）而言，国内方面，2006 年前，紫金矿业不断进行环境适应性组织调整，从聚焦于紫金山金铜矿的紫金矿业公司—项目公司架构，转变为集团公司—区域公司—项目公司三级管控架构，实现了公司区域化管理。海外方面，2006—2016 年没有实质变化（2016年后有变化，后文另述），组织演进仍在寻找适合投资步伐的定位。可见紫金矿业的动态能力（B4）决定了其海外投资模式（A1）。

8. 能力悖论因素—AU 模型范畴（B5）

国内方面，就能力悖论的三要素而言，紫金矿业在国内的发展阶段非常灵活，能迅速调整组织架构，不存在组织惰性；企业勇于走向西部，不依赖企业总部所在地的旗舰项目，不存在认知陷阱和路径依赖锁定问题。可见紫金矿业拥有完全动态能力，突破了能力悖论三个因素的束缚（如图 1-5 所示）。海外方面，其结构在 2006—2016 年没有实质改变，在这一阶段存在能力悖论因素（2016年后有变化）；在海外基本复制了其国内发展模式，这就是认知陷阱和路径依赖锁定的作用。可见 2006—2016 年紫金矿业在海外只拥有初级动态能力，其国际化发展基本复制了国内模式。

图 1-5　能力悖论因素与动态能力的关系

（三）乌普萨拉改进模型（AU 模型）

如前文所述，紫金矿业的国内和国际投资有相同特点：在资源投入力度上呈现波浪形前进的趋势，并非逐步增加投入；投资方式上以收购为主；投资地点选择上与心理距离无关。投资力度和投资方式与市场知识无关，体现出路径依赖的特点。就影响因素的知识载体和动态能力而言，首先，从知识角度讲，国内阶段虽然隐性知识无法转化为显性知识，但因作为知识载体的人员变动率较低，隐性知识仍能发生作用。但是国际阶段既不能实现隐性知识的转化，知识载体又不稳定，知识难以发挥作用。其次，紫金矿业在国内阶段拥有完全的适应国内环境的动态能力，而在 2006—2016 年的国际发展阶段没有适应国际环境的完全动态能力，只拥有初级或不完整动态能力。最后，由于在国内阶段拥有完全的动态能力，紫金矿业可以突破能力悖论因素束缚，在 2006—2016 年的国际发展阶段则难以做到。影响因素进一步可分为内外两组：①内部因素。知识是能力的基础，企业家是知识的载体之一。②外部因素。国家政策与动态能力的关系的焦点在于捕捉机会，行业因素与动态能力的关系则表现在技术重构能力上。可见，在五个影响因素中，动态能力有效连接了其他因素。

因此，基于本书的案例研究，紫金矿业2006—2016年的国际化发展过程可以总结如下：国际化过程与其国内发展模式类似，其原因在于路径依赖；发展模式的特点为固定投资方式、固定地点偏好、投资规模的非渐进性，这是在国家政策和产业影响背景下，基于企业家因素的动态能力和能力悖论因素博弈的结果。此模型可称为乌普萨拉改进模型（Amendment of U Model，AU 模型），模型总结如图 1-6 所示。

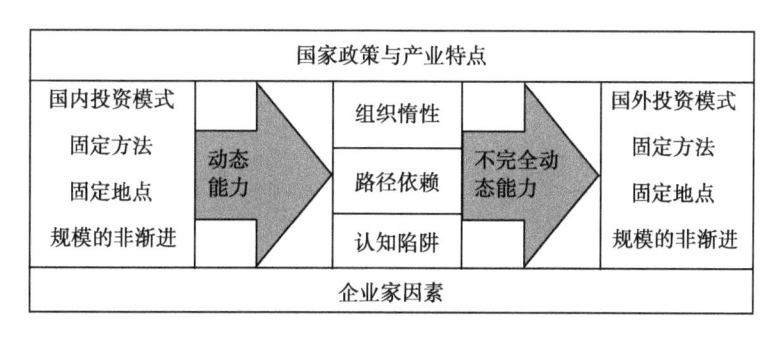

图 1-6 乌普萨拉改进模型总结

第一，国内外发展模式相同是能力悖论因素和动态能力博弈的结果。企业能力分为运营能力和动态能力，国际化阶段紫金矿业的企业能力介于两者之间，是初级/不完全动态能力（但不是普通的运营能力），尚无法有效应对能力悖论因素（2016年后有实质进步，后文有说明），需要在国际化阶段复制其国内发展模式。

第二，发展模式的特点是固定方法、固定地点偏好、规模的非渐进性。由于独特的资源获取方式，紫金矿业选择以收购为主要的投资方法；由于资源分布不均衡，且企业家具有较高的风险承受能力，紫金矿业选择投资高风险矿业大国，即投资方法和地点、产业特点、企业家因素相关。

第三，发展模式是内外部因素综合作用的结果。紫金矿业的企业家具有技术专家和企业家双重身份，抗风险能力强，注重创新，紫金矿业的投资受到国家政策的巨大影响，国内外投资皆如此。就投资方法而言，产业特点对发展模式有相当大的影响。

四、结论、启示与研究局限

综上所述，在研究限定的时间阶段内，紫金矿业的国内投资模式是：固定方法（收购），投资规模具有非渐进性，这两点都和企业的市场知识无关，但与产业特点相关；固定地点偏好，地点选择与心理距离无关，但是与国家政策影响和企业家相关。在研究限定的时间阶段内，海外发展模式与国内模式类似：一是固定方法，亦即收购；二是固定地点偏好，即倾向于投资高风险的矿业大国；三是投资规模呈现波浪式发展。投资方法和投资规模与市场知识并无关联，但是与产业特点相关。投资地点的选择与心理距离无关，而与国家政策和企业家相关。

由于投资特点（现象）和心理距离以及市场知识（影响因素）无相关性，所以 U 模型在紫金矿业的案例中并不适用。新变量如产业特点、国家政策和企业家影响等被证明与投资特点有相关性。同时，通过分析国内和国外两个阶段的企业动态能力和能力悖论因素之间的互动，紫金矿业的国内外发展模式的相似性得到解释，即由于 2016 年前在国外还没有形成完全的动态能力，企业在国外复制了其国内投资模式。这五个新变量构建起乌普萨拉改进模型，即紫金矿业的国际化过程初期与其国内发展模式类似，具有固定投资方法、固定投资地点偏好、投资规模非渐进性发展等特点。这是在国家政策和产业特点影响背景下，能力悖论因素与动态能力博弈的结果。

本章尝试提出了 U 模型的三层综合体系理论框架（范式）、增加了新的研究情境、引入了新的理论概念、提出了模型改进建议，对于系统思考企业国际化发展理论、从情境角度分析中国新兴矿业企业的海外实践有一定的借鉴意义。

第一，研究通过追溯理论渊源、分析理论发展过程、比较理论缺陷，尝试对经济学层次的演化经济学、企业理论层次的动态能力理论和具体分析工具层次的 U 模型，从宏观、中观、微观三个层次进行理论衔接，力图将其融合为一个有机的理论体系。在一定程度上提出了现有企业国际化过程理论研究中,基础理论的发展偏离其中高层理论渊源指引的问题,也指出了未来对理论发展进行系统性思考的必要性,厘清了U模型的工具性质,点明了学界对其效用提出质疑的原因是该模型没有对其理论体系及定位做出界定,不能承载它作为基础理论工具所不应涉及的层次。综合性理论框架(范式)或将是未来的研究重点,但应注意同一理论体系下不同层次理论的同步推进及相互影响问题,以及研究方法的演化固守。第二,研究增加了新的情境,即位于快速发展中的中国、国有相对控股、从事矿业行业的紫金矿业集团。第三,研究延伸了时间跨度,从国际阶段延伸到国内阶段,避免对企业发展周期进行割裂性分析。第四,研究引入了不完全动态能力的概念,通过对比,指出企业在国内被证明具有完全的动态能力,到了海外则未必等,进而提出了动态能力的阶段性发展和具体情境导向性。第五,为新兴中国矿业企业走向海外提供了可以借鉴的指导工具,通过分析识别其国内动态能力和国外情境,然后得出企业是否在国外情境下仍具有完全的动态能力,以便决定是否国际化以及如何国际化。

  本章研究的局限和未来研究的方向:第一,数据主要聚焦于紫金矿业2016年前的发展阶段,近五年来紫金矿业对外投资团队的变动、组织机构的改革(事业部制)及公司培训制度等方面都呈现出令人惊喜的新特点,其企业层面的动态能力的全面性得到大幅提升,需要进一步挖掘研究。第二,本章的研究聚焦于国际化过程研究,而非绩效研究。根据历年年报,紫金矿业的国内发展毫无疑问是行业典范,获得的巨大成功有目共睹;而其国外发展,正如上文修改模型所示,复制了国内发展模式,从年报数据看,其成绩也是可圈可点的。国内发展与国外发展的绩效关系值得进一步研究。第三,对紫金矿业之外的行业案例也有必要进行对照研究,寻找大类别共性是有意义的方向。第四,由于模型的情境导向性,改进模型是否可应用于非矿业企业仍存疑,仅从理论而言,应该不适用。

第二章 矿业基础知识

一、项目阶段性

(一) 国内项目阶段划分

1. 地质勘查阶段

根据《岩金矿地质勘查规范》(DZ/T 0205-2002)，地质勘查阶段又可以具体分为预查、普查、详查、勘探四个阶段。

(1) 预查阶段。该阶段依据区域地质和(或)遥感、物探、化探异常研究结果，进行初步的野外观测和(或)物探、化探工作，以极少量工程揭露和验证，通过对比地质特征相似的已知矿床，提出可供普查的矿化潜力较大地区。有足够依据时可估算出预测的资源量。最后需要提交预查地质报告。

(2) 普查阶段。该阶段对可供普查的矿化潜力较大地区、物探或化探异常区，进行地质填图、数量有限的取样工程及物探、化探工作，大致查明普查区内地质、构造概况；大致掌握矿体(层)的形态、产状、质量特征；大致了解矿床开采技术条件；进行金矿加工选(冶)性能类比研究，提交普查地质报告，对有详查价值的地段圈定出详查区范围。

(3) 详查阶段。该阶段对普查圈出的详查区通过大比例尺地质填图及其他勘查方法和手段进行比普查阶段更密的系统揭露和取样工作，基本查明地质、构造以及主要矿体形态、产状、大小和矿石质量，基本确定矿体的连续性，基本查明矿床开采技术条件，对矿石的加工选（冶）性能进行类比或实验室流程试验研究，进行预可行性研究，做出是否具有工业价值的评价。提交详查地质报告，圈出勘探区范围，作为勘探工作、矿山总体规划、矿山项目建议书和直接开采利用的中型或小型矿山设计的依据。

（4）勘探阶段。该阶段对已知具有工业价值的矿床或经详查圈出的勘探区，通过加密各种采样工程（其间距足以肯定矿体/层的连续性），详细查明矿体的形态、产状、大小、空间位置和矿石质量特征。详细查明矿床开采技术条件，对矿石的加工选（冶）性能进行实验室流程试验或实验室扩大连续试验，进行可行性研究，提交勘探地质报告，为矿山设计提供依据。

地质勘查四个阶段的要点见表2-1。

表2-1 地质勘查四阶段对比表

勘查指标	预查	普查	详查	勘探
勘查和研究程度	发现矿体或进行类比、预测、物化探异常查证	矿体地质特征达到大致查明、大致控制程度，其余为大致了解，异常查证	控制矿体的总体分布，其余为基本查明和基本控制，描述矿床地质模型，异常查证	各项工作都要达到详细查明、详细控制程度，包括成矿地质条件和内在规律，建立矿床地质模型
工程控制程度	可投入极少量工程追索、验证	数量有限的取样工程，不要求系统工程网度	系统取样工程控制	在系统工程基础上进行加密工程及相应的工作
矿体连续性	—	推断的	基本确定的	肯定的
地质可靠程度	预测的（334）	推断的（333）	控制的（332）	探明的（331）
加工选治技术性能试验	—	类比、可选（治）性试验	类比、可选（治）性试验、实验室流程实验、扩大实验	实验室流程试验、扩大实验，必要时半工业试验

续表

勘查指标	预查	普查	详查	勘探
SD法的精度	η<10%	15%<η<30%	45%<η<65%	η>80%
可行性评价	—	概略研究	预可行性研究、概略研究	可行性研究、预可行性研究、概略研究

资料来源：《岩金矿地质勘查规范》DZ/T 0205-2002。

2. 后续项目阶段

上述地质勘查阶段与后续项目阶段的衔接关系如图2-1所示。

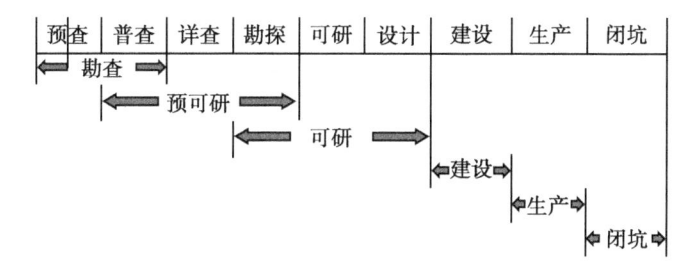

图 2-1 地质勘查阶段与后续阶段的衔接关系

资料来源：刘益康.寻宝秘籍——境外矿产勘查［M］.地质出版社，2012.

（二）西方项目阶段划分

1. 项目阶段

总体而言，西方体系将项目分为勘探—开发—建设—生产（运营）四个阶段。勘探阶段的重点在于资源的发现与验证；开发阶段的重点在于可行性研究的完成；建设阶段的重点在于设计与建设；生产阶段的重点在于达产。其中勘探与开发阶段的工作内容多有交叉。勘探阶段可细分为勘探和高级勘探两个阶段，开发阶段可分为预开发和开发两个阶段，如表2-2所示。

表 2-2　勘探与开发分阶段细项内容

勘探	勘探	矿化可能已确定，但资源尚未明确
	高级勘探	已有相当勘探工作量，具体靶区已确定。已完成足够工作量并据此形成对该项目地质情况的较好了解，进一步的工作可能会圈定资源量
开发	预开发/资源阶段	资源量或储量已确认并评估，但尚未做出开发决定
	开发阶段	明确可进入生产阶段，但尚未进行设计

资料来源：矿产、石油资产和证券技术评价与评估独立专家报告准则（VALMIN）2005版。

勘探、开发与建设阶段的连接如图2-2所示。

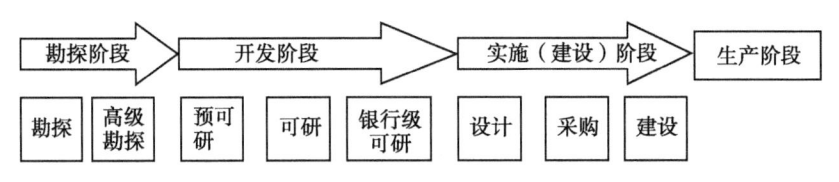

图 2-2　勘探—开发—建设连接图

表2-3提供了一个从圈定资源量到建设结束的时间指示性过程（注意具体时间应根据项目实际调整）。

表 2-3　生产前工作流程

工作环节	1季度	2季度	3季度	4季度	5季度	6季度	7季度	8季度	9季度	10季度	11季度	12季度	13季度
地质工作	██	██											
设计	██	██											
资源模型	██	██											
环境研究	██	██	██										
预可行性研究	██	██	██										
可行性研究		██	██	██									
许可与融资				██	██	██							
建设							██	██	██	██	██	██	██

资料来源：ONE AISA RESOURCES 公司 AWAK MAS 项目案例。

2. 技术研究

技术研究一般分为三个阶段：概略研究（Scoping Study）或初步经济评估（Preliminary Economic Assessment；PEA）；预可行性研究（Preliminary Feasibility Study）；可行性研究（Feasibility Study）。

根据 VALMIN 标准（NI43-101 标准与此基本相同），技术研究各阶段的要点如表 2-4 所示。

表 2-4　技术研究各阶段要点

指标	概略研究	预可行性研究	可行性研究
成本准确度	±25%~50%	±15%~25%	±10%~15%
工程完成比例	<5%	<20%	<50%
资源量级别	大部分推断	大部分控制	探明与控制
储量级别	无	大部分为概略	证实与概略
开采方法	假设	整体	优化
矿山设计	无或仅为概念	初步矿山计划与时间表	详细矿山计划与时间表
时间安排	年度	3~1 年	月度
风险	高	中	低

资料来源：矿产、石油资产和证券技术评价与评估独立专家报告准则（VALMIN）2005 版。

对于矿业企业而言，开展不同阶段的研究工作需要设置不同的权限，研究等级与权限级别同步。以巴里克黄金公司（Barrick）为例，室内研究和概略研究由矿山总经理批准；预可行性研究由地区副总裁批准；可行性研究与设计由公司首席执行官（CEO）在投资审查委员会的建议下批准。

（三）中外分类对比

基于上述国际固体矿产资源（储量）分类原则，根据张汉成先生对国外矿产勘查报告规范要求的观点，笔者认为国际项目分类与国内地质勘查阶段的对比如下。

无资源量的项目阶段：此类项目为初始项目，相当于中国的预查项目。

有资源量但无储量的项目阶段：项目经过一定量的勘查，有低级别的资源量，还没有进行预可行性研究，相当于中国处于普查和详查阶段的项目。

既有资源量又有储量的项目阶段：项目经过比较详细的勘探，拥有高级别的资源量，经预可行性研究或可行性研究阶段已经将部分资源转换为矿石储量。该阶段又可分为四个阶段：①矿山勘探/开发阶段，初步经济评价表明资源可以经济地开发，对资源进一步确定和提升级别。②矿山开发阶段，可研表明开发资源经济可行，融资成功，可以进行开发建设。③矿山建设阶段，获得融资，进行建设。④矿山生产阶段，达产正常运营。

（四）矿业项目价值/风险变化

如图2-3所示，矿业项目的价值随着项目阶段的不同而出现变化。一般情况下，在勘探阶段，随着钻孔数据的逐步披露，股价会有不同程度的上涨；到了开发或可行性研究阶段，由于在较长时间内没有可以刺激股市的数据，股价往往陷入低谷；随着可行性研究结束和融资目标的完成，股价则又开始攀升；最后在项目建设及生产阶段，项目价值逐步达到顶峰。

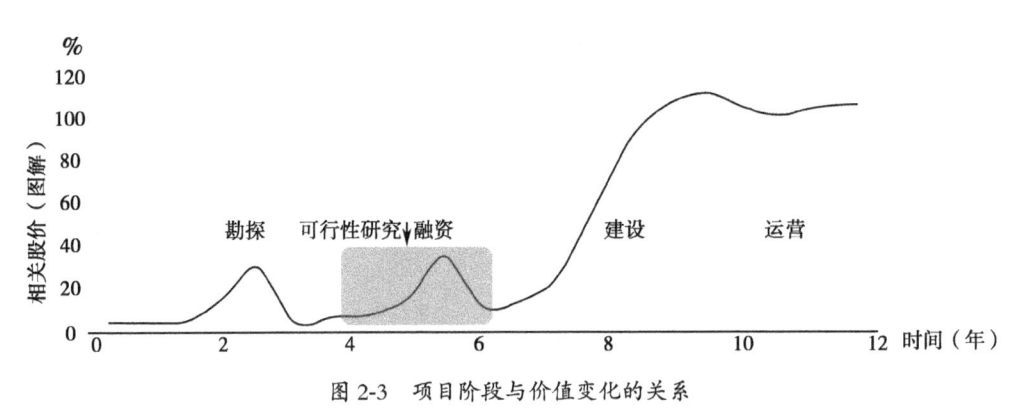

图2-3 项目阶段与价值变化的关系

资料来源：KULA GOLD公司案例。

（五）总结

对于项目阶段、技术研究阶段、时间、投入、风险等要素的总结如下：一是资源级别与项目阶段的关系。一般认为进入高级勘探阶段形成资源量。具体而言，推断资源量存在于高级勘探（前期）和开发阶段，控制资源量存在于高级勘探（后期）到生产阶段，探明资源量、概略储量及证实储量存在于开发阶段（前期）到生产阶段。二是项目阶段与技术研究的关系。进入高级勘探阶段，开始概略研究，用时约 8 个月；进入开发（此处"开发"为西方概念，勿与国内用法混淆）阶段前期，开始预可行性研究，用时约 11 个月；开发中期开始可行性研究，用时约 15 个月。三是阶段性投入。三个阶段的投入与资本开支比分别为 0.2%~1%、0.5%~1.5%、1%~3.5%。四是项目价值、风险与阶段的关系。随着项目阶段的推进，价值上升，风险下降。五是估值方法与阶段的关系。基础数据越详细，复杂模型应用的可能性越高。勘探阶段一般只适用市场法、成本法，较多运用相对估值。勘探后阶段则适用现金流量法和市场法，绝对估值和相对估值都可使用。

二、矿业企业分类

如图 2-4 所示，一般情况下，初级勘探公司的工作从发现矿化开始到取得政府许可为止，接下来的工作则由大中型矿业公司接手。这是资本市场赋予不同种类的矿业公司的不同使命，实际上也是矿业市场从商品模式发展到资本模式的结果（如图 2-5 所示）。

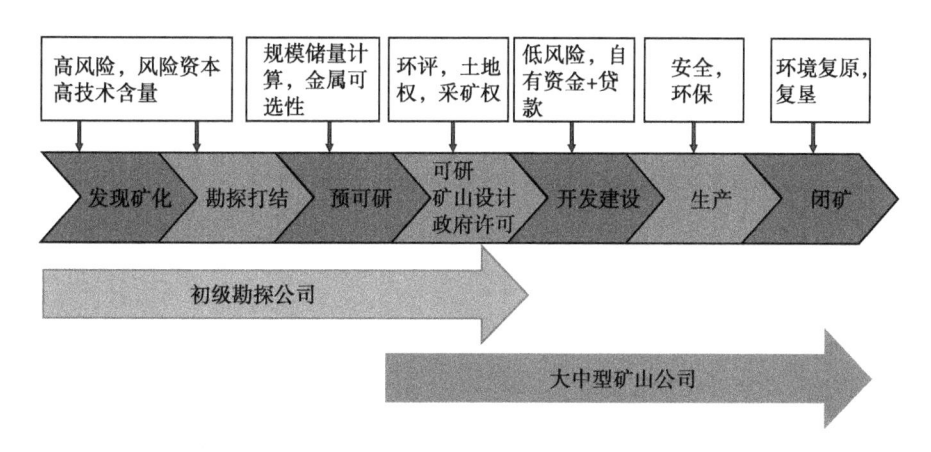

图 2-4　项目阶段与企业类型

资料来源：2012 中国国际矿业大会主题论坛冯锐演讲材料。

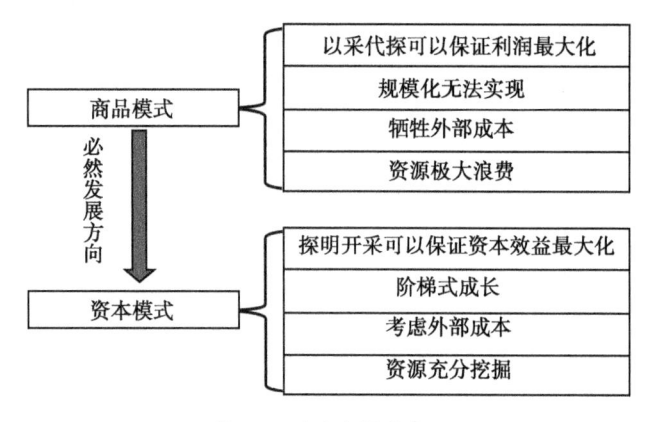

```
商品模式 ─┬─ 以采代探可以保证利润最大化
         ├─ 规模化无法实现
         ├─ 牺牲外部成本
         └─ 资源极大浪费
   ↓ 必然发展方向
资本模式 ─┬─ 探明开采可以保证资本效益最大化
         ├─ 阶梯式成长
         ├─ 考虑外部成本
         └─ 资源充分挖掘
```

图 2-5　矿业市场资本化

资料来源：2011 年紫金矿业集团矿业讲座徐汉京演讲材料。

除上述两类公司外，还有一类公司其主要业务是特许权（Royalty）和金属流权益（Streams），有业者称之为权利金投融资协议和上下游产业链投融资业务。这类公司可以统称为矿业收入投资者（Income Investors）。业界对特许权有不同定义，但在实务中特许权主要是指净冶炼返还（Net Smelter Return，NSR），计算公式是（标的项目收入 – 冶炼费用）× X%。金属流则是指金属流业务公司向目标公司支付现金用于开发项目，项目投产之后，目标公司以低于市场价的价格向金属流公司出售金属产品。常见的有黄金流和白银流。除了主要业务是上述两类业务的专业公司外，也有自身运营矿山，同时拥有上述两类业务的矿业公司。2020 年 6 月 9 日 New Gold 公司将黑水项目出售给 Artemis Gold 公司的对价中就包括 8% 的黄金流，其交货价格约定为现货金价的 35%。

三、地采选基础知识

（一）地质

1. 地质时代

- 相对年代：宙、代、纪、世。
- 隐生宙—（前寒武纪）—太古代、元古代。
- 显生宙—古生代（寒武纪、奥陶纪、志留纪、泥盆纪、石炭纪、二叠纪）。

中生代（三叠纪、侏罗纪、白垩纪）。

新生代（古近纪、新近纪、第四纪）。

- 地层时代：界、系、统、组。

2. 矿物

矿物是地壳中由各种地质作用形成的，具有一定的化学成分、内部结构，从而具有一定的外表形态和物理性质的单质或化合物。按晶体化学分为硫化物、卤化物、氧化物及氢氧化物、含氧盐。

3. 岩石

岩石是矿物的自然集合体，主要由一种或几种造岩矿物按一定方式结合而成，是构成地壳和地幔的主要物质，是地球发展至一定阶段，由各种地质作用形成的坚硬产物。按成因和形成过程可分为火成岩、沉积岩和变质岩。

4. 构造作用

构造作用有两种基本形式：水平运动（造山运动如褶皱和断裂）和垂直运动（造陆运动如隆起或拗陷）。地壳构造运动分为新构造运动（晚第三纪以来）和古构造运动（晚第三纪以前）。地壳构造运动产生褶皱与断裂，褶皱是岩层在侧方挤压力的作用下发生的波状弯曲的塑性变形，包括背斜和向斜；断裂是岩层或岩体在构造应力作用下，当作用强度超过岩层或岩体的强度时，岩层的连续性和完整性受到破坏所产生的构造变形，包括节理、劈理和断层。

5. 矿床与矿产

矿床是矿产在地壳中的集中地，指存在于地壳中的、由地质作用形成的、其所含有用矿物集合体的质和量都能到达当前工业经济技术指标要求的、能被开采利用的地质体，由矿体和围岩两部分组成，可分为同生矿床、后生矿床、叠生矿床。矿产是自然界产出的有用矿物资源，分为固体矿产、液体矿产、气体矿产，或分为金属矿产、非金属矿产、能矿矿产与地下水资源。矿田指地壳上某一成矿显著地段，矿田拥有在地质构造、物质成分和成因上具有显著联系的两个以上矿床或矿点。

6. 矿体

矿体是矿床中可供开采利用的、由矿石和夹石组成的地质体。矿体的形态指矿体在空间的产出样式和形状；产状指矿体产出的空间位置；围岩是指矿体周围的岩石。

7. 矿石

矿石是从矿体中采出的可从中提取有用组分的矿物集合体。矿石由有用的矿石矿物和无用的脉石矿物组成，夹石是矿体中的岩石。

8. 矿石构造与结构

矿石构造是指矿石中矿物集合体的特点；矿石结构指矿石中单个矿物颗粒的形状、大小和相互关系，用于研究矿物生成。

9. 品位

工业品位是可供开采利用的矿体或矿段的最低平均品位，是可采与否的界限。边界品位是矿体边部所允许的最低品位值，是矿与非矿的界限。边界品位低于工业品位。

10. 网度与资源量级别

有技术人员认为西方没有单纯的网度概念（工程沿矿体走向的距离与沿倾向的距离），资源量级别（详见后文标准详述）都是建立在经济概念基础之上的。这当然有其合理的地方，但网度和资源量级别在实际操作中还是有可利用的对应关系，比如变异函数的半变程一般对应探明资源量的网度，变程对应控制资源量的网度。

11. 资源估算方法

常用的资源估算方法有：传统方法/几何法；距离幂次反比法（Inverse Distance Weighting Method）；普通克里格法（Ordinary Kriging）；单指标克里格法（Indicator Kriging）；多指标克里格法（Multiple Indicator Krigging）。

在方法选择上，矿体变异小的用传统方法或普通克里格法，矿体变异大的用单/多指标克里格法。

12. 找矿方法

找矿常用方法如下。

一是地质方法，包括地质填图法、重砂找矿法、砾石找矿法等。

二是地球化学方法，包括岩石地球化学测量、水化学、土壤测量、分散流、气体测量等。

三是地球物理方法，包括磁法、电剖面法、放射性测量法、中间梯度法、自然电场法、中间梯度法、电测深法等。

四是工程技术方法，包括地表、坑道及钻探工程。

五是遥感方法。

13. **勘探**

铜矿发现方面，根据标普全球市场情报（S&P Global Market Intelligence）统计，近年大型铜矿发现率大幅下降。2018年之前的10年，全球铜矿勘察费用为266亿美元，与此对比，2008年之前的18年，勘察投入仅为124亿美元。但2019年之前的10年仅发现29个资源量超过50万吨的项目，其中2/3的铜资源来自4个超大型项目，即班帕埃斯康迪达（Pampa Escondida）、卡莫阿（Kamoa）、卡库拉（Kakula）以及洛斯赫拉多斯（Los Helados）。与此对比，1990—2008年，全球发现了191个项目。就地域而言，智利和秘鲁两国发现的铜矿项目占1990年以来全球发现的铜矿总量的一半。就勘探方向而言，绿地勘探热度渐消，棕地勘探成为重点。

金矿发现方面，根据标普全球市场情报（S&P Global Market Intelligence）统计，2010—2019年200万盎司以上金矿发现率也在下降。1990年以来全球发现的金资源储量在200万盎司（60吨）以上的有278个矿床，2019年之前的10年仅发现25个。1990年以来的金矿勘察投入为957亿美元，与此对比，2019年之前的10年投入仅为450亿美元。就地域而言，厄瓜多尔是过去10年发现金矿最多的国家。就勘探方向而言，与铜矿类似。

MinEx咨询公司在细节上对此持不同看法，认为近年来勘探投入高昂，但收获甚微，短期与中期全球范围内对目前大型金矿和铜矿在产项目没有动力进行有效接续是可以肯定的。

（二）采矿

1. 矿体形态与空间分布

矿体形态分为板状、等轴状、柱状，金属矿床以脉状及透镜状矿体居多。

矿体空间形态有走向、倾向、倾角、厚度（垂直、水平）、延深（埋藏深度、赋存深度）等。

2. 矿体分类

矿体按倾角可划分为：水平和微倾斜矿体（倾角为0°~5°）、缓倾斜矿体（倾角为5°~30°）、倾斜矿体（倾角为30°~55°）、急倾斜矿体（倾角为55°以上）。矿体按厚度可划分为：极薄矿体（厚度小于0.8m）、薄矿体（厚度为0.8~5m）、中厚矿体（厚度为5~15m）、厚矿体（厚度为15~50m）、极厚矿体（厚度在50m以上）。

3. 矿岩分类与力学特性

矿岩根据稳定性可分为：极不稳固类（如无支护则顶板和侧帮不可有暴露面）、不稳固类（可有$50m^2$以内暴露面）、中等稳固类（可有$50~200m^2$暴露面）、稳固类（可有$200~800m^2$暴露面）、极稳固类（可有$800m^2$以上暴露面）。力学性质指标包括容重、块度、结块性（涉及运输）、含水性（涉及支护和采放矿）、碎胀性（涉及爆破补偿空间）、强度（抗压强度、抗剪强度、抗拉强度依次递减）。

4. 矿井生产能力

矿井生产能力指正常生产时期，单位时间内（年或月）矿井采出的矿石量。露天矿的生产能力用矿石生产能力（每年采出的矿石量）和矿岩生产能力（每年采剥总量）两种指标来表示。矿井生产能力决定矿井基建工程量、主要生产设备的类型、技术构筑物的规模和类型、辅助车间和选冶车间的规模、职工人数等。矿井生产能力由矿床地质条件、工业储量、技术经济因素、市场需求量等因素决定。

5. 矿石贫化与损失

矿石贫化率指矿石品位降低的百分数。矿石损失率指开采过程中损失的工业储量与总工业储量之比。矿石回采率指采出的纯矿石量与总工业储量之比。矿石损失率与矿石回采率之和等于1。

6. 采矿分类

(1) 地采。

1) 地采方法。地采方法通常有以下三种。

● 空场采矿法。对于矿石与围岩稳定的项目，应分两步回采，先矿房、后矿柱，应注意阶段与分段高度、矿柱与矿块尺寸。空场采矿法可细分为全面采矿法、留矿采矿法、分段矿房法、阶段矿房法、房柱采矿法等，其中阶段矿房法最常用。空场采矿法适用范围广，贫化小，只对矿体围岩稳定性有要求。

● 充填采矿法。对于高品位项目，应分两步回采，随着推进回采工作面，使用充填料充填采空区，应注意矿房长度和阶段高度以及顶和底柱。充填采矿法可细分为单层充填采矿法、分层充填采矿法、分采充填采矿法、支架充填采矿法等。充填采矿法对矿石和围岩稳定性要求不高，贫化小，但成本高。

● 崩落采矿法。对于厚大急倾斜矿体、地表允许崩落的项目，应进行一步回采，通过围岩崩落进行地压管理，覆岩下放矿，应注意阶段与分段高度、矿块尺寸。崩落采矿法可再分为单层崩落采矿法、多层崩落采矿法、阶段崩落采矿法、分段崩落采矿法、自然崩落采矿法等，其中分段崩落采矿法与阶段崩落采矿法较常用。崩落采矿法效率高、安全性好，但贫化率高，不适合高品位矿体。自然崩落法成本低，将成为行业地采的主要研究方向。

2) 地采设备。地采常用设备包括：锚杆打眼安装机（Bolt Drill）、采场深孔钻机（Long Hole Drill）、铲运机（Scoop Tram）、井下卡车（Houlage Truck）、反井钻机（Raise Bore）、巷道钻机（Two Boom Jumbo）。

3) 地采流程。地下采矿一般分为开拓（通过掘进为地表和矿体间提供运输、通风等功能的工程）、采准（通过巷道掘进为切割矿块和回采提供便利）、切割（基于采准为回采提供空间）和回采（矿块中采出矿石）四部分。地下采矿流程参考图2-6。

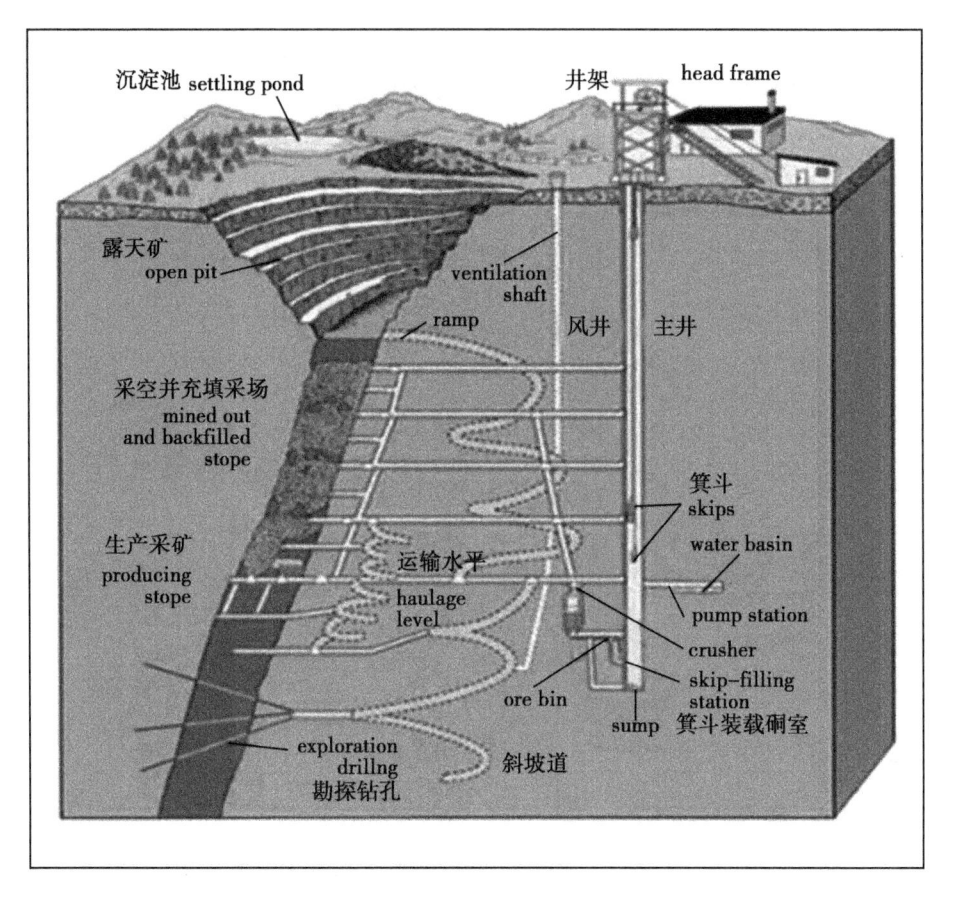

图 2-6　地下矿示意图

资料来源：HAMR H.Guide to Underground Mining Methods and Applications［M］. Stockholm：Atlas Copco，1997.

（2）露采。

1）露采方法。露采方法根据不同标准分类较多。分类标准包括剥离物、开采对象的赋存特性改变与否、采场位置、设备、运输媒介等，以下仅举数例。

- 按开采作业场地可分为：山坡露天矿开采、凹陷式露天矿开采。
- 按作业连续性可分为：间断式露天矿开采、连续式露天矿开采、半连续式露天矿开采。
- 按分期可分为：分期露天矿开采、不分期露天矿开采。

2）露采设备。常用设备包括索斗铲（Dragline）、轮斗式挖掘机（Bucketwheel Excavators）、皮带（Conveyor）、电铲（Electric Shovel）、挖掘机（Excavator）、装载

机（Wheel Load）、液压铲（Hydraulic Shovel）。

3）露采流程。一般的金属矿露采流程包括采掘前准备（表土）、凿岩、爆破、装载运输等环节，如图2-7所示。

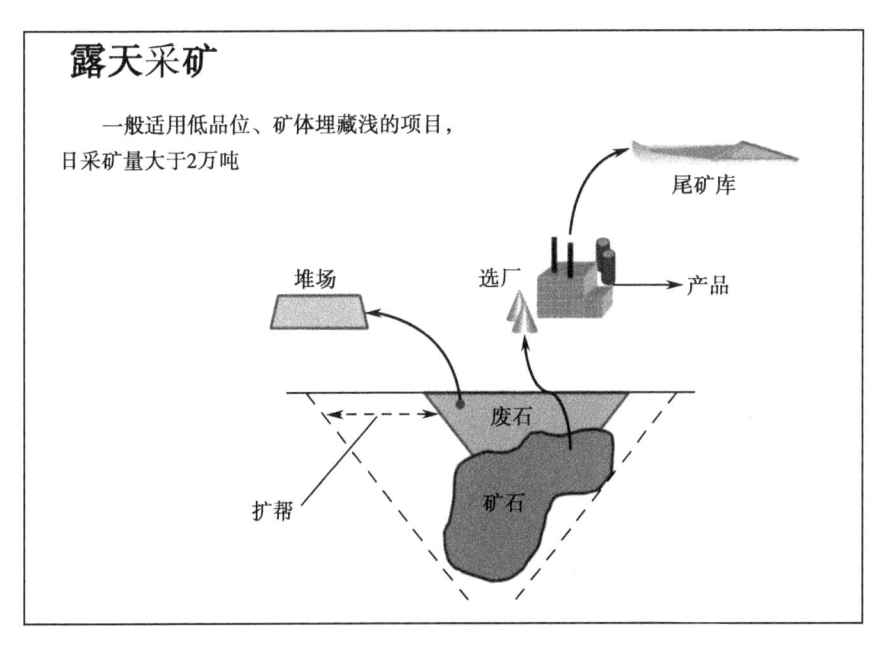

图 2-7 露天矿示意图

（三）选矿

1. 定义

选矿是借助选矿设备分离矿石的有用矿物与脉石矿物，并富集有用矿物，形成高品位精矿，实现综合回收、去除杂质的过程。矿物性质包括磁性（磁选依据）、导电性（电选依据）、湿润性（浮选依据）和密度（重选依据）。

2. 选矿方法

选矿的主要方法包括物理选矿（重选、磁选、电选）、浮游选矿、化学选矿和其他选矿。

3. 基本流程

选矿的基本流程一般分为三步。一是准备，通过破碎、磨矿让有用矿物解离，并与脉石分离。二是作业，包括按密度分选矿粒的重选（重力选矿）、利用浮选剂使矿物颗粒向气泡附着的浮选（浮游选矿）、分为培烧和浸出的化学选矿、利用矿物磁性的磁选、利用矿物导电性差异分离矿物的电选。三是处理，分为精矿脱水和尾矿储存，前者包括自然脱水（较少用）和人工脱水（较常用），后者分为重介质选矿的粗粒干尾矿处理和湿法选矿尾矿的细粒含水尾矿处理。

4. 工艺指标

选矿的工艺指标主要有七个。①破碎比/磨矿比，指破碎/磨矿给料中最大矿块的粒度与产品最大粒度之比。②筛分效率，指筛下产物与入筛原料中小于筛孔的物流重量比，是计算产率的基础。③产率，指产品质量与原矿质量之比。④选矿比，指原矿与精矿质量之比。⑤富集比，指精矿品位与原矿品位之比。⑥回收率，指原矿有用成分质量与产品有用成分质量之比。⑦金属平衡，指原矿金属含量与出厂精矿、尾矿中的金属含量的平衡关系，分为理论金属平衡和实际金属平衡。

四、黄金成本标准

从1976年黄金协会成立到2012年ASIC成本标准确定，其间共有7次重大标准确立或事件发生。总的趋势是，成本越来越符合企业实际运营情况，从单纯生产阶段延伸到生产前阶段投入，从而给投资者更清晰、更全面的数据分析，成本也逐步升高。ASIC成本标准逐步得到各大黄金公司的认可，而在这之前，Brook Hunt的"3C"成本标准被广泛引用，所谓"3C"体系，即C1（Cash Cost）、C2（Production Cost）、C3（Total Cost）体系，计算方式为C1=采矿成本（或购买矿石成本）+选矿成本+熔炼成本+精炼成本+矿山/选冶厂行政管理费用+各种运输成本+市场/销售成本−各种副产品收入；C2=C1+折旧/摊销；C3=C2+总部管理费用+权益金+其他间接成本+非经常性支出+财务费用。当然各公司也有各自的标准，例如金田曾使用NCE概念（Notional Cash Expenditure）。

黄金协会的生产标准之一是总现金成本（Total Cash Cost）、总生产成本（Total Production Cost）和总成本（All-in Cost）体系（非GAAP），虽然黄金协会在2002

年已停止使用该标准，但国际上许多大型黄金公司仍然在使用这个体系，《黄金年鉴》也使用这个体系。计算公式为：总现金成本＝直接采矿成本（采矿、选矿、现场一般费用和行政费用）＋精炼费＋权益金和生产税＋副产品信贷净额；总生产成本＝总现金成本＋折旧/摊销＋矿地复垦费；总成本＝总生产成本＋持续资本支出＋间接费＋管理费用。

黄金协会的生产成本构成明细如表2-5所示。

表2-5 黄金协会的生产成本构成明细

明细项	每盎司金成本	明细项	每盎司金成本
直接采矿成本	XXX	生产税	XXX
剥离与开拓调整	XXX	总现金成本	XXX
第三方冶炼、精炼和运输成本	XXX	折旧	XXX
副产品收入	XXX	摊销	XXX
其他	XXX	闭坑	XXX
现金运营成本	XXX	总生产成本	XXX
权益金	XXX		

资料来源：Agnico Eagle 公司研究报告。

五、资源量与储量标准

（一）国内标准

固体矿产资源/储量可分为基础储量和资源量等二大类七种类型，分别用三维形式和矩阵形式表示，如图2-8所示。

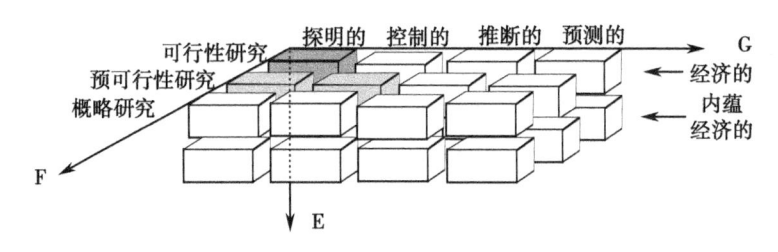

图 2-8 国内资源储量分类

资料来源：国土资源部《固体矿产资源/储量分类》（2007 年版）。

（二）西方体系

NI 43-101 标准是加拿大上市公司依据加拿大 CIM 储量定义常务委员会的规范，对外公布包括勘探项目报告以及储量等矿产项目技术信息的标准。多数情况下与 JORC 规范（Joint Ore Reserves Committee Code）通用并为相关证交所接受。JORC 规范是澳大利亚勘查结果、矿产资源量与矿石储量报告规范。上述体系对于资源量与储量的计算逻辑如图 2-9 所示。

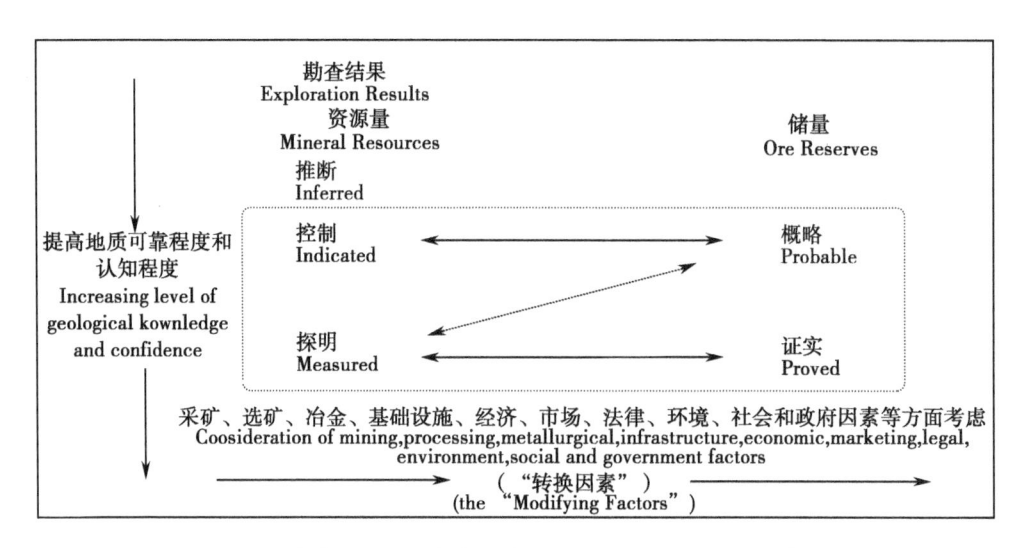

图 2-9 勘察结果、矿产资源量和矿石储量之间的一般性关系

资料来源：澳大利亚矿产资源和矿石储量报告规范（2012 版）。

在此需要指出的是，NI43-101 标准并非一个单纯的技术标准，而是一个完整的行业体系。除了技术报告，合资格人士（QP）、技术标准与披露要求也是其重要内容。

（三）体系对比

1. 我国《固体矿产资源/储量分类》（2007年版）与国际及主要矿业大国矿产资源储量分类对比

我国固体矿产资源/储量分类与国际及主要矿业大国矿产资源储量分类对比如表2-6所示。

表2-6 资源储量分类对比

GB/T 17766-1999	GB/T 17766-修订稿	UNFC-2004	UNFC-2008	CRIRSCO-2006	JORC-2004	CIM-2005
可采储量111 基础储量111b	证实储量111 基础储量111b	证实储量111	商业性项目高置信度可回收矿量 商业性项目高置信度可回收矿量+已知矿床高置信度原地附加矿量	证实储量	证实储量	证实储量
预可采储量121 基础储量121b	可信储量121 基础储量121b	可信储量121	商业性项目高置信度可回收矿量 商业性项目高置信度可回收矿量+已知矿床中置信度原地附加矿量	可信储量	可信储量	可信储量
预可采储量122 基础储量122b	可信储量122 基础储量122b	可信储量122	商业性项目中置信度可回收矿量 商业性项目中置信度可回收矿量+已知矿床中置信度原地附加矿量	可信储量	可信储量	可信储量
基础储量2M11 基础储量2M21 基础储量2M22 资源量2S11 资源量2S21 资源量2S22	无	可行性矿产资源211 预可行性矿产资源221 预可行性矿产资源222	非商业性项目高、中置信度可回收矿量+已知矿床高、中置信度原地附加矿量	无	无	无

续表

GB/T 17766-1999	GB/T 17766-修订稿	UNFC-2004	UNFC-2008	CRIRSCO-2006	JORC-2004	CIM-2005
资源量331	资源量231	资源量331	潜在商业性项目高置信度可回收矿量+已知矿床高置信度原地附加矿量	测定的资源量	测定的资源量	测定的资源量
资源量332	资源量232	资源量332	潜在商业性项目中置信度可回收矿量+已知矿床中置信度原地附加矿量	指示的资源量	指示的资源量	指示的资源量
资源量333	资源量233	资源量333	潜在商业性项目低置信度可回收矿量+已知矿床低置信度原地附加矿量	推断的资源量	推断的资源量	推断的资源量
资源量334？	资源量234	资源量334	勘查项目可回收矿量+同潜在矿床有关的附加矿量	勘查结果	勘查结果	勘查结果

资料来源：国土资源部研究中心。

注：GB/T17766-修订稿经济指标下限值为：经可行性研究或预可行性研究论证，经济评价指标具有边际经济意义（如内部收益率大于0）的资源量，划入经济的基础储量范畴。

2. 力拓公司对西方、苏联、联合国三种标准的对比

力拓公司对西方、苏联、联合国三种标准的对比结果如表2-7所示。

表2-7 三方标准对比

	有限信息				较多信息	
	可信性低				可信性高	
西方标准	推断		控制		探明	
苏联标准	P2	P1	C2	C1	B	A
联合国标准	333		332		331	

资料来源：力拓公司。

3. 资源计量国际公司对俄罗斯标准及国际标准的对比

资源计量国际公司（Resources Computing International Ltd）对比了俄罗斯标准与国际标准，结果如表2-8所示。

表2-8 俄罗斯标准与国际标准比较

俄罗斯标准	国际标准
A，B	证实储量/探明资源量
C1	证实或概略储量、控制资源量
C2	概略储量、控制资源量、推断资源量
P1	推断资源量
P2	发现矿产资源 UNFC 334
P3	无法比较

资料来源：资源计量国际公司。

4. 香港联合交易所（HKSE）标准

香港联合交易所（HKSE）对中国《固体矿产资源/储量分类》与JORC 2004转换标准进行对比分析，分析结果如表2-9所示。

表2-9 中国《固体矿产资源/储量分类》与JORC标准对比

分类	国内标准	JORC 2004
储量	111，121	证实
	122	概略
资源量	111b，121b，2M11，2M21，2S11，2S21，331	探明
	122b，2M22，2S22，332	控制
	333	推断
	334	—

资料来源：香港联合交易所。

5. 实际操作

作为收购团队的成员，在不涉及理论探讨的前提下，建议使用我国国土资源部研究中心的对照表来理解各种体系的对应关系。此外，必须对研究阶段、资源量与储量都随着新信息的发现和假设因素的变化而变化有所认识，具体过程参见图2-10所示案例。

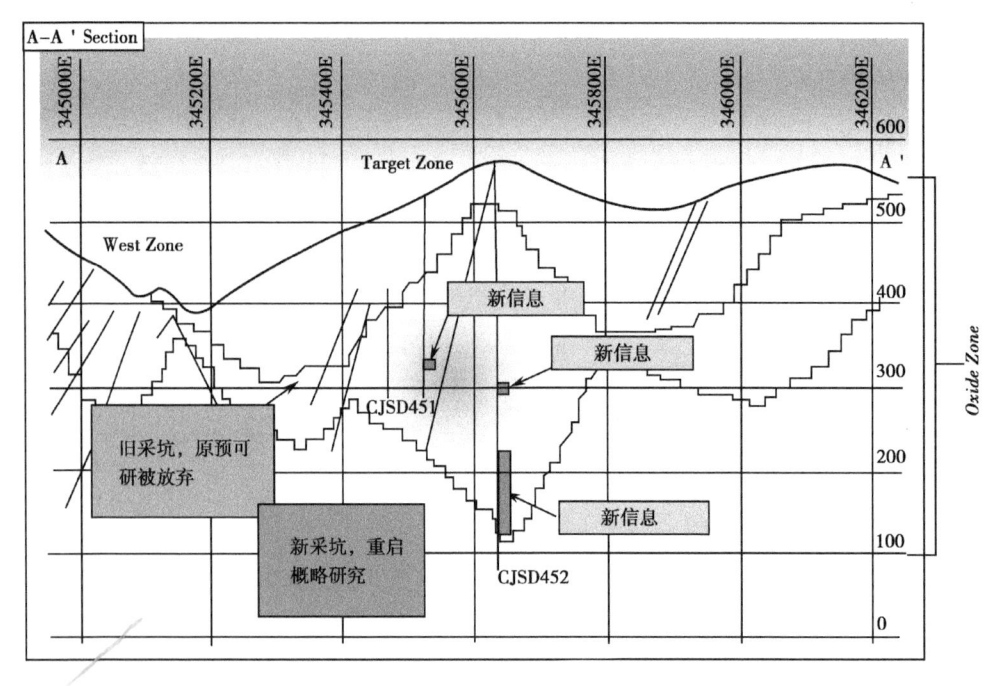

图 2-10　资源储量变动案例

资料来源：OSC（Ontorio Securities Commission）案例。

六、项目技术简报

在寻找项目阶段，并购团队技术与商务研究小组的主要工作是编制项目简报，该简报也是后续报告的基础。并购团队的非地采选专业成员（矿业圈所说的非专业人员）无须或一般也不可能对地采选的每个术语背后的知识都掌握到专业程度，但必须熟悉地采选三个学科在具体并购实践中出现的分项工作种类、重点术语、学科衔接，要能读得懂、谈得了，进而指得出核心问题。

就加拿大项目而言，相关报告电子版可从由加拿大证券管理会（Canadian Securities Administrators）管理的电子文档分析与检索系统（the System for Electronic Document Analysis and Retrieval，SEDAR）网站 www.sedar.com 获得。就美国矿业项目而言，相关报告电子版可从由美国证券交易委员会（the United States Securities and Exchange Commission，SEC）管理的电子数据采集、分析与检索系统（the Electronic Data Gathering, Analysis and Retrieval System，EDGAR）网站 www.sec.gov

获得。

一般每个公司都有自己筛选项目的标准，在利用上述渠道及有偿的外部数据服务搜索到信息后，就可以用筛选漏斗逐一筛选，笔者常用的筛选步骤如下。

第一步是明确目标范围。

第二步是大类筛选。

第三步是细项筛选。

第四步是最后筛选。

通过筛选获得目标项目后，研究小组开始编制项目技术简报。现选取笔者参与编制的简报架构与要点简述如下。

（一）结构

项目技术简报一般包括以下12个部分：公司概况；交通、基建、地理；历史工作及矿权设置；区域地质；矿床地质；矿体地质；资源量/储量；选矿、采矿及技经评价；公司的其他项目；公司估值及敏感性分析；风险评估；结论和建议。

（二）公司概况

公司概况首先包括公司注册地、上市地、股票代码、公司网址、主营业务、主要资产、项目所在国、矿种、所占股份。其次包括旗舰项目情况，例如资源量、储量、可行性研究、生产建设情况。最后包括公司的其他次要项目信息、公司的未来发展计划、主要股东持股比列表、股权结构图、董事会和管理层（列明姓名、职务、简历等）、券商评价及预测、初步估值、建议意见。

（三）交通、基建与地理

项目技术简报中有关交通、基建情况的内容主要包括：项目所在国、省、市，距主要城市、最近港口、交通枢纽的距离；从最近的有机场的城市到项目所在地的道路状况、可乘交通工具情况及通勤时间；高速公路、铁路是否通过矿区；距离最近的电站细节描述；通信情况；临近城镇人口、薪资、技工情况；

最近的河流情况，取水困难程度及用水许可；干旱地区则需简述地下水情况或外部引水可能性。

项目技术简报中有关自然地理情况的内容主要包括：项目所在地区地形地貌特征、海拔；气候特征，如年均气温、温差、降雨量、旱雨季分布；植被覆盖描述。

（四）历史工作与矿权沿革

项目技术简报中有关历史工作与矿权沿革的内容主要包括：项目发现时间及后续历史沿革；矿权最初面积、申请情况、所属公司、矿权流转情况与时间节点、股权情况、矿权类型变更、历史遗留问题描述等；历史勘探工作量（地质填图、物化探、钻探）；历史产量；历史技术报告（含历史探获资源量与储量）；周边大型矿山地质类型、勘探历史、资源量、储量、产量等。

（五）区域地质（简述）

项目技术简报中对区域地质情况的分析包括：标的矿床在区域构造的位置；矿床（田）成因地层与岩浆种类；矿带延伸方向；构造特征与分布；成矿带特征（如是）及附近的有名矿山、矿床类型简述等；注明坐标、比例尺、区域地质图图件说明（成矿带、构造、岩性与构造、矿点等）。

（六）矿床地质（简述）

项目技术简报中对区域地质情况的分析包括：矿权内矿区分布；地质工程分布（主要集中在哪个矿区）；地层、岩浆岩、火山岩及构造的特征和分布（产状、走向、厚度、侵入时代等）；矿床类型与成矿背景；围岩蚀变特征、分带特征、蚀变与矿化的关系；矿权内的地质物化特征（电法、磁法、水系、化探等）；图件分析（矿区地质图、物化探解译图、蚀变分带图、岩石手标本、岩心照片）等。

（七）矿体地质（重点）

项目技术简报中矿体地质部分是重点，主要分为矿体特征与围岩夹石、矿石特征与类型两大部分。矿体特征与围岩夹石关系到采矿方式与难度；矿石特征和类型关系到有用组分赋存的可回收性及选矿方式。

1. 矿体特征与围岩夹石

矿体特征主要包括：①整体特征，如埋深、矿头标高、出露情况；②形状特征，如层、似层、脉、豆荚、透镜体状等；③产状，如走向、倾角、倾向；④规模，如延长、延伸、延深；⑤连续性，如有无夹石、分支复合，氧化界面控制、断层或构造破坏错动、厚度变化情况、品位变化情况；⑥控制程度，如深部和边缘控制情况；⑦图件辅助说明，如剖面图或三维矿体形态图等。

矿体围岩与夹石要点包括：①顶底板岩性、矿化、与矿石严格区分情况；②夹石类型定义及其对开采贫化的影响。

2. 矿石特征与类型

矿石特征主要包括：①矿物成分，主要及其他金属矿物种类与含量；②矿石结构、构造；③矿石化学成分；④矿石蚀变期次及类型，矿物共生组合和成矿阶段划分。

矿石类型，即原生矿、氧化矿、过渡矿的分布及占比等。

（八）采选矿总结

1. 概略研究项目采选总结

采矿工程师利用采矿软件进行采矿设计，草估储量、服务年限及排产表（如无采矿工程师，则可通过泰勒公式估算，详见本书估值章节）。基于排产表，选矿工程师提供入选品位和回收率草估数据。

2. 投产前项目总结要点

（1）采矿方面要注意四个方面。

一是确定采矿方式，包括露采、地采或地采露采结合。

二是确定矿山设计参数，包括矿山寿命、开工时间、投产达产时间、剥采比、剥离量、矿石量、年处理量、年产量、选矿方法、矿山寿命期内平均入选品位和回收率、最终产品及质量。

三是确定采矿设计图、生产计划表。

四是确定技经指标，包括金属价格、运营成本类指标、资本开支指标、折现率、净现值、内部收益率、回收期，详见本书估值章节。

（2）选矿方面也要注意四个方面。

一是确定研究机构及报告时间。

二是确定样品来源、代表性、种类、样品中有用组分的赋存状态（包裹、离散）、原矿中有用组分品位、制备方法（磨矿、混合等）。

三是确定选矿方法（堆浸、重选、浮选，有多种有用组分的是否需要分离）、磨碎粒度、选矿时间、药剂用量。

四是确定样品中的有用组分在不同实验条件下的回收率、副产品回收率说明。

3. 在产项目采选总结

在产项目采矿总结主要包括：①采矿方式（露采、地采或地采露采结合）。②近年及未来矿山生产参数，如矿山剩余寿命、剥采比、年剥离量、年产矿石量、年处理量、年产量、选矿方法、平均入选品位和回收率、最终产品及质量。③开拓运输方式。露采的运输方式有汽车、溜井、平硐电机车、平硐胶带等，根据矿石运输目的地及运距和废石运输目的地及运距选择；地采的运输方式有溜井+破碎+斜坡道胶带运输系统，根据矿石运输目的地选择。④露采终了境界参数，包括最大尺寸长、宽、顶部标高、坑底标高，废石出入沟口标高，最终边坡角，最大台阶高度，最高已采至高度。⑤采剥工艺，如工作阶段高度、工作阶段坡面角、最小工作平台宽度、临时非工作平台宽度，堑沟最小底宽、挖掘机工作线长度、道路宽度、道路坡度。⑥露采作业模式，包括是否采取外包、穿孔设备介绍、铲运设备介绍。⑦露天坑排水，包括矿区风力和雨量介绍、排水方式介绍。⑧矿山寿命内生产计划表。⑨技经指标，包括年采剥总量、采矿量、金属产量、矿石损失率、矿石贫化率、设备完好率、设备作业率、剥采比、平均采剥成本。

在产项目选矿总结主要包括：①矿石主要工艺矿物学性质，如矿带分布高程、矿体赋存高程、矿物组成（有用矿物赋存）、金属矿物列举、脉石矿物列举、金属赋存状态、矿石特点（含泥量等）。②选矿工艺，如供矿方式、选别工艺、全矿生产规模、选矿流程、主体设备、主要工艺参数、技术指标、物料消耗、成本构成。

（九）其他资产概述

在项目技术简报其他资产概述部分，需要简述上述重点项目之外的目标公司持有的其他资产。例如公司所占股比、地勘阶段、资源量/储量以及未来地勘、生产计划等。

（十）估值

详见本书估值章节。

（十一）风险分析

对于项目风险，一般要根据阶段进行 SWOT-WRAC-RISK MATRIX-HAZOP 分析。笔者基于国内实际和简表阶段性，简要列举如下。

1. 国家层面的风险

根据 Fraser 的全球矿业环境调查和 Behre Dolbear 发布的矿业投资国家排名，国家层面的风险可从四方面进行分析：一是对项目所在国的各方面排名进行分析；二是就项目所在国在全世界以及所在洲的排名情况进行分析；三是从社会、政治、经济、许可、腐败、货币、税收等方面说明潜在风险；四是从投资者利弊角度分析矿权法关于矿权申请、延续、分成等规定是否存在风险。

2. 环保、社区及其他层面的风险

这方面的风险分析首先要对项目所在地社区人口组成、反矿势力、历史冲突、群众组织、宗教组织、政治经济、家族势力、黑恶势力、非法行业、军警分布等方面进行分析。

其次要分析技术性项目开发风险，包括潜在环境问题（尾矿坝、水污染等）和技术性高成本成因（埋藏过深、品位过低、连续性差）等。

再次要分析法律风险，包括所有权纠纷、矿权、建设与开采许可的可持续性、债务、人力、环保纠纷等。

最后要分析其他可能的风险，包括日常与极端气候影响（海拔高度影响、频发性自然灾害）以及基础设施与人力资源限制等。

（十二）结论与建议

项目技术简报的结论与建议部分要对项目资源及其他条件进行优劣分析，并提出下一步工作建议。需要注意的是，此处要避免堆积数据，应从地、采、选、法、经等各角度集中分析核心数据，分析各类风险是否可避免或应对，进而从宏观上对是否投资做出界定。从这个角度而言，项目技术简报的编制就是一个定量与定性相结合的模型的搭建，每一个章节都是模型某个变量的界定与分析，而结论则可视为模型推导的结果。

七、并购流程

根据一对一交易（Bilateral）和竞标交易（Public Auction）的不同，并购流程也有差别，但大体分为收购前准备、收购执行、收购后整合三大阶段。一般流程为根据战略（Strategy Oriented）筛选项目—内部研究—初步接触—保密协议—初步尽职调查—意向报价—详细尽职调查—股权购买协议起草与谈判—签约—交割—价格调整（或有）—接管与整合。在目标筛选完毕编制成简表类项目基础信息表后，根据交易性质不同，基于买方角度的流程简述如下。

（一）一对一交易

第一阶段：前期准备与初步接触。

前期准备工作包括：组建内部项目团队（前方团队为负责并购业务的买方高层、买方负责并购业务的部门负责人、商务法务组、技术组和后方团队为公司证券部联系人、财务部联系人等）并明确各自职责与权限；筛选中介（财务顾问）；开展标的项目的公开资料研究；初步论证融资可行性与审批程序。

初步接触工作包括：双方高层与操作层沟通并确立工作机制（团队名单与联系方式互换）；议定交易流程和时间表；签署保密协议（CA）；根据卖方提出的初步数据库进行初步尽职调查；编制并向卖方提交意向书（LOI）。

第二阶段：全面尽职调查与谈判。

这一阶段的主要工作包括全面深入尽职调查（详见本书尽职调查章节）和谈判两大类。谈判内容包括：圈定谈判团队，明确谈判机制和时间表；讨论交易架构和合同核心条款；明确融资和税务安排方案；履行签约前置批准程序；与国内监管部门提前沟通并保持后续定期联系。

第三阶段：签约、审批与交割。

签约阶段的工作包括签约、公告、公共关系与投资者关系（PR/IR）工作开展、准备政府报批材料等。

审批与交割阶段的工作包括：取得国内外监管机构批准、满足其他交割条件、融资到位、支付对价、执行交割。

（二）招标

第一阶段：准备与接触。

招标准备阶段的工作包括：组建内部项目团队（前方团队为负责并购业务的买方高层、买方负责并购业务的部门负责人、商务法务组、技术组，后方团队为公司证券部联系人、财务部联系人等）并明确各自的职责与权限；筛选中介（财务顾问）；研究标的项目的公开资料；初步论证融资可行性与审批程序。

招标接触阶段的工作包括：签署 CA 和买方发出招标文件。

第二阶段：投标。

首先进行第一轮投标。根据信息备忘录进行初步研究并估值；进行初步融资、架构与审批研究；提交 LOI；卖方对 LOI 进行评估；准备下一步尽职调查团队与其他工作；启动购买合同审查。

其次进行全面深入尽职调查（Confirmatory Due Diligence），详见本书尽职调查章节。

最后进行第二轮投标，根据尽职调查结果修正出价，提交有约束力的标书，卖方评估。

第三阶段：签约与交割。

在签约阶段进行签约、公告、开展 PR/IR 工作、准备政府报批材料。

在审批与交割阶段要取得国内外监管机构的批准、满足其他交割条件、融资到位、支付对价、执行交割。

八、并购架构

（一）考虑因素

并购架构要考虑的因素包括：①基于多双边税收协定和涉及各层级所在国税收政策的税收考虑；②双方内外部审批可行性；③未来退市、上市或其他资本运作的投资者战略考虑；④并购融资获得可行性。

（二）主要形式

上市公司海外并购的架构大体有以下两种形式。

一是上市公司现金收购（基于自有或股权募集或债权融资获得）或上市公司母公司（集团）收购后装入公司。现金收购一般出于对税费的考虑会在上市公司与收购标的之间设置一层或多层壳公司（多为离岸公司 BVI）作为带有特殊目的的工具（SPV）。这种设计一般是为了利用现金收购无须国内监管审查的优势，但对上市公司资金实力要求很高。

二是上市公司母公司（非上市）收购标的项目，上市公司再通过发股购买资产或增发从母公司收购标的项目。这种设计一般是为了减少上市公司监管方面对并购造成的程序上和时间上的压力，另外，上市公司从母公司二次收购时对价支付也更灵活。不过同业竞争和关联交易方面的隐忧也是确实存在的。实务中，随着中国证券监督管理委员会（以下简称"证监会"）对《上市公司重大资产重组管理办法》的修订和取消行政许可，此类方式使用的动因在下降。

九、融资

除了并购基金和跨境换股，假设买方通过买方—国内控股公司—境外 SPV—目标公司的路径进行并购，则融资主要有四种途径。

一是自有资金支付对价，来源于利润或资本公积等留存收益。

二是债务融资，如境内贷、境外贷、内保外贷、过桥贷款与并购贷款及债券融资的结合。一般可以解决买方60%左右的并购额。中国银行保险监督管理委员会（以下简称"银监会"）发布的《商业银行并购贷款风险管理指引》是重要的参考文件。

- 境内贷，一般为买方及其国内控股公司向国内银行担保，国内银行向买方的国内控股公司提供贷款，壳公司向其境外控股SPV增资或借款，SPV收购境外目标公司。

- 境外贷，一般为买方、国内控股公司、控股SPV向国内银行担保，国内银行向SPV提供贷款，壳公司向境外SPV增资或借款，SPV收购境外目标公司。

- 内保外贷（包括境内贷款冻结而境外放款的四方协议）具有无须逐笔审批，只需在国家外汇管理局（以下简称"外管局"）备案的优点，但期限一般低于5年，即中国银行的中国境内分行为SPV向境外分行或代理行出具保函或备用信用证，由后者向SPV提供贷款；买方控股的境内壳公司作为反担保人向中国银行的境内分行提供反担保并提供融资性反担保函。

- 1年内的过桥贷款加5~7年的并购贷款，将短期融资和长期融资相结合，规避了长期融资审批时间过长的缺点。

- 1年内的过桥贷款加5~7年的并购贷款加1~6年的债券融资（依次替代），适用于并购后现金流难以覆盖本息的项目。具体包括摊薄现有股本的可转债（CB）和不摊薄可交换债（EB）。

三是股权融资，包括配股、非公开发行股份、公开增发，或在SPV层面组织股权联合体。

四是债权融资加股权融资（主要是夹层贷款），即以上述债权融资的某一种方式筹集60%的额度，同时由银行受让买方股权，贷款到期后由买方或第三方回赎该股权。

第三章 估值

所谓估值，是研究者基于对某个行业周期的特性和项目经济性的理解，根据投资者或出售者的立场，按照行业基本规范进行的专业技术数据支持下的数学运算。其结果是提供对某个标的项目或公司的报价。估值具有时间性、地域性、研究角度的差异性。

一、方法概述

从绝对和相对两个角度来讲，矿业项目估值具体有三种方法，即现金流法、市场法和成本法。其中现金流法是主要方式，指将项目未来特定期间内的预期现金流量按照预设折现率还原为当前现值的估值方法。市场法包括可比或类比公司法和交易案例法。可比或类比公司法指将符合预设前提条件（市场、规模、品种等）的与目标公司具有可比性的公司股价估值倍数应用于目标公司的估值方法。交易案例法指将符合预设前提条件（市场、规模、品种等）的与目标公司具有可比性的公司交易案例隐含的估值倍数应用于目标公司的估值方法。成本法使用频率较低，基本限于"草根"项目，指根据过往及未来的探矿支出，按照探矿支出倍数求得项目估值的方法。此支出倍数取值一般为0.5~3，估值人员的主观性对取值的影响较大。除此之外，也有将上述三种方法进一步细化的分类方法，在此不赘述。项目阶段与估值方法的关系对比如表 3-1 所示。

表 3-1 项目阶段与估值方法的关系对比

估值方式	勘探项目	开发项目	生产项目	暂停开发项目 经济可行	暂停开发项目 不可行	停止开发项目
现金流法	通常不使用	广泛使用	广泛使用	广泛使用	通常不使用	通常不使用
市场法	广泛使用	不广泛使用	广泛使用	广泛使用	广泛使用	广泛使用
成本法	广泛使用	通常不使用	通常不使用	通常不使用	不广泛使用	广泛使用

资料来源：南非矿产评估准则（SAMVAL）2006 年版。

二、现金流法

（一）框架公式

1. 西方净现值（NPV）公式

西方净现值（NPV）公式框架如表 3-2 所示，具体案例如表 3-3 所示。为方便读者理解，笔者对案例做了简化处理，只保留了框架。

表 3-2 NPV 计算框架

步骤	计算关系	收入	步骤	计算关系	收入
1	减	运营成本	9	减	税收
2	减	权益金	10	等于	NI
3	等于	EBITDA	11	减	递延税收
4	减	折旧	12	加	折旧
5	等于	EBIT	13	减	资本开支
6	减	财务费用	14	减	复垦费用
7	等于	EBT	15	减	流动资金变动
8	减	税收	16	等于	FCF

资料来源：笔者根据实务案例总结。

第三章　估值

表 3-3　示意性 NPV 案例

项目	合计	建设 1	建设 2	建设 3	生产 1	生产 2	生产 3	生产 4	生产 5
年度									
铜金属量（千吨）	1595.0	—	—	—	27.0	59.0	64.0	72.0	68.0
金金属量（公斤）	164188.0	—	—	—	3845.3	8240.7	8152.5	8584.1	7895.9
银金属量（公斤）	632003.0	—	—	—	9633.1	25065.7	31277.4	34876.1	34101.2
铁金属量（千吨）	50313.0	—	—	—	1051.7	1677.6	1931.9	1949.3	1989.6
收入（百万美元）	24557.0	—	—	—	482.6	964.0	1040.3	1108.5	1066.3
运营成本（百万美元）	13887.0	—	—	—	251.3	517.6	545.5	551.1	550.6
权益金（百万美元）	0.0	—	—	—	0.0	0.0	0.0	0.0	0.0
EBITDA（百万美元）	10670.0	—	—	—	231.3	446.4	494.9	557.3	515.6
折旧（百万美元）	1033.0	—	—	—	15.7	38.0	60.1	68.8	68.8
EBIT（百万美元）	9637.0	—	—	—	215.6	408.4	434.8	488.6	446.8
财务费用（百万美元）	0.0	—	—	—	0.0	0.0	0.0	0.0	0.0
EBT（百万美元）	9637.0	—	—	—	215.6	408.4	434.8	488.6	446.8
所得税（百万美元）	1844.0	—	—	—	43.1	81.7	87.0	97.7	89.4
所得税减免（百万美元）	922.0	—	—	—	21.6	40.8	43.5	48.9	44.7
资产税（百万美元）	320.0	—	—	—	24.3	22.8	21.3	19.8	18.3

59

续表

项目	合计	建设 1	建设 2	建设 3	生产 1	生产 2	生产 3	生产 4	生产 5
矿业税（百万美元）	507.0	—	—	—	5.1	5.1	10.2	10.2	15.3
Net INCOME（百万美元）	7888.0	—	—	—	164.7	339.7	359.8	409.7	368.5
折旧（百万美元）	1033.0	—	—	—	15.7	38.0	60.1	68.8	68.8
资本开支（百万美元）	1033.0	235.9	334.1	331.7	130.0	0.8	—	—	—
流动资金变化（百万美元）	—	—	—	—	—	17.7	4.0	5.1	3.4
自由现金流（百万美元）	8808.3.0	235.9	334.1	331.7	50.4	359.3	415.9	473.3	440.8
折现率（%）	15.0	—	—	—	—	—	—	—	—
税后 NPV（百万美元）	916.0	—	—	—	—	—	—	—	—
税后内部收益率（%）	29.0	—	—	—	—	—	—	—	—

资料来源：笔者根据实务案例编制。

2. 国内净现值（NPV）公式

采用国内贴现现金流量（DCF）法评估探矿权的计算模型（项目投资现金流）如下。

A. 现金流入量（+）

销售收入

回收固定资产残（余）值

回收流动资金

B. 现金流出量（-）

后续勘查投资（探矿权需补充地质勘查工作的勘查投资）

固定资产投资

更新改造资金

流动资金

经营成本

销售税金及附加

企业所得税

C. 净现金流量（C=A-B）

D. 折现系数

E. 净现金流量现值（E=C×D）

F. 矿业权评估价值（F=E）

以天山纺织 2010 年 6 月 18 日公告信息为例，国内净现值估值架构案例如表 3-4 所示。

（二）估值思路与数据基础

矿业项目的估值思路是先技术、后经济，逐步将技术数据经济化，如图 3-1 所示。

国内估值数据输入基础如表 3-5 所示，海外估值与此类似，可根据实际情况调整（假设为露采项目）。

表 3-4 净现值估值案例

单位：万元

序号	项目名称	2021年	2022年	2023年	2024年	2025年	2026年	2027年	2028年	2029年	2030年	2031年	2032年	2033年
一	现金流入量													
1	销售收入	23387.17	23387.17	23387.17	23387.17	23387.17	23387.17	23387.17	23387.17	23387.17	23387.17	23387.17	23387.17	23387.17
2	回收固定资产残（余）值							437.87						
3	回收流动资金													
4	回收抵扣设备进项税额							1488.76						
	小计	23387.17	23387.17	23387.17	23387.17	23387.17	23387.17	25313.81	23387.17	23387.17	23387.17	23387.17	23387.17	23387.17
二	现金流出量													
1	后续地质勘查投资													
2	固定资产投资													
3	更新改造投资							10246.19						
4	流动资金													
5	经营成本	9066.37	9066.37	9066.37	9066.37	9066.37	9066.37	9066.37	9066.37	9066.37	9066.37	9066.37	9066.37	9066.37
6	销售税金及附加	899.58	899.58	899.58	899.58	899.58	899.58	780.48	899.58	899.58	899.58	899.58	899.58	899.58
7	企业所得税	3116.36	3116.36	3116.36	3116.36	3116.36	3116.36	3146.13	3116.36	3116.36	3116.36	3116.36	3116.36	3116.36
	小计	13082.31	13082.31	13082.31	13082.31	13082.31	13082.31	23239.17	13082.31	13082.31	13082.31	13082.31	13082.31	13082.31
三	净现金流量	10304.87	10304.87	10304.87	10304.87	10304.87	10304.87	2074.64	10304.87	10304.87	10304.87	10304.87	10304.87	10304.87
四	折现系数(r=8%)	0.4048	0.3748	0.3471	0.3214	0.2976	0.2755	0.2551	0.2362	0.2187	0.2025	0.1875	0.1736	0.1608
五	净现金流量现值	4171.70	3862.69	3576.56	3311.63	3066.33	2839.19	529.26	2434.15	2253.84	2086.89	1932.31	1789.17	1656.64
六	采矿权评估价值	76457.75												

数据来源：新疆丐拓矿业有限公司新疆哈密市黄土坡矿区Ⅰ矿段铜锌矿采矿权评估报告书。

第三章 估值

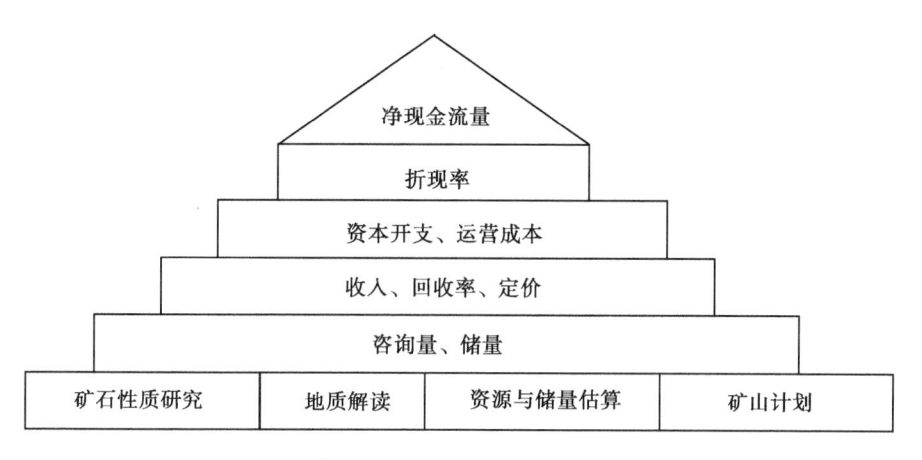

```
        净现金流量
         折现率
    资本开支、运营成本
    收入、回收率、定价
     咨询量、储量
矿石性质研究 | 地质解读 | 资源与储量估算 | 矿山计划
```

图 3-1 矿业项目的估值思路

资料来源：Xstract 公司网站信息。

表 3-5 估值数据构成表

1	**排产表**	
1.1	建设期	
1.2	生产期	
1.3	年开采矿量	
1.4	剥采比	
1.5	废石量	
1.6	年总开采量	
1.7	年选矿量（千吨）	
1.8	入选矿石 A 金属品位（克/吨或%）	
	入选矿石 B 金属品位（克/吨或%）	
1.9	金属回收率	
1.10	年回收 A 金属产品（千克）	
	年回收 B 金属产品（千克）	
2	**销售收入表**	
2.1	金属价格	
	A 金属价	
	B 金属价	

续表

2.2	可计价金属系数	
	可计价 A 金属系数（%）	
	可计价 B 金属系数（%）	
2.3	金属产品价格（如不采用上述计价系数）	
3	**固定资产投资表**	
3.1	房屋构筑物	
3.2	机器设备	
3.3	井巷工程	
3.4	按当地标准的固定资产投资分类明细	
3.5	固定资产更新投资	
4	**折旧与摊销表**	
4.1	固定资产残值率	
4.2	固定资产折旧率	
5	**流动资金表**	
5.1	流动资金投入估算或当地类似规模项目流动资金占固定投资的百分比	
6	**财务费用表**	
7	**总成本费用估算表**	
7.1	总成本费用	
7.2	吨矿或单位金属总成本	
8	**税收表**	
8.1	矿业税	
8.2	所得税	
8.3	其他税种	
9	**其他需要支付的股权或债权费用**	
9.1	股权费用（如分红等）	
9.2	债权费用（如贷款偿还等）	

资料来源：笔者根据实务案例总结。

（三）分项说明

1. 资源储量

下文中会出现速算系数、经验系数、一般做法等非常规做法。这些做法都是在采选工程师无法提供具体数字的情况下，根据行业实践总结的方法，难言理想，但除此之外也没有更好的方法。简言之，有采选工程师提供的数字，则直接采用；若无，则根据行业经验，基于行业惯例进行相关计算。下文不再赘述此点。

（1）评估利用资源储量。以下分国内、国外两个层面分析。

国内评估利用资源储量的计算。一般情况下，资源储量由采选工程师提供，但是估值者经常遇到的情况是只有资源量概念而无数据，于是需要再计算。国内一般报告体系常见333级以上100%计入；从买方角度看，实际操作可按工程复杂程度进行折算，比如332级以上+333×（50%~80%）。例如，瑞林在对哈萨克某铜矿的333级矿量计算中，就采用了0.6的系数。实际333级换算可采储量时折算系数建议用15%~30%。

国外评估利用资源储量的计算。在没有储量数据的前提下，对探明、控制、推断三级资源量转为储量的问题，国外做法基本都是通过某预定系数进行调整，这个系数理论上不应有确定的数字，而应根据项目地质的实际情况由采矿工程师估算，但实际上很多估值者根据经验自行使用固定折算系数进行调整。苏黎世大学与瑞士银行学院在某项目评估中使用的折算系数包括探明（0.9）、控制（0.5）、推断（0.1）。当然，实践中也常有除2P储量之外，仍有M+I资源量的情况。在此情况下，某投行的计算标准为：计入NPV的资源量2P+（M+I）×（50%~60%）。

（2）可采储量的计算。国内可采储量的计算公式为：可采储量 = 评估利用的资源储量 – 设计损失量 – 采矿损失量。

实际操作中设计损失量常假设为0，即：可采储量 = 评估利用的资源储量 – 采矿损失量 = 评估利用的资源储量 – 设计损失量 – 0 –（设计损失量 – 0）×（1-采矿回采率）。采矿回采率一般由采矿工程师提供，但实际工作中常常遇到没有数据的情况，此时一般采用行业回采率进行估算。根据国务院有关部门矿产资源开发管理现有规章，金属矿采矿损失率因采矿方法不同而不同，露采一般为5%左右，地采则在5%~20%，填充法为小于5%（最低），分段崩落法和阶段崩落法为15%~20%（最高），全面法为5%~12%，房柱法为8%~15%，分段法为10%~12%，阶段矿房法为10%~15%，浅孔留矿法为5%~8%，深孔留矿法为10%~15%，长壁陷落法为5%~15%。上述技术指标有很强的时间性和地域性，可作为参考，请谨慎使用。常规实践计算中，也有业者通过75%的速算系数对评估利用储量进行调整，直接计算可采储量，即可采储量＝评估利用的资源储量×75%。但是这种方法建议只用于速算。

国外的可采储量数据一般直接来源于可行性研究报告，由采矿工程师提供。实践中未见有在评估利用资源储量基础上进行折算调整的。

2. 服务年限

（1）国内操作。服务年限一般来自采矿工程师提供的排产表。若无，则可用以下公式计算：

$$A=\frac{Q}{T \cdot (1-\rho)} \tag{1}$$

式（1）中，A 为矿山生产能力，Q 为可采储量，T 为合理的矿山服务年限，ρ 为矿石贫化率。

式（1）中的矿石贫化率原为废石混入率，由于混入废石的品位一般较低，且具体数值不易确定，一般用矿石贫化率代替废石混入率。

（2）国外操作。服务年限一般来自采矿工程师提供的排产表。若无，则可用泰勒公式计算：

$$服务年限 = 0.2 \times \sqrt[4]{储量}$$

3. 产量

在计算产量之前要对项目的整个采选流程形成一个框架性的概念，如图3-2所示。

图 3-2　采选流程图

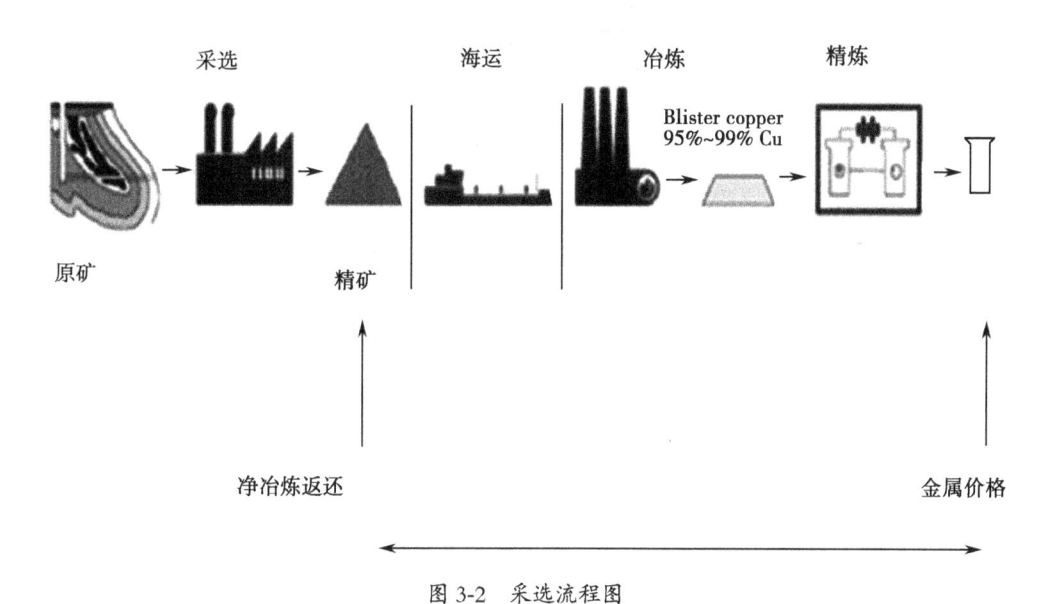

资料来源：WELLMER F W, DALHEIMER M, WAGNER M. Economic Evaluations in Exploration [M]. Berlin: Springer-Verlag, 2008.

至于具体操作，国内外并无不同，记住以下公式即可。

金属产量 = 年采矿量 × 原矿平均地质品位 ×（1- 贫化率）× 选矿回收率

精矿产量 = 金属产量 ÷ 精矿品位

4. 价格假设

（1）国内操作。根据 2008 年版《矿业权评估参数确定指导意见》，国内做法包括在市场价格信息基础上使用经验做定性分析和定量分析两种。定量分析包括回归分析预测法和时间序列分析预测法。在实际操作中，往往采用评估基准日前的三个年度内的价格的算术平均值。

（2）国外操作。假设前五年用期货价格，之后用长期价格。期货价格可以从网络获知，而长期价格一般采用投行报告。值得注意的是，投行报告的预测数字（见表 3-6）只能作为参考，预测准确性由研究者自己判断。笔者刻意调出离现在已经很久远的 2008 年各投行对于金属价格的预测，是否准确，有兴趣的读者可以自己一一查找实际数据验证。但从投资者角度出发，长期价格假设略高于或等于金属的当年或之前数年（具体几年可灵活把握）全成本即可。当然，也有国外企业使用与国内类似的方法，比如 ABG 招股说明书中的价格假设采用了前三年价格的算数平均值。

表 3-6　投行金属价格预测表

商品	单位	预测机构	预测区间				
			2009 年	2010 年	2011 年	2012 年	2013 年 / 长期
黄金	美元 / 盎司	巴克莱	940.00	970.00	820.00	760.00	650.00
		法国兴业银行	910.00	1070.00	1000.00	—	—
		德意志银行	960.00	1150.00	1200.00	1000.00	800.00
		法国东方汇理	935.00	975.00	1025.00	—	650.00
		渣打银行	964.00	1100.00	—	—	—
		花旗银行	940.00	966.00	934.00	890.00	—
		均价	941.50	1038.50	995.80	883.33	700.00
白银	美元 / 盎司	法国东方汇理	15.00	15.00	16.00	—	7
		巴克莱	13.50	14.20	12.30	11.50	10.40
		法国兴业银行	13.20	14.25	13.00	12.00	12
		德意志银行	14.69	20.03	22.00	17.00	15
		渣打银行	13.80	14.00	—	—	—
		均价	14.04	15.50	15.83	13.50	11.10
铜	美元 / 吨	法国东方汇理	4140.00	5000.00	7000.00	—	—
		巴克莱	5140.00	6438.00	7000.00	8500.00	5000.00
		法国兴业银行	4269.00	5550.00	6300.00	6600.00	6400.00
		德意志银行	5173.00	5732.00	7275.00	6614.00	6283.00
		渣打银行	4297.00	4688.00	—	—	—
		汇丰银行	4804.00	4365.00	—	—	—
		黄金矿业服务公司	4900.00	—	—	—	—
		苏格兰皇家银行	4200.00	5500.00	—	—	—
		美国美林银行	4730.00	7000.00	—	—	—
		JP 摩根	4775.00	5563.00	—	—	—
		均价	4642.80	5537.33	6893.75	7238.00	5894.33

5. 收入

收入的计算公式非常简单，原则上收入 = 金属量 × 价格。表 3-7 是某项目某年铜收入的计算案例。

表 3-7 收入计算案例

项目	单位	数量
期初储量	吨	17000000
期间开采量	吨	500000
期末储量	吨	16500000
入选铜品位	%	0.95
入选银品位	克/吨	20
铜湿吨	湿吨	19565
湿度	%	8
铜干吨	干吨	18000
含铜量	吨	4500
含银量	盎司	277810
可计价铜	磅/干吨	533
可计价银	盎司/干吨	14
铜价	美元/磅	4.0
铜粗炼费	美元/磅	80
铜精炼费	美元/磅	8
银价	美元/盎司	30
银精炼费	美元/盎司	50
运费	美元/湿吨	60
FOT 开采成本	美元/磅	140.00
矿山至选厂运费	美元/湿吨	15
铜收入	美元	39682719
银收入	美元	8333375
总收入	美元	48016094

资料来源：笔者根据实务案例总结。

6. 资本开支

（1）国内操作。根据 2008 年版《矿业权评估参数确定指导意见》，固定资产投资是指矿山建设中建造和购置固定资产的经济活动。投资额是指矿山建设中建造和购置固定资产发生的全部费用支出。固定资产投资构成，通常按概算法（或工程造价）分类，也可按资产法分类。按概算法分类，固定资产投资由工程费用、工程建设其他费用、预备费用和建设期贷款利息四部分构成。其中，工程费用按费用性质又可划分为建筑安装工程费、设备购置费（含工器具及生产家具购置费）和安装工程费；工程建设其他费用是按现行相关规定应计入工程造价中的费用，不同行业、不同地区、不同建设项目的工程建设其他费用内容也不同；预备费用包括基本预备费和涨价预备费两部分。评估固定资产投资的一般方法如表 3-8 所示。

表 3-8 评估固定资产投资的一般方法

序号	名称	要点	特点	适用范围
1	分项估算法	以财务报告为基础的调整	直接估算	评估生产矿山采矿权
		以矿山设计为基础的调整	直接估算	评估拟建、在建、改扩建矿山采矿权和探矿权
2	单位生产能力估算法	以类似矿山单位生产能力为基础的调整	间接估算	通过各种收益途径评估探矿权和采矿权
3	生产规模指数法	以与类似矿山生产能力的比较为基础的调整	间接估算	通过各种收益途径评估探矿权和采矿权
4	比例估算法	以类似矿山投资比例为基础的调整	间接估算	确定某（类）主要工程的投资

资料来源：2008 年版《矿业权评估参数确定指导意见》。

（2）国外操作。国外项目计算资本支出的实际方法与国内类似。但如果没有可行性研究数据，则较多估值者采用 In-Situ 方法进行直接折算估值。表 3-9 列举了 BC 省铜矿项目案例中资本开支的数据。

表 3-9　BC 省铜矿项目资本开支数据汇总

项目名称	状态	生产能力（吨/日）	资本支出（百万美元）	采矿成本（美元/吨）	选矿成本（美元/吨）	其他成本（美元/吨）	总运营成本（美元/吨）
Ajax	可行性研究	60000	795	4.48	3.46	0.53	8.47
Copper Mountain	可行性研究	35000	439	3.46	3.50	0.26	7.22
Endako	运营	55000	—	3.82	2.91	2.21	8.94
Galore	预可行性研究	95000	5160	6.7	5.76	2.61	15.07
Gibraltar	建设	85000	325	5.49	3.27	0.77	9.53
Harper Creek	可行性研究	70000	839	3.10	3.12	0.66	6.88
Highland Valley	运营	—	—	—	—	—	—
Morrison	可行性研究	30000	517	2.64	4.66	0.85	8.15
Mt Milligan	建设	60000	915	2.13	3.89	0.72	6.74
Prsperity	可行性研究	70000	814	3.14	3.85	0.52	7.51

资料来源：根据 HDI 公司官网公开数据整理。

7. 残值

（1）国内操作。值得注意的是，国内矿业权评估对于固定资产的三项（井巷工程、建筑、设备）采用各占 1/3 的固定资产配比。《国家税务总局关于明确企业调整固定资产残值比例执行时间的通知》（国税函〔2005〕883 号）中明确指出，从《关于做好已取消的企业所得税审批项目后续管理工作的通知》（国税发〔2003〕70 号文）下发之日起，企业新购置的固定资产在计算可扣除的固定资产折旧额时，固定资产残值比例统一确定为 5%。在实际操作中，井巷工程并不计算残值。残值应在各类固定资产折旧年限结束年回收，而不是在评估计算期末回收。

（2）国外操作。国外操作在理论上和国内并无不同，但是对残值的规定要具体参考当地税法，这也是前期尽职调查的一项重要内容。只是国外残值计算比国内灵活，紧密联系实际情况。以下是某投行在某项目估值中的假设。

假设 A　折旧年限小于服务年限，不计算残值。

假设 B　折旧年限大于服务年限，残值 = 参与折旧部分的 CAPEX – 历年折旧总额。

8. 折旧

折旧的计算方法有 4 种，即直线法、年数总和法、余额递减法、产量单位法。

（1）国内操作。在采矿权评估中，房屋构筑物折旧年限原则上为 20~40 年，机器、机械和其他生产设备折旧年限为 8~15 年。

（2）国外操作。国外项目计算折旧的方法在理论上和国内并无不同，但是对折旧的规定要具体参考当地税法，这也是前期尽职调查的一项重要内容。折旧开始时间为生产开始年。至于具体方法，从表 3-10 某投行的案例来看，基本是根据项目所在国的实际情况采用直线法。

表 3-10　某投行折旧计算案例

项目	折旧
铁路	25 年平均折旧
采场与选厂（不包括设备）	25 年平均折旧
设备	10 年平均折旧

来源：笔者根据实务案例总结。

此外，也有投行不对资本开支（CAPEX）进行分类，作为一个整体进行折旧，如表 3-11 所示。

表 3-11　折旧计算案例

项目	年度							
倒推折旧年限（年）	31	30	29	28	27	26	25	24
正向生产年限（年）	1	2	3	4	5	6	7	8
资本开支（百万美元）	139.0	235.9	334.1	331.7	130.0	0.8	—	—
折旧（百万美元）	4.5	4.6	4.8	5.0	5.1	5.3	5.6	5.8
折旧（百万美元）		7.9	8.1	8.4	8.7	9.1	9.4	9.8
折旧（百万美元）			11.5	11.9	12.4	12.8	13.4	13.9

续表

项目	年度							
折旧（百万美元）				11.8	12.3	12.8	13.3	13.8
折旧（百万美元）					4.8	5.0	5.2	5.4
折旧（百万美元）							0.0	0.0	0.0
折旧（百万美元）	4.5	12.5	24.4	37.2	43.4	45.1	46.9	48.8

资料来源：笔者根据实务案例总结。

注：生产年限为31年，限于篇幅，表中未全部展开；由于CAPEX分为6年投入，则折旧有6行；此外，本案例假设CAPEX投入第一年即开始生产，同时折旧开始。

总之，处理国外的折旧操作更需要注重查询项目所在国的相关税法规定。

9. 更新资金

（1）国内操作。矿业权评估中，更新资金一般包括设备和房屋建筑物等固定资产的更新。矿山采矿系统（坑采的井巷工程或露采的剥离工程）的更新资金不以固定资产投资方式考虑，而以更新性质的维简费及安全费用（不含井巷工程基金）方式直接列入经营成本。

（2）国外操作。持续性资本开支（SUS CAPEX）一般仍以资本开支的形式计入，而不进行分类安排。

10. 流动资金

（1）国内操作。根据2008年版《矿业权评估参数确定指导意见》，流动资金是指企业生产运营需要的周转资金，是企业进行生产和经营活动的必要条件。企业一般用流动资金购买辅助材料、燃料、动力、备品备件、低值易耗品、产品（半成品）等，形成生产储备，然后投入生产，再通过销售产品回收货币。流动资金的数额相当于流动资产减去流动负债。流动资金可以采用扩大指标估算法和分项估算法估算。扩大指标估算法是一种简化的流动资金估算方法，一般可参照同类企业流动资金占固定资产投资额、年销售收入、总成本费用的比例估算。国内金属矿山项目的常用操作为：流动资金额 = 固定资产投资额 × 固定资产资金率（15%~20%）。

分项估算法为对流动资金构成的各项流动资产和流动负债分别进行估算，然后以流动资产减去流动负债的差额作为流动资金额。一般计算公式为：

$$流动资金 = 流动资产 - 流动负债$$

流动资产 = 现金 + 应收款项（应收账款 + 预付账款）+ 存货

流动负债 = 应付款项（应付账款 + 预收账款）

流动资金 = 现金 + 应收款项 + 存货 – 应付款项

（2）国外操作。国外项目通常采用分项估算法估算流动资金。需要注意的是，各投行在估算流动资金时计算过程有繁有简，表 3-12 为简略版。

表 3-12　流动资金计算表

流动资金				
记账项目	Y1	Y2	Y3	
应收账款（Accounts Receivable）	A= 当年总收入 ×30/365	D	—	
应付账款（Accounts Payable）	B= 当年经营成本 ×30/365	E	—	
流动资金（Working Capital）	C=A–B	F=D–E	—	
流金变化（Net Change in WC CFs）	—	G=C–F	—	

来源：笔者根据实务案例整理。

11. 成本

（1）国内操作。根据 2008 年版《矿业权评估参数确定指导意见》，总成本费用构成如图 3-3 所示。

总成本费用 = 产品成本 + 期间费用

　　　　　 = 制造成本 + 制造费用 + 管理费用 + 财务费用 + 销售费用

经营成本 = 总成本费用 – 折旧费 – 摊销费 – 折旧性质维简费 – 利息支出

在实务中，成本构成及参考值如表 3-13 所示。

表 3-13　实务成本构成及参考值

序号	项目	参考值
1	材料费	以下 2 项 20~70 元
2	动力费	—
3	工资福利费	福利为工资的 14%
4	其他制造费	—
5	维修费	—
6	安全费	8 元 / 吨

续表

序号	项目	参考值
7	维简费	
	折旧性维简费	井巷工程投资净值/生产年限内开采原矿总数
	更新性维简费	18元/吨－折旧性（总维简费为18元）
8	折旧费	折旧费=（建筑与设备固定资产原值－固定资产残值）/折旧年限；服务年限大于生产年限则残值都是5%，否则是0
9	摊销费	前提是有后续地质勘查，无地质勘查则取0
10	财务费	流动资金利息（人行一年期利率）的70%或销售收入的0.5%
11	销售费（营业费）	销售收入的1.5%
12	管理费	销售收入的11%

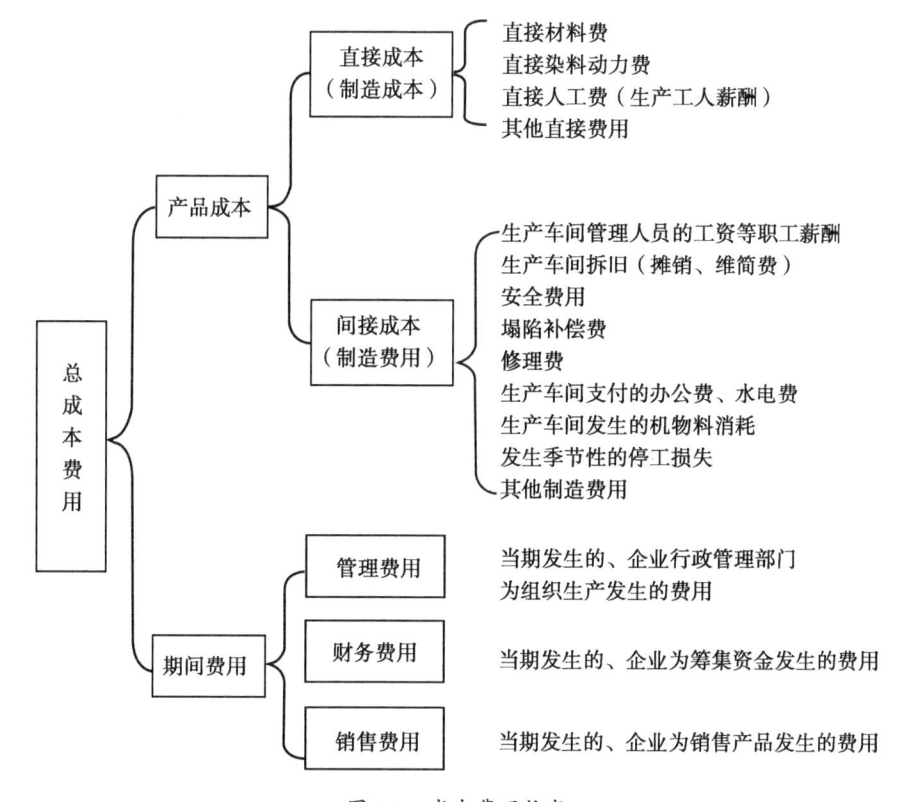

总成本费用
- 产品成本
  - 直接成本（制造成本）
    - 直接材料费
    - 直接染料动力费
    - 直接人工费（生产工人薪酬）
    - 其他直接费用
  - 间接成本（制造费用）
    - 生产车间管理人员的工资等职工薪酬
    - 生产车间拆旧（摊销、维简费）
    - 安全费用
    - 塌陷补偿费
    - 修理费
    - 生产车间支付的办公费、水电费
    - 生产车间发生的机物料消耗
    - 发生季节性的停工损失
    - 其他制造费用
- 期间费用
  - 管理费用：当期发生的、企业行政管理部门为组织生产发生的费用
  - 财务费用：当期发生的、企业为筹集资金发生的费用
  - 销售费用：当期发生的、企业为销售产品发生的费用

图3-3 成本费用构成

（2）国外操作。不管成本体系如何修改，估值所用成本，即计算税息折旧及摊销前利润（EBITDA）之前扣除的成本，就是总现金成本。

国外计算开采成本有两种方法。

第一种方法：开采成本 = 总开采量 × 摊薄吨成本

摊薄吨成本 =（吨矿石开采成本 + 吨废石开采成本 × 剥采比）/ 1+ 剥采比

第二种方法：开采成本 = 矿石开采量 × 矿石单位成本

矿石单位成本 = 吨矿石开采成本 + 吨废石开采成本 × 剥采比

12. 税收

（1）国内操作。税收 = 应纳税所得额 × 企业所得税税率 =（销售收入 – 总成本费用 – 税金及附加）×25%。税收构成情况如表 3-14 所示。

表 3-14　税收构成情况

税费项目	计算方法
增值税	年销售收入 × 增值税率 –（材料费 + 燃料费）× 年处理原矿数 × 增值税率
	黄金项目免增值税，采选 17%，冶炼 17%
城市维护建设费	增值税额 ×（市区 7%，县镇 5%，其他 1%）
教育费附加	增值税额 ×3%
资源税	原矿吨数 × 税率（0.4~3 元 / 原矿吨）

资料来源：笔者根据实务总结。

（2）国外操作。国外项目计算税收的方法比较简明，即税收 =EBT × 税率。

13. 权益金

主要地区权益金数据如表 3-15 所示。

表 3-15　主要地区权益金汇总

地区	权益金（%）	地区	权益金（%）
澳大利亚		非洲	
新南威尔士	4.0	博兹瓦纳	5.0
北领地	18.0	加纳	3.0~12.0
昆士兰	2.7	莫桑比克	3.0~6.0
西澳	2.5	纳米比亚	5.0

续表

地区	权益金（%）	地区	权益金（%）
拉美		南非	0.5~5.0
阿根廷	3.0	坦桑尼亚	4.0
玻利维亚	7.0	赞比亚	2.0
巴西	1.0	津巴布韦	0
智利	4.0~9.0	亚太	
多米尼加	5.0	中国	4.0
墨西哥	0.0	印度	2.0
秘鲁	1.0~12.0	印尼	3.75
委内瑞拉	1.0~3.0	老挝	5.0
北美		马来西亚	0.0
亚利桑那	2.0	蒙古	7.5
BC	2.0	缅甸	1.0~7.5
密歇根	2.0~7.0	巴布亚新几内亚	2.0
内华达	2.0~5.0	菲律宾	2.0
安大略	4.0~15.0		
萨斯喀彻温	5.0		

资料来源：BESRA 公司援引世界银行数据。

部分贵金属公司的权益金数据如表 3-16 所示。值得注意的是，除了前文提到的 NSR，还有 GSR（基于项目收入 – 非冶炼费用）、GPR（基于项目资源）与 NPI（基于项目盈利）。

表 3-16 部分贵金属权益金汇总

项目名称	地点	所有权	费率
East Santa Cruz	Argentina	Minera IRL	2.0% NSR
Bell Creek	Australia	Metallica Minerals	1.0%~2.0% Au $/tonne
Bellevue	Australia	Xstrata Nickel	2.0% NSR
Kundip	Australia	Tectonic Resources	1.0%~1.5% NSR[2]
Melba Flats	Australia	Minmetals	2.0% NSR
Paddington	Australia	Norton Gold Fields	1.75% NSR

续表

项目名称	地点	所有权	费率
Phillips Find	Australia	Barra Resources	AUD$10.00/oz[3]
Red Dam	Australia	Carbine Resources	2.5% GSR
Reedys Meekatharra	Australia	Mercator Gold	1.5%~2.5%, 1.0%, 1.5%NSR[4]
Silver Swan	Australia	Silver Swan Resources	1.5% NSR
Westmoreland	Australia	Laramide Resources	1.0% NSR
Yalgoo JV (Emerald Eclipse)	Australia	Prosperity Resources	AUD$0.3363/t[5]
Mara Rosa	Brazil	Amarillo Gold	1.0% NSR
Seguenega	Burkina Faso	Orezone Gold	3.0% NSR
Back River	Canada	Sabina Gold and Silver	1.95% NSR[7,8] 2.35% NSR[7,8]
Belcourt	Canada	Western Coal	0.103% FOB
Berg	Canada	Terrane Metals	1.0% NSR
Bousquet-Cadillac-Joannes	Canada	Agnico-Eagle	2.0% NSR
Follansbee	Canada	Goldcorp/ Premier Gold	2.0% NSR
High Lake	Canada	Minmetal	1.5% NSR
Horizon Coal	Canada	Peace River Coal	0.50% FOB
Hushumu	Canada	IAM Exploration	10.0% NPI
Kutcho Creek	Canada	Capstone Mining	1.6% NSR
Ulu	Canada	Minmetal	5.0% NSR
Kubi Village	Ghana	PMI Gold	3.0% NPI
Nieves	Mexico	Quaterra Resources	2.0% NSR
Federova	Russia	Barrick Gold	0.75%~1.0%, 0.5%, 1.25%~1.5% NSR
Svetloye	Russia	Fortress Minerals	1.0% NSR

续表

项目名称	地点	所有权	费率
Almaden	United States	Western Standard Metals	1.0% ~ 2.0% NSR [9]
Bulldog/Creede	United States	Hecla/Emerald Ranch	3.0% NSR [10] 1.0% NSR
Hasbrouck Mountain	United States	Allied Nevada	1.5% NSR
Island Mountain	United States	Victoria Gold	2.0% NSR
La Jara Mesa	United States	Laramide Resources	$0.25/lb GPR [11]
Long Valley	United States	Vista Gold	1.0% NSR
McDonald Keep Cool	United States	Newmont Mining	3.0% NSR
Niblack	United States	CBR Gold Corp/ Heatherdale Resources	1.0% ~ 3.0% NSR [12]
Pinson（#1 and #2）	United States	Barrick/Atna	0.28%~2.79% NSR
Rock Creek	United States	Revett Minerals	1.0% NSR
Wildcat	United States	Allied Nevada	1.0% NSR

14. 折现率

（1）国内操作。国内折现率＝无风险报酬率＋风险报酬率。

根据2008年版《矿业权评估参数确定指导意见》，无风险报酬率的确定，"可以选取距离评估基准日前最近发行的长期国债票面利率、选取最近几年发行的长期国债利率的加权平均值、选取距评估基准日前最近的中国人民银行公布的五年期定期存款利率等作为无风险报酬率。无风险报酬率，应当根据发行的长期国债、中国人民银行对长期定期存款利率的调整等适时更新调整"。

根据2008年版《矿业权评估参数确定指导意见》，风险报酬率可通过风险累加法计算，其公式为：

风险报酬率＝勘查开发阶段风险报酬率＋行业风险报酬率＋财务经营风险报酬率

可参考表3-17中的数据确定风险报酬率。

表 3-17　风险报酬率取值参考表

风险报酬率分类	取值范围（%）	备注
勘查开发阶段	1.15~3.00	已达普查或详查
普查	2.00~3.00	已达普查
详查	1.15~2.00	已达详查
勘探及建设	0.35~1.15	已达勘探及拟建、在建项目
生产	0.15~0.65	生产矿山及改扩建矿山
行业风险	1.00~2.00	根据矿种取值
财务经营风险	1.00~1.50	—

资料来源：笔者根据 2008 年版《矿业权评估参数确定指导意见》整理。

（2）国外操作。折现率的计算涉及无风险报酬率和风险溢价率两个概念。后者计算起来较为复杂，但基本是在资本资产定价模型（CAPM）基础上对行业规模加以调整的结果，包括以下四步。

第一步计算资产贝塔（BETA）。首先通过彭博公司（Bloombergue）或路透公司（Reuters）查找类比样板企业的杠杆贝塔。然后通过下述公式计算出资产BETA：BU=BL / [1+（1－税率）×D/E]。

第二步基于资产 BETA 计算股权成本。除资产 BETA 外，还需要以下几项数据：负债/市值（MC）、税率、股权贝塔、无杠杆贝塔、股权市场风险溢价、美国无风险利率、目标国政治风险溢价。

第三步计算债务成本。常用的有两种方法，推荐使用第二种方法。

第一种方法的计算公式为：税后债务成本 = 税前值 ×（1－税率）。其中涉及以下几项基础数据：美国无风险利率、信用差价、税前债务成本、有效税率。第二种方法的计算公式同样是税后债务成本 = 税前值 ×（1－税率）。但涉及的基础数据与第一种方法有差别，为 LIBOR 利率、股权市场风险溢价、预估税前债务成本、有效税率。

第四步，计算名义加权平均资产成本（WACC）。名义 WACC= 股权成本 ×（1－负债/市值）+ 债务成本 × 负债/市值。具体案例如表 3-18 所示。

表 3-18 WACC 计算案例

股本成本计算	低值假设	高值假设
资产贝塔	0.96	0.96
债务/市值	4.1%	4.1%
有效税率	28.0%	28.0%
再杠杆股本贝塔	0.95	0.95
股权市场风险溢价	5.0%	7.0%
调整后的股权市场风险溢价	4.8%	6.7%
美国无风险利率	3.0%	3.0%
标的国政治风险溢价	2.5%	3.5%
股本成本数值	10.3%	13.2%

债务成本计算	低值假设	高值假设
美国无风险利率	2.0%	2.0%
信用差价	7.5%	8.0%
预估债务成本（税前）	9.5%	10.0%
有效税率	28.0%	28.0%
债务成本税后数值	6.8%	7.2%

名义 WACC	10.1%	12.9%
预估长期通胀	2.5%	2.5%
实际 WACC	7.4%	10.2%

15. 相对估值

表 3-19 涵盖了投行惯用的相对估值指标，但是这些指标的应用离不开强大的可实时更新的数据库。

表 3-19 相对估值指标汇总

可比交易指标	企业价值/资源量和储量
	股价/净资产价值
	企业价值/净资产价值
	（企业价值+资本开支）/产量
	投行推荐买入价格
	市盈率
	市现率
	企业价值/息税折摊前利润
	股价每股现金流
	市净率
	企业价值/服务年限内产量目标
前例可比指标	企业价值/当量资源量储量
	股价/净资产价值
	收购成本
	全部费用
	全部费用与金价对比
	建成价值（企业价值加资本成本）/资源量
	现价溢价
	交易前收市价溢价
	报价/净资产价值
	金属现价溢价/折价率
	盈亏平衡金价

（四）公司基本面分析

上文内容是对于项目经济性的分析，以下内容是对公司基本面的分析。

1. 公司估值

公司估值过程中净资产价值（NAV）的一般计算逻辑如表 3-20 所示。

2. 企业价值与期权

（1）净资产价值（NAV）与企业价值（EV）的区别。以笔者经历的一个项目为例，净资产价值=净现值+现金－债务+价内期权行权所得。企业价值=调整后市值=股票市值+（总负债－总现金）=股票市值+净负债=（当前股价 × 发行在外股数）+（短期债务＋长期债务＋少数股东权益＋优先股＋融资租赁－现金－现金等价物）。

表 3-20 净资产价值计算案例

计算关系	公司项目净现值
加	流动资本
加	来自价内股票期权和认股权证的现金
加	现金
减	负债
减	股票期权
减	认股权证
减	复垦负债
等于	公司估值

（2）三个层次的市值计算。实务中会出现三个层次的市值，可参考表 3-21 的计算方法。

表 3-21 市值计算案例

序号	市值分类	计算关系	价格
1	已发行股本市值		
	流通股数	乘	股价
	非流通股数	乘	股价
2	完全摊薄股本市值		
	已发行股本	乘	股价
	期权	乘	各自行权价
	认股权证	乘	各自行权价
3	完全摊薄价内股本市值		
	已发行股本	乘	股价
	期权	乘	各自价内行权价
	认股权证	乘	各自价内行权价

资料来源：笔者根据实务案例总结。

（3）公司企业价值计算。基础公司企业价值可以直接用市值、债务、现金计算得出，涉及期权和权证的计算稍微复杂，可参考表 3-22 所示案例。

表 3-22 企业价值计算案例

项目	数量
已发行股数（百万股）	316.3
股票期权（百万股）	1.80
认股权证（百万股）	0
全面摊薄价内股票期权/股票数量（百万股）	316.30
全面摊薄股票期权/股票数量（百万股）	318.20
股票价格（加元/股）	5.38
汇率（加元/美元）	1.30
全面摊薄价内市值（百万美元）	1308.99
全面摊薄市值（百万美元）	1316.86
减：现金（百万美元）	−330.80
减：行权时现金（百万美元）	0
加：长期债务（百万美元）	0
企业价值（百万美元）	978.19

资料来源：笔者根据实务案例总结。

报价前稀释后总股本价值＝流通普通股×股价＋价内期权数×价格＋价外期权数×价格

报价后稀释后总股本价值＝流通普通股×股价＋价内期权数×价格

（4）期权计算。股票期权的数目就是摊薄性股票总数（此案例无认股权证），行权价格就是加权平均价格，计算过程如表 3-23 所示。

表 3-23 期权数量计算案例

C 公司资本结构	股票数目	行权价格	金额（加元）
已发行股票基数	516318188	不可用	—
期权 1	320736	6.17	1978941
期权 2	299460	7.71	2308836
期权 3	509361	9.78	4981550
期权 4	561317	9.17	5147276
已发行总数	1690874	8.52	14416603

资料来源：笔者根据实务案例总结。

公司期权价值的计算可参考表 3-24 所示案例。

表 3-24　期权价值计算案例

项目	数量	行权价（加元）	价内数量	价值（百万加元）
期权	32220	$2.05	22220	$0.00
期权	201200	$4.28	201200	$0.90
期权	6114500	$4.76	6114500	$29.10
期权	72000	$5.12	72000	$0.37
期权	25275	$5.48	25275	$0.14
期权	27000	$5.54	27000	$0.15
期权	60000	$5.99	60000	$0.36
权证	9000000	$7.25	0	$0.00
权证	7500000	$7.25	0	$0.00

资料来源：笔者根据实务案例总结。

3. 股票交易分析

进行股票交易分析，一般要对一年内不同价格成交量进行分析，需要关注多数股票成交价格。重点包括过去 12 个月的加权平均价（VWAP）。分析架构如表 3-25 所示。

表 3-25　交易分析架构

项目	分析指标
交易量分析	日平均交易量数字
	资金换手率
	流动股换手率
	交易量按价格区间分类
资金募集	资金募集总数
	初始机构投资者入市价位
	新老股东入市价位

资料来源：笔者根据实务案例总结。

4. 持股者分析

分析指标主要有以下三类。

大股东持股成本分析：占流通股（O/S）比例。

持股成本：与现行股价的溢价或折价比率。

流动性测试：交易一遍全部股票的VWAP。

5. 交易战略考虑

交易战略层面考虑的因素包括：资源多元化及协同增效、扩大资源储备、扩大产量、降低成本、提升股东价值（资产负债表与盈利）、技术提升等。

6. 企业财务分析

报表分析架构详见尽职调查财税部分。财务指标综合分析的一般指标分析如表3-26所示；综合指标分析一般采用杜邦模型与资本回报率（ROIC）方法。ROIC=NOPLAT（息前税后经营利润）/IC（投入资本）。当ROIC比加权平均资本成本（WAAC）高时，企业的成长性较好。

表3-26 一般指标分析

财务指标			
短期偿债能力	流动比率	获利能力	销售利润率
	速动比率		成本费用利润率
长期偿债能力	资产负债率		净资产收益率
	已获利息倍数		资本金收益率
	负债与股东权益比	发展能力	净利增长率
营运能力	资产周转率		资本保值增值率
	成本费用利润率	综合风险	总杠杆
	总资产报酬率		
	资本金收益率		

资料来源：笔者根据实务案例总结。

（五）报价模型

报价模型实际是基于现金流法和市场法提出报价的模型。直接将净现值等同于项目估值或作为报价是不妥当的。

1. 报价模型需要的指标

报价模型需要的指标有：目前股价对应价格（Current Share Price）；20天加权平

均价（VWAP）对应价格；52周加权平均价（VWAP）对应价格；目前股价溢价到某个百分比时对应价格；分析师每股资产净值（NAVPS）；分析师目标价格；初始投资者价格；机构投资者价格；散户价格；10大股东持股成本价；同交易所交易溢价率；同金属品种全球交易溢价率。

2. 报价模型案例

基于上述模型指标，最后需要编制综合估值对比图，也有从业者称之为球场估值图（Football. Field Valuation Chart），如表3-27所示。

表3-27 示意性估值概要

估值方法	估值标准	估值（百万美元）	隐含股价（美元）
市场数据	研究日股价	319	2.62
	IPO股价	176	1.45
	20日VWAP	282~500	2.32~4.37
	52周交易区间	197~371	1.62~3.24
	1 Turn of Float VWAP	—	—
	分析师目标价格	541~758	4.45~6.62
公开交易估值	上市可比公司收购分析	242~465	2.83~4.06
	股价/净资产价值	—	—
净资产价值	卖方模型净资产价值	361~563	2.97~4.92
	买方模型净资产价值	322~394	2.64~3.44
控制权变动估值	40%~60%控制权变动溢价	325~371	2.67~3.24
	资产净值	227~276	2.65~3.05

第四章 尽职调查

一、基础知识

（一）尽职调查框架与流程

在实际操作中，行业调查一般不作为重点安排，故矿业尽职调查大体分为业务、法律、财税三大类。根据笔者的经验，应将社区调查增为第四类。从大框架而言，尽职调查过程一般可以分为两个阶段：①初步尽职调查，基于卖方提供的信息摘要/信息备忘录进行纸面调查研究；②详细尽职调查，一般流程是虚拟资料室（Virtual Data Room）和实体资料室（Physical Dataroom）资料访问—管理层访谈或管理层陈述（Management Presentation）—实地考察（Site Visits）—确认性尽职调查（Confirmatory DD）。当然，根据顾问和企业的习惯，也可以分为三阶段或四阶段。如某投行的尽职调查分为四阶段：背景调查，公司与财务顾问对公开资料进行研究，输出概况报告（类似后文所述之简报）；一阶段尽职调查，公司与法务、会计、税务、社区、环保等顾问对卖方提供的信息摘要做纸面研究，输出尽职调查清单；二阶段尽职调查，公司与各类顾问对卖方的虚拟资料与实地数据库资料进行研究，参加管理层介绍会，组织实地考察，输出补充尽职调查清单与中期尽职调查报告；补充尽职调查，公司与各类顾问对卖方提供的解决补充尽职调查清单问题的资料进行研究，必要时与卖方组织问题沟通会，输出最终尽职调查报告或最终文件。

如图 4-1 所示，尽职调查的流程是一个从浅入深、逐步了解对方、发现问题、设计对策的过程。值得注意的是，除上述尽职调查流程外，还有下沉尽职调查（Bring Down DD）的概念。下沉尽职调查在实践中很少出现，而且这个术语一般只有法务出身的团队成员才能理解背后的含义（详见本书法务部分）。

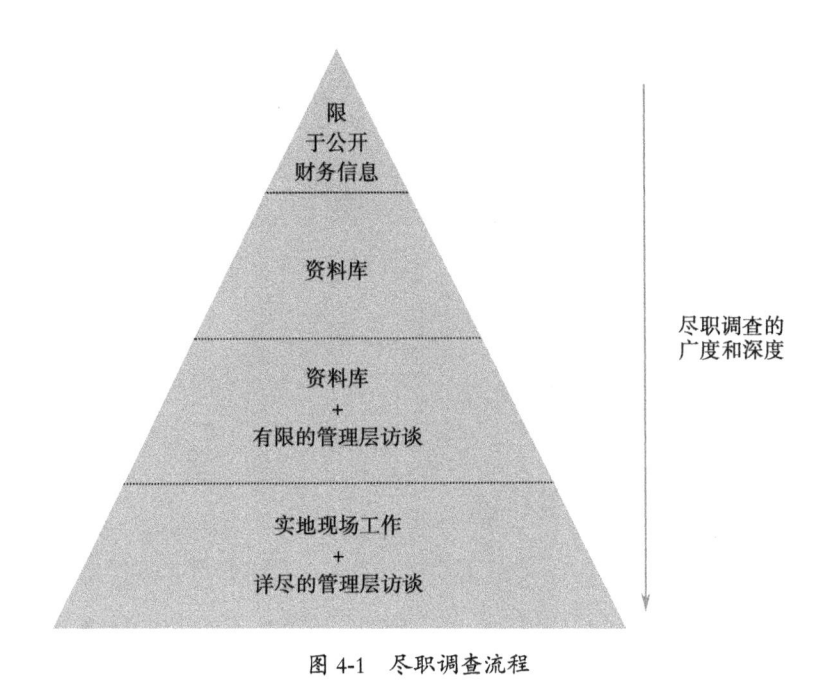

图 4-1 尽职调查流程

（二）尽职调查人员与结论

组织尽职调查人员是一项重要工作。一般由买方内部并购团队与财务顾问合作组织初步尽职调查团队，然后根据进度加入法务、会计、税务、社区、环保等专业顾问。需要特别注意的问题是，中小企业或者刚起步走向海外的大企业，并购团队中真正在海外从事过运营工作的团队成员一般比较少，往往由专业从事投资或单纯技术出身的人员组成，虽然在隶属上会有集团或公司层面的领导牵头，但实际难以将运营中需要考虑的问题真正结合到尽职调查中。如何让海外运营经验丰富的团队介入并购阶段的工作中，是企业必须考虑的问题。

尽职调查清单大同小异，但尽职调查结论方面，买方应要求顾问或团队增加结果量化内容，即每项内容如出现负面信息，则应将其应对成本进行量化，并纳入估值模型中，最终文件（Work Product）和尽职调查报告通常采用 red flag 的格式。如果没有问题，通常不用特别描述或者罗列基本事实情况，只对发现的问题进行提示，并提供法律分析和解决建议。

（三）尽职调查的作用

尽职调查是后续估值与法务工作的基础与保障。尽职调查与法务工作的关系如图 4-2 所示。

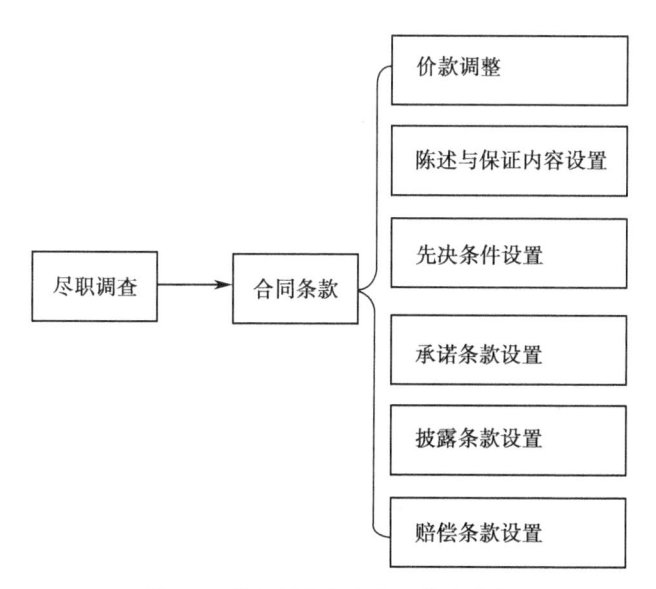

图 4-2 尽职调查与法务工作的关系

二、业务调查

业务调查也称技术调查，其目的有四个：一是分析地质资源是否可靠，实务中买方应特别关注钻探类型（岩心钻或 RC）、组合样与特高品位处理、钻孔外推距离、钻孔封闭情况（涉及资源潜力）；二是分析采选矿的方式是否合理、经济、安全，特别关注高品位矿石的集中度、难选冶矿石情况、工业场地布局；三是分析环境与基建的友好性，特别关注环评进度、运输条件、物资供给；四是分析项

91

目服务年限，需要特别关注电、油、耗材价格与渠道。

业务调查的功能也有四个：一是根据资源潜力，为战略并购提供远期盈利可能性和超额盈利的依据。并购的动因很多，但盈利往往是各种动因归拢的结果。并购除了在各种假设可靠和事实真实前提下期望金属价格上升、成本因有效管理下降、折现率与融资成本差额拉大，以便带来盈利外，资源潜力是未来（超额）利益的保证，也是投资方必须注意的要点。二是调查结果为确定交易定价提供各种价格与成本数据。三是为合同设计提供完善相关条款的依据。四是为并购后的运营提供有针对性的建议。

业务调查的主要内容之一是地质尽职调查，包括两个方面：一是书面研究内容，包括收集普查、详查、勘探地质报告，区域、矿区地质图，物化探报告，地表样平、剖面图，钻孔柱状图，样品分析表等。二是现场考察内容，包括钻孔、岩心与坑道、剖面研究，地表查看和追索，掌握矿体控制程度、矿床类型与规模、找矿前景、验证数据误差、核算采区资源储量。其中资源量与储量的估算是核心内容，需要明确坐标系统和估算范围，确定估算方法（大型斑岩型稳定矿体多用传统法或距离平方反比法，类似VMS等复杂多细脉矿体多用线性地质分析法，复杂且明显块金效应矿体多用指标或多指标克里格法），分析估算参数（组合样和特高品位处理情况、变异函数建立方式、搜索椭球体半径和产状、主块体和次块体细节等）和报告参数（三带划分、边界品位与体重等），选择软件（二维矢量、建模、地质统计、资源量计算）。

采矿尽职调查包括两方面：一是书面研究，包括可行性研究报告、水文或工程地质资料、生产报表。二是现场考察内容，包括检查矿体顶底板围岩稳固性，矿体的产状、厚度、埋藏深度及夹石分布、采空区情况，地/露采核心比率（采掘比与剥采比），地表水与矿坑涌水数据，坑道与井筒数据。

选矿尽职调查包括两方面：一是书面研究，包括研究选冶试验报告与生产报表，分析矿石有益/有害成分含量、矿石可磨性、可选性、技术经济数据。二是现场考察，包括考察选厂与设备情况、工艺与试剂、尾矿库安全性与容量、矿山生产数据。

环境尽职调查侧重于书面研究，调查内容包括环境基线研究与批文、"三废"

处置合法性文件、环保合规记录、环保投资资料、环保监管机构政策与法规、目标公司环保评估报告的持续记录。

基建尽职调查包括两方面：一是书面资料研究，包括地形地貌、运输系统布置、水源与电源地、居民分布、采选工业场地、尾矿库库址。二是对上述要点进行现场考察。

技术经济尽职调查主要包括采矿相关数据核实（机油、轮胎、柴油、炸药、雷管、导爆管、电、人工、钻头、钻杆、钢丝绳等）和选矿相关数据核实（钢球、衬板、油脂、胶带、石灰、絮凝剂、起泡剂等）。

麦肯锡咨询公司对可能出现的问题频率进行了分类统计，具体频率如下：地质、资源估算为17%，地质分析为9%，矿山设计为32%，选矿试验为15%，矿山设备选择4%，选厂设备设计与选择为12%，成本估算为7%，水文为4%。澳大利亚冶金矿业协会（AUSIMM）对可能出现的典型问题进行了归纳：矿山设计上容易出现生产计划过于乐观、不考虑学习曲线等问题；资源量与储量方面容易出现对个体多样性关注不足、统计与模型有违常识等问题；选矿方面容易出现试验基于没有代表性的样品、试验用水有别于选矿实际用水等问题。

三、法律调查

法律调查的目的在于：一是厘清目标公司存续历史与现状、分析公司治理和资产情况；二是分析项目所在国矿业法发展趋势对项目的影响；三是厘清矿权性质规定、存续规定、开发规定、费用与罚款缴纳情况；四是厘清目标公司合同合规情况，避免现存合同的限制性条款和遗留诉讼对并购过程及后续运营产生负面影响；五是厘清目标公司人力构成、政策，避免"降落伞"对于交易的沉重负担；六是厘清监管性交易障碍。

法律调查的功能在于：一是从整体上为是否继续交易提供定性判断。不同于后文的社区调查，法律调查的否定性结果一般难以用风险敞口度调整。二是可以根据调查结果，相应设计交易架构和调整交易价格。三是对并购后的运营提供合规、内控、风控建议。

（一）公司事务

调查的具体目的是厘清以下问题：企业成立与存续是否合法、公司股权是否清晰、治理体系是否健全、资产权属是否清晰及是否存在权属限制、是否存在控制权转移交易批准的票数规定、是否有董事更换限制或买方控制董事会限制及其他潜在收购防御措施、是否存在高管高额补偿或其他增加并购对价的潜在事项和供应商关系。

调查内容包括但不限于：股权结构图、公司章程、股东名册、三会纪要、股东协议、股票凭证、股票抵押质押情况、债务相关文件（判断是否有重大负债）、员工持股情况、子公司与附属公司清单、雇员名单、组织结构图、公司治理体系文件、分支机构清单、资产清单及资产抵押情况、五年内并购相关历史总结、三年内财务报表等。

（二）矿业法

调查的具体目的是了解目标公司所在国的法律和监管背景。

调查内容包括但不限于：未来法律法规的发展趋势对目标公司是否产生影响、是否有会对目标公司业务产生直接或间接影响的新法规或条例即将出台、反垄断审查特别要求、对资产充足率的最低要求。

（三）矿权

调查的具体目的是了解矿权的合法性与持续性、矿权费缴纳规定及缴纳或拖欠情况。

调查内容包括但不限于：矿权性质与存续简介、所在国矿权管理部门发布的矿权地籍图、矿业公共注册部门颁发的矿权登记证书、公共登记处登记的资产证明、五年内矿权相关费用支付记录、地表权权证、与项目相关土地所有者达成的允许采矿的协议。

（四）重大合同与诉讼

调查的具体目的是厘清以下问题：并购合同是否合规、有无特殊条款会对并购后造成不利、有无任何产品责任（知识产权或劳资关系等方面的诉讼或威胁）、子公司及海外公司是否涉及重大诉讼、目标公司董事会与高管是否涉及法律诉讼、或有诉讼可能对此次并购交易造成何种影响及带来的风险等。

调查内容包括但不限于：重大合同清单及分析（已执行合同数、未执行合同数及金额），可能影响到目标公司的已有或或有诉讼或仲裁，可能影响目标公司控制权转让的合同，可能影响目标公司未来发展的包含未来承诺的合同条款，可能影响目标公司义务与责任增加的合同条款等。

（五）人事信息

调查的具体目的是了解以下问题：目标公司目前的人力资源结构（提前为并购带来的人事变动做好准备，为并购后对目前管理层的安置提供支持），现有的考核和激励机制是否需要修改，如何留住关键人才，员工平均工资在行业和地区所处的水平，员工离职率，并购后是否会有人员过剩及如何处理，并购后的整合裁员或特别情况下的被动裁员以什么标准赔偿，工会势力和管理范围，社区文化等。

调查内容包括但不限于：企业人事制度与规章、管理层情况、薪资与福利政策及体系、薪资架构、社保情况、员工周转率、员工培训与发展、高管激励、工会组织、"降落伞"条款设置（适用于金银锡项目）、期权政策与实施细节。

（六）交易审批

调查的具体目的是确认并购交易专项事宜，分析本次并购方案的合理性、可行性，确保本次并购交易顺利通过审批。

调查内容包括但不限于：并购交易的各项审批程序与所需文件、并购是否涉及反垄断法、为并购融资提供的各项担保是否充分和有效、原有债权债务的处理方案、目标公司董事会或股东大会是否批准本次交易、并购涉及资产的评估报告、目标公司出让资产的产权证明、涉及目标公司股权或资产转让的监管机关名单、涉及目标公司股权或资产转让的限制性监管文件清单、涉及目标公司股权或资产转让的公司内部审批程序描述、目标公司重大合同中涉及标的转让的条款。

四、财税调查

财税调查可以分为财务调查和税务调查。前者的目的是厘清目标公司财务报表的历史真实性与预测项目服务年限内的财务预测数据，收购方高层往往特别关注价格数据假设的合理性、成本数据的真实性和合理性；后者的目的在于厘清税务合规情况（税费拖欠、与税务机关的争端）、有效税率与期望税率的差别、税收优惠在并购后的持续性、计提纳税额充足性（不低于应纳税额），高层特别关注并购后出现应缴未缴的税费、优惠条件取消或下调对经营带来的负面影响。两者都对交易架构的设计、价款的调整、合同相关条款的完善、并购后运营的制度修改等有深远的意义。

（一）财务调查

财务调查的具体目的：了解标的财务制度的健全性、标的财务状况的真实情况、未来财务状况的预测可靠性。通过发现目标公司财务状况中的问题，一是可以有针对性地对后续谈判提供拉锯的弹药，二是有助于设计后续交易文件的"防卫"条款（如保证与承诺）的内容，三是为后续交易文件的定价提供数据支持，四是为并购后运营制度提供完善依据（如提高业务独立性等）。

调查内容包括但不限于：

1. 公司情况

（1）历史与治理：设立、沿革、出资、股东情况、股权变动、重组情况。

（2）组织与治理：组织（章程、治理、组织机构、管理模式、人员构成及胜任情况）与系统（管理信息系统、报表生成的内控系统）。

（3）内控：业务独立性以及管理会计控制（管理会计对业务全流程的覆盖情况、风控规定、近三年会计政策变化及中外差异、报表合并原则及范围）与业务控制（接受外审情况及常年会计师事务所名单、近三年审计报告）。

2. 财务情况

（1）会计报表。包括损益、资产负债、现金流量三个方面的报表。

损益表包括：收入（近三年销售收入、单位售价、毛利率变化、大客户变化及集中度、单位成本、成本结构及敏感性分析）；费用（近三年费用明细、费用分析、主要费用及集中度）；非经常性损益。

资产负债报表包括：货币资金（明细账、可用及冻结货币资金）；应收账款（如客户构成、逾期账款、集中度分析、内部账占比、账龄分析、应收账款质押、关联交易、大额款项分析、坏账情况、费用性借款、内部员工借款、股东借款、关联方来往、重分类调整、存货、长期投资、固定资产、在建工程、无形资产、借款）；应付账款（明细表、周期分析、账龄分析、预估材料的适当性、供应商分布与欠款情况、大额账款对于经营活动的影响分析、其他应付款关注关联方与股东借款）；预收账款（账单、应纳税预计）以及人员薪酬、未分配利润、资产负债结构、资产质量分析。其中，存货分析包括盘点台账、账龄分析、周转分析、存货分类与计算方法、盘损及账务调整情况；长期投资分析包括被投企业名称、金额、时间、股份比例及被投企业盈亏情况；固定资产分析包括折旧明细与减值计提明细、不动产权证与抵押情况，在用、停用、残损、无用资产列表，生产与非生产性资产区分与列表，是否有需要提减值的土地与机器，折旧方法与计提；在建工程分析包括进度、停工情况、工程用途；借款分析包括银行与非银行主体分类列表、借款时间、借款条件、利息偿还历史与现状、抵押物设置。

现金流量报表包括：经营、投资、融资现金流净额；主营收入的现金保障倍数；净利润的现金保障倍数；净利润现金含量比、销售收现比、商品销售和劳务所得现金总额与商品购入和劳务支付现金总额比；融资活动利息额与经营净现金流的对比、非主营业务收入对经营净现金流影响分析。

财务调查中有时会发现虚假报表。虚假报表包括：调整收入确认使利润虚增或虚减；利用折旧、资产重组、关联交易、利息资本化、股权投资等手段调节利润等。

（2）表外项目指对外担保、已抵押资产、未执行完的合同、银行授信、相关诉讼等。

（二）税务调查

调查的具体目的是弄清税务合规与稳定性、税收优惠延续性、税收政策稳定性、公司对税收的依存度等情况。

调查的功能：一是有助于确定并购方式，即股权收购还是资产收购；二是可以有针对性地设计投资结构（控股层级设置）以实现在投资目标国的实际税率最小；三是有助于设计合同条款，如保证与承诺条款；四是有助于调整对价、递延支付；五是有助于设计并购后的避税措施，如债务下推和资本弱化等。

调查内容包括但不限于：现行税费（重点为公司所得税、预提所得税、增值税、资源税、关税等）以及税率、税基、主管部门、税收优惠与减免情况、汇算清缴情况、并购前后涉税政策变化可能性分析、关联交易税收政策、或有负债、所在国税收政策未来发展的趋势、纳税情况、一次性项目、投保情况及保单有效期等。

五、社区调查

很少有专业报告或论著将社区调查置于尽职调查的大类，一般都将其视为小类，且不被重视。笔者将社区调查定位为与法律、业务、财税同样的地位，是基于笔者自己在海外运营项目积累的经验和对其他中国企业海外并购运营阶段所遇问题的分析。能够量化的内容，往往一目了然，交易主体也总是有成熟的分析工具与应对方案。但是难以量化的问题，例如社区问题，包括如何全面深入调查、如何分析和理解问题、如何审慎做出结论、如何有针对性地提出建议，往往会影响并购的成败。

调查的具体目的是了解社区相关法律规定、社区概况、历史约定与遗留问题。

调查的功能：一是可以根据社区对项目的整体接受度做出放行项目或否决项目的定性判断，然后根据买方的风险敞口承受度决定是否继续推进项目；二是可以尽量就隐藏的非文本承诺进行量化评估，从而为定价调整提供数据；三是可以根据收集到的社区真实诉求相应调整技术方案（如社区坚决反对运输道路通过，则是否可选择管道等），进而相应地调整定价。

调查内容包括但不限于：所在国社区相关法律法规和行政文件简介；社区住民权利的内部报告和评估或社会责任报告（社区居民概况如人数、分布和诉求等必须包括在内）；已签或未签的与社区居民团体的合同，例如赔偿协议、土地使用协议和服务协议等；影响矿权许可或申请的原住民地权请求；与土著居民的历史和现状关系，包括任何重要纠纷的细节。

第五章 法务

一、非约束性报价函

（一）文件名称

非约束性报价函（Letter of Intent，LOI）在实践中还有许多别的名称，包括谅解备忘录（Memorandum of Understandings，MOU）、预约（Precontract）、框架协议或框架条款（Heads of Agreement，HOA）、议定书（Protocols）、指示性报价（Indicative Offers）、条款清单（Term Sheet，TS）、无约束性报价（Non Binding Offer）、初步兴趣函（Preliminary Indication of Interest）、原则性协议（Agreement in Principle）、条款摘要（Summary of Terms）、兴趣函（Expression of Interest，EOI）等。在上述文件中，有些业者认为TS和HOA往往在时间阶段上晚于MOU、LOI，TS不如LOI详细且不具有约束力。但实际上作为交易早期确定前期共识或表达合作兴趣的信函，名称的选择并无统一要求。LOI出现频率较高，故本书用LOI代指此类文件。此外，名称虽可称为非约束性报价函，但其中的部分条款仍可设置为有约束性，例如尽职调查时间安排、保密、排他性、非竞争等。

（二）文件篇幅

就篇幅而言，非约束性报价函（LOI）一般有 2~10 页。短篇幅（Short Form）LOI 倡导者一般认为，LOI 只是双方前期沟通结果的一种文件形式的确定，短篇幅在一定程度上也会让卖方感觉不那么受限，要聚焦于价格等核心条款，提高交易效率。为了在篇幅和内容上取得平衡，在短篇幅 LOI 基础上按实际情况增加条款的做法在实践中也很常见。有些情况下，TS 和 HOA 算是短篇幅 LOI 的一种变型。长篇幅（Long Form）LOI 倡导者则认为，为了避免未来产生分歧，内容要面面俱到。其优点在于：一是在时间允许的前提下，将核心问题前置，让后续交易更简单，尤其是对最终协议的讨论与签署而言可以起到奠定基础、减少误解、防止重要问题遗漏的作用；二是可以在发生费用之前确定对双方而言都不能接受的交易致命伤（Deal-breakers）。缺点就是前期讨论过多的核心问题会造成时间拖延、分歧增多。长短 LOI 没有优劣之分，取决于双方是否需要短时间内签约及各方对于 LOI 性质、条款内容的不同理解。

（三）相关概念

意向函（Indication of Intention，IOI）的重要目的是排除那些非实际投标者（Tire Kickers），其典型内容包括：报价（一般为价格范围）、融资能力、尽职调查项目与时间表、交易架构、时间安排等。

LOI 和 IOI 的区别包括：一是 LOI 更正式、更详细；二是 IOI 一般不包括不招揽条款（No Shop），即不要求排他性；三是 IOI 的报价一般是价格范围，而 LOI 则在附前提条件下更为明确。

但在实际操作中，整体报价文件有时也被称为 LOI，信头内容则表述为：

A company is pleased to submit this non-binding indication of interest to acquire a ×% interest in × project from B company.

此外，与 LOI 相关的还有反向投资意向书，即如买方报价函达不到卖方标准，卖方会按己方标准向买方提供范本，通常被称为反向投资意向书。

第五章 法务

（四）内容分解

LOI 必须包含能使卖方董事会信服的条款以获得尽职调查机会，且不会构成卖方必须予以披露的内容。一般情况下 LOI 的内容要包括：价格、提交有约束力要约的先决条件、提交有约束力要约的条件、报价函结构（如在加拿大是收购或协议安排）、交易时间表等。具体而言，LOI 包括但不限于以下内容（不分长短篇幅，内容仅划分为必选和可选项，如可设置约束性则标明）。

1. 信头（Introductory Paragraphs；必选项）

日期	Strictly Private & Confidential
卖方（B Company）	地址
邮编	国家
Attention：（负责人）姓名	职位
Dear（对方名字）或 Dear Sir	

I refer to your email dated ××× in the title of 对方来信标题（如有前期邮件往来则提一句，若没有则直接指出目的），and am pleased to submit, on behalf of A company（买方），a confidential, non-binding and indicative proposal（指出文件性质）to acquire（目标一）×% legal and beneficial interests in the target Project；或目标二 the entire share capital/all of the issued and outstanding shares（on a fully diluted basis）of the Indicative Offer（卖方）。具体措辞可以自己调整。

除了用诸如 "a confidential, non-binding and indicative proposal" 指出文件的非约束性性质外，也可以特别指出文件部分约束性、部分非约束性，措辞可以用 "except as expressly set out in this letter, this letter is not intended to be and shall not be legally binding"。如买方是联合体则 "on behalf of" 后可填入，A company（"A"），and B company（"B", together with A, the "consortium"）。需要注意的是，信头对信函定性的表述往往在信函性质条款中会再次出现。

2. 相关方条款或背景条款（the Interested Part or Background；必选项）

该条款包括签约方的名称、注册地、受益所有人或最终控股公司等细节（name、jurisdiction and brief profile、ultimate holding company or beneficial owner）。如涉及

联合体（Consortium），则需包括联合体各成员细节及权益比例（shareholdings of each individual consortium partner）。条款的表述要明确签约方是否是第三方的代理（agent for a third party），或者报价方与非融资方的其他方就此交易已签署合同或备忘录（agreement or understanding）。

重点是买方简介（identity of the bidder/background）及交易合理性（transaction rationale）。需要简要介绍公司业务类型，聚焦产品、市值、收入与盈利情况。重点告知对方买方在行业中的地位和资金实力，以便使卖方认可。典型表述如：买方（A company）是中国一流矿业集团（a leading Chinese mining group），业务重点在×××（focused on the exploration, development and production of ×××）。买方在×地上市（is listed on exchange+股票号码），市值为××（with a market capitalization of approximately USD ×× billion）。买方在某年业绩良好（achieved a good performance in 年份），收入为×（with revenues of USD × billion），净利润为×（net profits of USD × million and total assets of USD × billion）。

考虑到并购后人员安排及资产发展，故买方是否有海外并购成功历史，并有持续的海外发展战略，也是卖方的考虑问题之一。买方应对此进行解释，典型表述：作为中国顶级矿业公司，海外扩张在公司未来成长方面发挥着重要作用（as a leading mining company in China, overseas expansion plays a significant role in company's future growth）。

如尚未确定联合体伙伴但需保持弹性，则可表述为：买方也在考虑组成买方主导的联合体（is also considering establish a consortium led by A for the Transaction），但目前尚未确定（but this has not been finalized）。

3. 报价条款（Indicative Price/Our offer；必选项）

该条款一般指出报价是根据公开信息（Publicly Available Information，如为买方提供信息则相应调整）且需要后续核实性尽职调查（Confirmatory DD）和前提条件（Pre-conditions）的报价。报价或估值的假设（Assumption）通常包括"评价日"（Effective Date）、卖方披露的财务数据及盈利预测（Financial Projection）、现金流和营运资本的情况。报价数字一般会被认为是最低值，也偶有报价为区间值（一般认为IOI中才会出现区间值）。有时也称为对价条款（Consideration），指出支付形式（the Form of Payment），如现金（Cash）、股票（Stock）、或有对价（Contingent pricing）等。

条款典型表述一：买方以现金方式每股某价格收购某目标，代表某时点在某股市收盘价溢价××%（a acquire the target at USD ×× per share, payable in cash which represents a premium of ×× % of the closing price of USD ×× as quoted on the ×× on ××。典型表述二：买方对于拟议交易提出某金额的全现金报价（a propose an all-cash offer of US$ ×× million for the Proposed Transaction, on a debt-free and cash-free basis）。

有业者将 Offer 和 Purchuse Price 分为两个条款，在 Offer 条款中笼统表述买方要购买卖方的股份或资产，然后在价格条款中详述对价情况。该条款通常包括价格调整机制（Purchase Price Adjustment Mechanisms），常见诸如上限（Caps）、区间（Collars）、下限（Floors）的表述。也有业者表示支付方式可以采用托管，如约定在交割时，买方将在双方都接受的第三方托管人（Escrow holder or escrow agent）处存入某金额款项，该款项将至少在 x 年内托管，以保证买方在最终协议中的义务得以履行。

4. 交易结构条款（Deal Structure；必选项）

该条款主要界定交易标的是资产（Asset Purchase）还是公司权益（Stock Purchase）。为了避税，一般标的为公司权益，资产为标的往往是标的所在企业有其他负债（Prior Liabilities）。在实际操作中，国外卖家从税收和法律角度更倾向于股票交易，但限于国内政策，国内买家用现金交易的案例占绝大多数。

5. 尽职调查条款（Due Diligence，DD；必选项）

该条款主要内容涉及买方（A）和卖方（B）。

（1）进行尽职调查的总体意愿。典型表述：我们希望审查数据库中的所有信息，并对所有资产进行实地考察。B 提供或促成提供 A 所需的所有资料以完成所需的调查，且所提供的所有资料准确无误（We would like to review all information in the data room and conduct site visits to all assets. B providing, or procuring the provision of all information required by A to complete the investigations required and all information provided being accurate and not misleading）。

（2）尽职调查信息接触范围。调查接触的人员一般包括代理人、董事、高级职员、雇员、顾问、代表或顾问（agents, directors, officers, employees, consultants, representatives or advisers）。

（3）尽职调查宏观范围。典型表述：访问管理层、实地考察和审查不公开的适用战略、运营、商业、财务、法律、环境和社区事务和记录（access to management, site visits and review of applicable strategic, operational, commercial, financial, legal and environmental and community matters and records, which are not public）。

（4）尽职调查具体范围。具体范围包括：储量和资源量、矿区和运营、采矿计划、产量预测、运营成本、资本支出计划；法律事项，包括专利、许可证、材料合同、索赔、诉讼；环境和社区问题；未偿债务，包括养老金和税收；人力资源事项，特别是关于核心管理团队；任何监管问题和所需批准等（reserves and resource, mine sites and operations, mine plan, production forecast, operating cost, Capital expenditure plan; Legal matters, including patents, licenses, material contracts, claims, proceedings; Environmental and community issues; Outstanding liabilities, including pensions and tax; Human resource matters, particularly with respect to the core management team; Any regulatory issues and approvals required, etc.）。具体内容详见尽职调查章节。

（5）尽职调查时间。典型表述：①尽职调查将在60天内完成，前提是所需的所有数据能够及时有效地提供（the due diligence will be completed within 60 days, provided that all the data required can be provided in a timely and efficient manner）。②我们预计尽职调查将在向B提供确认时完成。B将根据A的要求更新数据库，包括尽职调查所需的必要信息（we anticipate that the due diligence will be completed by x when confirmation will be provided to B. B will update the data room to include information necessary for the due diligence as requested by A）。尽职调查时间一般可设置约束性。

（6）尽职调查组织。雇用外部顾问会给卖方一定信心，表明买方对交易的重视。典型表述：组织内部技术专家，聘请外部财务顾问、法律顾问、会计税务顾问和社区顾问进行相关尽职调查（to organize our internal technical experts and retain external financial advisors, legal advisors, accountant & tax advisors and community consultants to conduct relevant due diligence investigations）。

（7）尽职调查与推进执行协议的平行时间关系。典型表述为：在进行此调查的同时，买方希望与卖方就实施协议展开谈判，以便买方能够继续报价（in parallel with this process, buyer would like to commence negotiations on the Implementation Agreement with seller so that buyer is in a position to proceed with the Offer）。尽职调查结果对于交易的影响一般有两种标准：一是主观标准，即需买方满意；二是客观标准，即对于并购交易设定一些特定情形（如重大不利事项等），除非出现某些情形，并购方不得拒绝收购，这种约定一般出现在被并购一方拥有较大的优势和主动权的情形下。

6. 保密条款（Confidentiality；必选项）

在 LOI 之前一般签有保密协议，但 LOI 的保密条款保证关于交易的所有沟通都是保密的。保密条款一般约定双方不能披露交易情况，该条款一般有约束力。

典型表述为：如之前已签保密协议则一般指出已签协议将继续对买方具有约束力（will continue to be binding）。为避免疑虑，卖方和买方应将该保密协议的内容延伸至本信函下文列出的事项（extending to the subject matter of this letter）。本信函及其内容应严格保密。本信函（包括其存在及任何内容）在执行双方可以相互接受的最终协议之前应严格保密，卖方不能向 × 证券交易所就本信函及其内容做出任何公开声明或公告（does not make any public statement or announcement to × exchange referring to this letter or any of its contents）。卖方或买方及其各自的雇员、代理人或顾问，除了在必要的基础上（other than on a need to know basis）向其董事会和高级管理人员披露之外，不得以任何方式向任何其他人披露或允许披露本信函（包括其存在及任何内容），但应适用的法律或规章要求必须披露的除外（save as required by applicable laws or regulations）。

保密性丧失的后果：如果基于任何原因（for any reason），本信函的任何部分失去保密性（cease to be confidential）、卖方就本信函或本要约相关的内容向某交易所做了公告或买方认为保密性已丧失（confidentiality has lost），本信函（包括本要约）应撤回（be withdrawn），除非买方明确以书面形式向卖方做出其他通知。

与保密条款相关的是不公开（no announcement）条款。典型表述为：本函是保密的、指示性的、附条件的和不完整的（confidential, indicative, conditional and incomplete），任何报价不能公开（will not be publicly proposed and proceed），除非且直到最终协议签署（unless and until definitive agreements acceptable to the parties are entered into）。公开例外条款包括（可选）：无另一方事先许可（without the other party's prior approval），及除非法律或证券管理机构规则要求（except as may be required by law or rule of any stock exchange）；如法律或证券规则要求公告，被要求公告的一方必须通知另一方公告的内容，而且要合理努力（shall use its reasonable efforts to）获得另一方的许可（obtain the other party's approval for the announcement），许可不可无理由撤回（approval may not be unreasonably withheld）。

7. 意向条件条款（Preconditions；必选项）

非约束性要约的前提条件实际上是提交约束性要约的前提，是在防范合同风险的同时协调双方关系、提高接洽成功率的条件，因此不建议包括交易完成的条件。必须将其与先决条件或交割条件（Conditions Precedent, CP）及后决条件或解除条件（Condition Subsequent, CS）进行严格区分，特别是CP与意向条件常常使团队成员感到困惑。先决条件是最终协议中才会实际谈到的问题，业界对是否需要将其概要内容放在LOI中没有定论，需要依据案例分析，将最终协议中才应提到的条件放进LOI一般是为了告知卖方最终协议的条件是什么，并以此提高卖方的合作信心，而不是说LOI的意向条件包括最终协议的条件；而后决条件实际是解除一个已产生的协议履行义务的条件，较为少见。

条件满足与否的结果：协议条件（conditions）和本函的前提条件（the preconditions）在×年×月×日前得到满足。双方同意，在此日期后，最终协议将不签署或任何本函的前提条款得不到满足或书面豁免（are not satisfied or waived in writing），本函将会撤回（withdrawn），除非买方另行书面通知卖方（unless A expressly in writing notifies B otherwise）。

8. 信函性质（Status of Offer；必选项）

LOI是否有效力通常因地而异，在某些普通法域可能会认为有法律效力。典型表述为：本信函的效力为无约束力（is not intended to be legally binding），单独列出条款除外（except as specifically set out in this letter）。

在实际操作中，通常将 LOI 分为两部分，无约束力部分（nonbinding provisions）和有约束力部分（binding provisions）；也常见将条款序号列出，指出某些条款有约束力，但考虑到修改的因素，最好直接分为两部分。

无约束力部分常用"would""prospective buyer/seller""proposed transaction"表述，而有约束力部分常用"will""shall"表述。在有约束力部分，常用诸如"基于买方获悉的信息"（based on the information currently known to Buyer）这样的条件设置性措辞，如此则可使买方未来做尽职调查、调整报价或其他条件时处于一个在道德和法律上可以自辩护或自卫的位置（defensible moral and legal position）。通常认为，排他性和保密性条款有约束力。

9. 终止条款（Termination；必选项）

一般是买方提出终止条款。但如是卖方提出，为防止其与第三方联系，则买方应提出独家条款应独立于终止条款。卖方希望一个尽早的日期（the shortest possible date），买方则相反（a later date）。条款最后常有终止限制内容，如有约束力的条款的终止（that the termination of the Binding Provisions）不影响某方在终止前（prior to the termination）违反任何约束性条款的责任（will not affect the liability of a party for breach of any of the Binding Provisions）。

典型表述为：某条款在信函终止后仍有效（sections × shall survive termination of this letter）。除此之外（other than sections ×），本信函在以下日期中的最早者（on the earlier of）终止（terminate without liability）：①最终协议签署日；②排他期内某方向另一方发出书面文件终止谈判之日；③各方书面同意终止谈判之日。

10. 执行协议（Implementation Agreement；必选项）

执行协议又称最终协议，内容一般包括与报价执行相关的条款（contain provisions relating to the implementation of the offer），如信息获取（access to information）、保护机制（deal protection mechanisms）等。

典型表述为：报价是否通过安排协议（a scheme of arrangement）或要约收购（a take-over bid）将取决于不同条件（various conditions）；指出完成

签署协议时间，表述为"we anticipate this will be completed by"，后加具体日期，或者表述为尽职调查后的×周内（with in × week of the completion of the due diligence），或模糊处理，如无遗留尽职调查问题（residual due diligence issues）将尽快签署执行或最终协议，并公告（publicly announced）。

11. 时间安排条款（Timing；必选项）

时间安排条款又称下一步安排（Next Steps or Acceptance），一般表达买方尽快推进要约的意愿，可设置约束性。如买方希望尽快推进本要约（proceed with the offer），也会强调已指定（has appointed）某所作为我们的法律顾问（legal advisors），增强卖方信心。典型表述包括：如贵方同意上述条款（if you are agreeable to the foregoing terms），请在某时间点前签署并发回本信函，可以通过传真形式（please sing and return a duplicate copy of this letter of intent by no later than by × am or pm on ×，20××，fascimile is acceptable）。如双方在信函之外无深入沟通，或不愿在信函中明确签署信函时间，也可笼统说我方愿与贵方交换看法（I would be happy to exchange views personally or by phone with you at your convenience）。

12. 管理层补偿条款（Management Compensation；可选项）

一般使用模糊表述（vaguely worded terms）解释管理层留任及权利计划安排等内容，但也可能扩展到老员工（long-time employees）。除非特殊情况，买方一般没有强烈意愿保留额外管理人员与承担财务负担。该条款常落实于股权购买协议中。

形式上可以包括：雇员协议（Employment Agreements），一般要求买方向员工提供工作合同，保持当前薪资或补偿结构等；留任奖励（Retention Bonuses）或一次性支付（and One-Time Payments）；期权池（Option Pools），未落实的期权，可行权但实际是水下期权，在 LOI 中比较少见。某些情况下，买方可能会认可买方现有的期权计划，并将其转为目标公司计划。

13. 分手费条款（Break Fee，可选项）

分手费（Termination Fee）一般有约束性，实际是普通法下的违约金（Liquidation Damage），与 No Shop、No Talk 条款配套，也是卖方解套的方法。分手费也给予卖方履行其股权价值最大化的信托义务（Fiduciary Duty），以一定代价终止交易（Fiduciary Out）的机会，从而和出价更高者交易。为固定数字或交易对价的比例，分手费常落实于股权购买协议中。

14. 托管条款（Escrow；可选项）

托管条款指买方为避免交易前债务（Past Liabilities），将一部分交易款存进托管账户的相关条款。托管条款在 LOI 偶有所见，可讨论调整，常见于股权购买协议。

15. 约束力要约条件（Conditions；可选项）

约束力要约条件主要约定在完成日及之前（prior to or on the Closing Date）必须完成各种工作、批准与许可（the tasks, approvals and consents）。与意向条件相比确定性更强、更广泛。有业者将意向条件和约束力要约条件一起放进 LOI，也有只放意向条件或只放约束力要约条件的，因此对约束力要约条件的理解不能只看名称，必须结合其实质内容判断。就约束力要约条件而言，LOI 一般应实质性地谈及监管审批要求、内部批准可能性、第三方许可是否存在及融资能力，避免未来纠纷，并在获得审批的可能性方面给卖方一定信心。

典型表述为：买方管理层已对此意向函进行了审查（this indicative proposal has been reviewed by buyer's senior management），任何有关交易和确定性文件的最终条款须经买方董事会批准（the final terms of any transaction and definitive documentation would be subject to the approval of buyer's Board of Directors）。我们预计最终协议里会包含此类交易的惯例交割条件，包括收到所有必要的监管批准以及 × 项目无重大不利改变（We would expect the definitive documentation to include customary closing conditions for a transaction of this nature, including the receipt of all required regulatory approvals and no material adverse change to × project）。据买方了解，买方不需要获得任何重大第三方同意以完成拟议交易（buyer is not currently aware of any material third party consents that would be required to be obtained by buyer to complete the proposed transaction）。买方具有对项目未来开发提供资金的能力（ability of the party to fund the future development of the target asset）或提供融资保障（Contributions of Capital）的能力。

16. 未来资本操作/期权条款（Option；可选项）

买方在无独立开发目标项目的意图或计划在未来存在较大不确定性的前提下，设计期权、确定未来收益等条款，实务中也偶有所见。期权条款实际落实在股权购买协议中的较多见。

（1）卖出期权（Put Option）条款。典型表述为：在双方谈定的某种条件下，卖方有权出售（shall have the right to sell），买方有义务以某金额购买（shall have the obligation to purchase）所有卖方在合资公司的股份（all of buyer's interest in the joint venture for USD million in cash）。

（2）激励期权（Incentive Option）与买入期权（Call Option）条款。典型表述为：在双方谈定的某种条件下，买方有权以某价格从卖方购买一定比例股份（buyer shall have the option to purchase an additional ×% interest in the joint venture company from the seller for US$ × million）。条件如为卖方介入项目取得预期效果，比如项目按时建设、达产或增产等，则为激励期权；如为固定时间条件，且基于所谓公允价值（Fair Value），则往往为买入期权。公允价值的设定将是该条款争论的重点，比如 NPV 的一定比率，或者投入资金的一定比率。

17. 随售权（Tag-along Rights，可选项）

随授权在 LOI 中比较常见，要落实在股权购买协议中。典型表述包括：即合资企业（Joint Venture，JV）一方出售或转让其 JV 股权给第三方时（sell or transfer any or all of its interest in the joint venture to a third party），其他方有随售权（Tag-along Rights）。

18. 治理结构（Governance Structure；可选项）

如果双方的合作为组建合资企业，则对治理结构的讨论也非常重要，该条款常落实于股权购买协议中。典型要点内容包括：合资企业中的董事会席位一般情况下根据股权比例（seller and buyer's presentation on the board of directors of the JV will be determined in proportion to respective shareholding in the JV）来决定；某方有权任命合资公司总经理（× have the right to appoint the General Manager of the joint venture Company）；总经理的权限，如日常管理权（day to day management），指根据董事会制定的政策进行日常管理的权力及向董事会汇报的义务（authority to manage the day to day operations in accordance with the policies and procedures established by the board of directors and would report to the board of directors）；董事会议事规则，是简单多数还是绝对多数（All decisions of the board of directors would be approved by a simple majority, except for a mutually agreed list of supermajority and unanimous matters to be set forth in the definitive joint venture / shareholders agreement); 争议解决机制, 谁(如总经理)有一票决定权(in certain cases of deadlock to be mutually agreed upon, the General Manager would have a casting vote)。

19. 保留条款(Reservations; 可选项)

此条款规定了买方修改或撤销要约的意向。典型表述包括: 尽管本文件另有规定(notwithstanding anything else contained in this document), 根据公开的或买方在尽职调查过程中获得的新信息(in light of new in information released publicly or disclosed to buyer as part of the due diligence process), 买方有权保留修改或撤销其可能发出要约的意向(reserves the right to revise or revoke its intention that it may make the offer)或可能发出的要约条款(the terms on which the offer may be made)的权利。

20. 排他期(Exclusivity Period; 可选项)

买方可能会要求卖方给予排他交易期, 一般为30~120天, 时间长度可讨论调整。其设置目的是出于善意沟通原则, 确保卖方不寻求更优报价(ensure the seller is not shopping their deal to a higher bidder while appearing to negotiate in good faith)。与排他条款相关的还有肯定性答复条款(affirmative response clause), 其设置目的是为卖方排除无真实投资目的的恶意投标者。实践操作是卖方要求买方给予书面肯定性答复, 如买方不提供, 则排他性条款终止。该条款一般有约束力。

21. 通用条款(Miscellaneous, 必选项)

通用条款又称样板条款(Boilerplate Provision)。此类条款的设置通常是为了将与其他所谓"核心条款"无法归为同类的且通常会重复使用的格式性条款作为合同的最后一个模板, 进行模式化使用, 这样可以节省合同起草人及合同当事人的时间。其内容包括但不限于:

(1)管辖法或法律适用条款(Proper Law or Governing law)。典型表述包括: 本信函的管辖及解释适用×法律(this letter will be governed by and construed in accordance with the law of ×)。

(2)货币条款(Currency)。信函对条款中涉及的货币进行清晰界定, 没有强制性要求。典型表述包括: 信函中某货币符号(如"$")指美元(shall refer to currency of the United States of America）。

（3）费用条款（Expense/fees）。信函一般要求双方各自付费，但也偶有模糊地带，比如买方要求卖方提交（实际还未审计的）财报（audited financial statements），则卖方有可能要求买方提供审计费。典型表述包括：双方自行承担各自发生的与本信函相关的费用（each of buyer and seller shall be responsible for and bear all of its own costs and expenses incurred in connection with the arrangement），包括双方的中介费用（any broker's fees and expenses）。

（4）转让条款（Assignment）与优先购买权条款（A Right of First Refusal）。

信函一般禁止双方在协议下向另一方出售或转让其权利。典型表述包括：如无另一方事先书面同意（the prior written consent of the other party），任何一方都无权将本信函约定的权利与义务转让给第三方（neither party shall assign any of its rights and obligations provided for or referred to in this letter）。但是如果买方需要组成联合体进行投资，则也可设置条款统一权益和义务转让。典型表述包括：买方可能引入其他投资者组成联合体进行项目合作开发。各方同意，买方不受相关转让条款的限制，可将本协议下的权益和义务让渡给其持股比例不低于×%（一般为51%）的一家子公司（may assign any or all of seller's rights or obligations under the agreement to another corporation that is a wholly owned subsidiary of seller）。如各方合意允许，则各方都有转让权也是常见的。此外，一般规定任何一方都有先于第三方购买合资公司权益的优先购买权。

（5）完整协议条款（Entire Agreement）。合同中可能会包含也可能不包含合同当事人之间以其他方式就合同条款所做的讨论，为了防止未来产生争议后诉诸法律，法官根据此类讨论对合同进行诠释，就设计了完整协议条款。典型表述包括：本协议（信函）及其附件将构成各方之间的完整协议（this Agreement and all its appendices shall constitute the entire agreement between the Parties with respect to the subject matter set forth herein），本信函及其附件排除或取代其他之前的各类协议（supersede all prior agreements），这些协议包括双方之前就此类主题进行的所有口头和书面讨论、谈判、通知、备忘录、文件、协议、合同和通信（all previous oral and written discussions, negotiations, notices, memoranda, documents, agreements, contracts and communications between the Parties relating to such subject matter）。

（6）修改条款（Amendments）。此条款对如何修改信函进行了界定。典型表述包括：对本信函所做的修改（amendments modifying the contract），只有通过书面形式并经具有双方正式授权的管理人员或代表（a duly authorized officer or representative）签署后，才有约束力。

（7）副本和通信方式条款（Counterparts and Electronic Means）。本信函可以以一份或数份副本（may be signed in one or several counterparts）、由缔约双方以独立副本形式签署，但是在缔约双方签署至少一份副本之前是无效的。每份副本在签署之后都应该视为本信函的原件（shall be deemed an original），所有副本是同一份信函（together shall constitute one and the same instrument）。通过电子传真或其他电子通信方式（by electronic facsimile transmission or other means Of electronic communication capable of producing a printed copy）提供的副本，于成功传输到我方之日（as of the date of successful transmission to us），视为成功签署和送达了本信函（will be deemed to be execution and delivery to us of this letter）。

（8）不招揽雇员（Non Solicitation）。典型表述为：在未获得买方/卖方许可的情况下（without the prior written consent），卖方/买方不得直接或间接招揽、雇用或用其他方式获取买方及其关联公司现有员工的服务［will not solicit for employment（directly or indirectly），employ, or otherwise contract for the services of any person who is now employed or engaged by seller（buyer）and its affiliates］。

（9）联系人（Contacts）。需列出相关方的主要联系人以及法律、财务、会计、商务及其他顾问联系人。联系方式包括电邮、地址、电话和传真。

22 信尾（必选项）

如贵方同意以上条款，请签署并发回（sign and return）本信函。

Yours sincerely

签名　　　姓名

职位 A company

113

二、股权购买协议（Share Purchase Agreement）

（一）价格（Price）

就股权购买协议而言，价格由财务顾问提供估值基础，由签约方谈判议定。需要区分股权总价与每股价格。一般国内企业并购海外公司，换股方式较为罕见，对价都为现金，故需写明金额、货币种类、支付方式等，如涉及债务承担，亦应说明。如涉及或有价款的描述，需解释清楚触发条件及相应金额。

（二）陈述与保证（Representations and Warranties）

1. 要点

（1）含义与主体。在北美法律框架下，陈述与保证（Representations and Warranties）通常是一方（非单方）为促使另一方与己方签约或实施其他行为，在以签约日为代表的某特定日期向另一方进行的面向过去（包括现在）的关于签字、交割时点公司状态的事实陈述，并保证上述事实真实、准确、完整（卖方状态是指标的情况，买方状态是指签约及履约能力），陈述与保证不做分割，实际为保证。

业界对于陈述与保证的定义看法不一，有业者据普通法认为陈述与保证可分开，前者是现在指向及条款重点，而后者是未来指向及条款的次重点，是对目前或外来即将发生的事实的承诺性说明；有业者认为前者针对既定事实或状态，后者针对现在或者过去的事实，类似于承诺；也有业者认为陈述是事实，而保证则是损失担保。但是通常认为承诺条款才是面对未来的，而陈述与保证只是某个时点的行为。

（2）重要性。通过陈述与保证内容，一是买方可以全面了解目标公司资产、业务等各方面情况，以便做出有信息依据的决定；二是可以减少因交易事项信息不对称造成的交易风险，双方可对标的风险进行风险分配；三是如陈述与保证不实，即产生误述（Misrepresentation），买方可能获得救济的机会，在被认定为陈述与保证不实的情况下,买方可解除合同。值得注意的是,双方往往会一致赞成不采取解除合同这样的极端救济方式。如没有发生重大不利变化或影响,买方有权要求卖方承担违约责任,同时仍继续交易。但一般卖方不允许买方在进行价格调整(price adjustment clause)的同时又进行索赔。因此陈述与保证条款可以被认为是交易、报价(包括价格调整)和索赔的基础。

(3)陈述与保证条款和披露。就性质而言,披露是对卖方陈述与保证的例外事项的声明和免责设计。为了避免陈述与保证条款涉及事项不实而造成违约,卖方可以对保证例外事项(不实事项)进行披露或自行承担风险(distribution of riskt or risk-shifting)。需要注意的是,如采取具体披露(Specific Disclosure)的方式,就需要指出某具体事项是针对某个陈述与保证事项的例外,详见披露部分。

(4)陈述与保证条款和尽职调查。一定程度上可以认为,尽职调查的范围决定陈述和保证的内容,陈述与保证是尽职调查的补充(a supplement to DD),或者说理论上尽职调查清单和陈述与保证条款事项大致一一对应。显然,尽职调查无法涵盖卖方相关业务、资产、法律与税务等方面的所有细节。因此,陈述与保证条款:一是要根据尽职调查结果编制,即覆盖尽职调查未包括或根本无法进行尽职调查的其他问题(保证与尽职调查不是非此即彼的关系,而是前者补充后者不足的关系);二是尽职调查发现的必须或有可能在签约日前解决的问题也需要有针对性地由陈述与保证条款消化,即保证在签约日不存在上述问题。就第二点而言,卖方一般会尽量规避,因为保证一般在签字日做出,而尽职调查结束到签字日这个时间段,卖方未必已解决了相关问题。因此,此处一旦做出保证,就必须立即承担违反保证的责任。如卖方确实不愿就此保证,则买方可将此问题解决的时间点后拖,其将由承诺(Covenant)、交割先决条件(Condition Precedent)以及对价支付条款(Payment of Condition)等未来时间点的条款消化。

(5)陈述与保证条款涉及的时点、时期与安排。陈述与保证一般涉及以下四个时点。

生效日(Effective Date):偶有业者认为是合同生效日;大多认为是实际生效日,作为估值日使用;也有业者认为生效日是出售前准备工作与谈判签约阶段的分界点。

估值日（Evaluation Date）或收购日（Aquisition Date）：指买方获得并购对象的控制权，从而合并利润之日，是双方对于资产经济收益权归属的分界点，或称基准日。值得注意的是，有业者直接将生效日与估值日合并，难说对错，应视案例实际理解。

签字日（Signing Date）：合同签字日，一般签字即生效。

交割日/转让日（Completion Date/Transfer Date）：指目标资产所有权转移之日。

与国内实务操作不同的是，国内交易基本以转让日为基准，一揽子权责之前归卖方，之后归买方；海外并购则较为复杂，一是基本不存在以一个时点为基准的一揽子归属安排，二是上述时点的定义仅可参考，还应根据具体案例判断时点的实际含义，重要的是理解目标公司财产的收益权转移和所有权转移可能存在不同，理解估值日目标资产价值与交割日目标资产价值可能存在不同，理解MAC条款与时点设置之间的关系。

上述时点和陈述与保证条款的关系在于何时做出、何时重复。从买方有利的角度一般设置为：陈述与保证在签字日做出（有业者认为可通过谈判争取其效力从基准日延续到签字日，也有业者认为可争取在生效日做出），交割日重复或者在此期间频繁重复（极端的如每日重复），且全部或不加区别地重复。从卖方有利的角度一般可以接受在签字日做出，但往往坚持不重复。当然，一般不会出现对卖方完全不利的"长青"条款（Evergreening）。

除时点外，还有时期问题，如交割后陈述条款的存续（survival of representation after the closing），对于买方有利的情况是卖方高管交割时提供证明（bring down certificiate），表示在签字日做出的陈述与保证在提供证明之日仍真实准确（具体标准表述是谈判点或文稿意见交换点），且根据双方谈判结果，买方可能要求在交割日后陈述与保证义务仍额外约束卖方1~3年（谈判点）。此处的1~3年即为存续期间（Survival Period）。需要注意的是，存续期内可存续的事项并非包括所有陈述与保证事项，可由双方议定。

实际上，如经过谈判约定可以重复，则重复的内容需要注意，由于在签字日到交割日阶段陈述与保证内容发生变化时，如不加区别地重复，则容易造成微小变化（Hair Trigger）导致的违约，因此这也是双方谈判的重要内容。卖方往往有选择性地进行重复，即只包括所谓合法性重复或与财务相关的重复，而对预期发生变化的内容选择不重复。此时，买方可以选择与卖方沟通，将上述过渡期不重复的内容改为承诺条款的内容或者披露的内容。

（6）陈述与担保条款的限制（Qualifier）。对陈述与担保条款的限制（对卖方有利）包括以下七项。

一是通过披露（Disclosure Schedule）列明陈述与担保条款的例外情况，一般是不合法及违约情况。买方一般不能就披露清单事项因卖方违反陈述与保证条款向卖方索赔，即披露的后果并不与索赔相关联，其作用更多的是买方根据披露内容进行交易安排和调整。披露一般在签字日前进行，但签字日到交割日卖方是否有权再披露是双方谈判的要点，继续披露无疑对卖方有利。

二是做知情范围限制或知情限制，即知情前提披露（Knowledge Qualifier），也就是仅在知情范围内做陈述与保证。卖方能证明对相关事项不知情，则卖方即可不承担违反保证与陈述的责任。就举证责任而言，如买方认为卖方违反陈述保证义务，买方必须对卖方做出陈述与保证时的"知情"状态承担证明责任。因此买方倾向最大知情（to the Best Knowledge of Seller）、推定知情（Construed Knowledge/Imputed Knowledge）、尽量覆盖更多人员的知情。简单说就是买方倾向最大、推定、广覆盖面的知情。卖方自然相应地希望界定为实际知情（Actual Knowledge）、基于高层职位的尽量覆盖面少的知情。知情限制无刮除条款（Typically not Scraped）或知情刮除（Knowledge Scrape）在实践中基本无法通过谈判纳入。

三是重要性前提披露（Materiality Qualifier），即卖方如满足了重大方面守法或有违法行为但未产生重大后果两种情况之一，则买方不能向卖方追责。何为重大、重要、实质等，往往在合同编制阶段难有明确定义，是出问题后双方"扯皮"的基础。

四是时间限制（Time Qualifier），即违反保证条款的责任时间限制。一般对于非根本性陈述与保证，可以设置2年以下；对于根本性陈述与保证，则设置无期限或根据双方谈判设定较长期限；政府相关的陈述与保证介于非根本性陈述与保证和根本性陈述与保证之间，一般设为5~7年。

五是金额限制。陈述与保证也往往设置责任的最高限度，比如量化为购买价格的某个百分比。限制还可以包括起赔额（Basket）和免赔额（Deductible），前者容易理解，后者则指超出免赔额需赔偿，低于免赔额不赔。

六是重述限制。签字日到交割日期间，买方提出的重述保证要求，卖方会加以限制或予以拒绝。

七是完整性条款限制。卖方通常希望通过完整性条款（Entirement clause）排除协议之外的任何陈述与保证，在前期沟通存在有利因素的前提下买方则希望保留一些例外。

（7）陈述与保证条款和价格调整机制。实际上，两者同为对买方的保证，但财务报表已反映违反陈述与保证条款的结果，如在已经做减值的前提下，无论从简便性（无须买方证明违约或损失）看还是从实际效率来看，运用价格调整机制都比通过陈述与保证条款进行索赔更好。买方在陈述与保证及价格调整机制上获得双重保护，即价格调整后又以违约进行索赔的难度较大。

（8）陈述与保证保险（Insurance）。与陈述与保证和尽职调查的关系类似，陈述与保证保险与陈述与保证条款的关系也不是非此即彼的关系。陈述与保证保险可以解决卖方赔偿意愿不足及无赔偿能力的问题。卖方保险的主要内容是除卖方欺诈外，如卖方违约，买方索赔后由保险公司进行赔付。买方保险的主要内容是在卖方赔偿额上提高赔偿额度及延长卖方陈述与保证的索赔期限。

（9）无默示陈述与担保条款（No Implied Representations or Warranties）。该条款是指除协议中列明的陈述与保证外，任何一方没有做出与拟议交易相关的明示或默示的陈述与保证。

2. 典型表述

（1）标准描述。陈述与保证的标准有不同的用词选择，例如真实（True）、正确（Correct）、完整/全面（Complete）、准确（Accurate）、无误导性（Non-misleading）等。

典型表述为：卖方在本合同中做出的每一个陈述与保证在签约日在所有方面都是真实、正确、准确的（each of the representations and warranties made by seller in this agreement shall have been true, correct, accurate in all respects as of the date of this agreement），且在交割日也如签字日一样是真实、正确、准确的（and shall be true, correct, accurate in all respects as of the closing date as if made on the closing date)。以上是对买方有利的表述，卖方是否接受签字日和交割日都是真实、正确、准确的，或者在此期间重复，需要谈判约定。

（2）无未披露法律责任（No Undisclosed Liabilities）。主要是目标公司在日常经营中没有已提供的财报之外的未披露债务。

典型表述为：除了在披露函或附件中列明的（except as set forth in the disclosure letter）、在最新资产负债表记录的债务（liablities recorded in the the most Recent Audited balance sheet）、在财报日起正常运营过程中产生的与过去惯例一致的债务（current liabilities incurred in the ordinary course of business of target consistent with past practice since the date of the balance sheet），目标公司及其子公司（the Company and its Subsidiaries）在此时点（as of the date hereof）没有任何债务（has no liablity）。对于债务可以将其由 Liabilities 扩展到 debts, liabilities, demands or obligations；债务的性质也可以扩展或细化到 liability of any nature（any kind, character or description）whether known or unknown, accrued or fixed, disputed or undisputed, liquidated or unliquidated, absolute or contingent, joint or several, vested or unvested, due or to become due, matured or unmatured, determined or determinable, or as a guarantor or otherwise。

也有业者将附件的内容详细列明，内容主要包括目标公司的所有应付账款、所有应付票据和其他负债、任何客户存款或目标公司持有的其他存款（all accounts payable, all notes payable and other Indebtedness of target, any customer deposits or other deposits held by the target），并指出财报日后出现的应付账款都已记录在专用会计账册（all accounts payable of target that arose after the balance sheet date have been recorded on ×× accounting books）。

以上基本为对买方有利的内容。如作为卖方，则一般会要求加入：知情/重要性限制，即据卖方所知（to seller's knowledge），卖方在企业相关方面不存在任何单独或合计的重大负债［with respect to the Business which are material（individually or in the aggregate）］；公认会计准则（GAAP）限制，即对财报进行公认会计准则限制，如指明按照公认会计原则编制的财务报表的负债（liability of the financial statement prepared in accordance with GAAP）。

（3）目标公司的成立合法性、存续有效性及具备从事经营活动的能力和必要授权（corporate existence，organization and authority of a party、organization and qualification of seller）。有业者将成立与存续和经营能力分为两个独立的条款，即 Organization and Qualification 条款和 Authorization and Legal Capacity 条款。

典型表述为：目标公司（the company）及其子公司（its subsidiaries）合法成立（duly organized or incorporated），在××法规范下有效存续（validly existing and in good standing/having active status under the laws of ），具备所有权利和授权从事经营活动（has unconditional/ all requisite corporate power and authority to conduct its current business）并拥有、租赁、运营其资产（own and lease and operate/use its properties and assets）。目标公司将提供给买方（Seller has furnished to Purchaser）公司证照的真实完整的副本（a true and complete/correct copy of the Certificate of Incorporation/the Articles of Incorporation and the Bylaws），一般以附件形式提供。

（4）目标公司签约合法性（authority to sell or buy /corporate authorization/status of seller）及正式签约后的卖方约束性。如股东会/董事会决议批准或其他形式的公司授权使得签约方有合法权利签署并购交易文件，该文件对卖方有约束性。

典型表述为：卖方采取了包括股东批准在内（如有必要）的所有必要的措施使其 [seller has taken all required corporate and other action necessary （including stockholder approval，if necessary）to permit it] 有完全权利与授权（has the unconditional/full/ requisite power and authority to）签署合同及其他交易文件并换文（execute/enter into，and deliver this Agreement and the other Transaction Documents），履行合同项下所有义务（to perform all obligations hereunder），完成拟议交易（consummate the transactions contemplated hereby）。义务包括但不限于根据合同（pursuant to this agreement）持有、出售、转让股票（hold, sell, assign and transfer the shares），合同正式签署并换文（this Agreement has been duly executed and delivered by the Company），对卖方就合同内容构成约束性（constitutes the valid and binding obligation of the Company enforceable against the Company in accordance with its terms）。约束性往往受限于卖方实际不能履约的经营状态，如破产等或法律规定的情形。

第五章 法务

（5）权利负担界定（Title/Encumbrance）。一般为卖方保证标的资产不附带任何负担（留置权、质押权等）。典型表述为：本交易不构成对任何卖方为合同一方的、会造成对公司资产进行扣押、滞留、索赔或产生权利负担（any material lien, claim or encumbrance）的合同或文件的违约（constitute a default under any agreement）。

（6）企业组织与规章性文件或重要记录（Minute Book & Amp/Corporate Records/Stock Record Books/The Books of Account）。一般是章程与注册文件。典型表述为：从成立以来的（since the time of incorporation）组织与规章性文件（the minute books and similar books），包含董事会与股东会的真实、完整记录（contain a true and complete record or summary），这些文件根据业务实际和法律要求保存（have been maintained in accordance with sound business practices and the requirements of law）。此处也常附加卖方知情限制。

（7）企业股权结构（Shareholding Structure）。一般约定除列明的普通股、优先股、期权计划、可转债等之外，无其他与表决权或股权结构相关的证券和合同安排，并保证合法发行并已完全出资股份，且不受优先认购权（Preemtive Right）限制。

（8）信息披露（Disclosure）。目标企业披露的信息无虚假陈述和重大遗漏，完整、真实、准确。

（9）保险（Insurance）。目标企业应拥有行业内常见、覆盖应有范围、合法有效、无支付或未付等违约问题的保险。

（10）重要性（Importance）。一是覆盖面，陈述与保证是覆盖所有方面，还是仅指重大方面，是买卖双方讨论的焦点，卖方倾向于只覆盖重大方面，而买方则倾向覆盖全面。二是定性标准，何为重要需要列明标准，如陈述和保证不真实准确造成标的财产价值损失或负债增加到某限定金额。

（11）知情（Knowledge）。知情条款的焦点主要有两点：一是知情范围（knowledge of whom），即知晓分为卖方倾向的事实知晓（卖方陈述和保证范围为其事实所知道的范围）和买方倾向的客观知晓（卖方陈述和保证范围为其事实所知道的和应该知道的范围）；二是基于何种调查（based on what level of inquiry or diligence）。

121

（12）财务状况（Financial Statements）。此处需要列明财务报表类资料。典型表述为：卖方已提交给买方的（Seller has previously delivered to Purchaser）经审计财务报表的副本（true and complete copies of Financial Statement），一般在此处将财务报表细化，列明为经审计的合并资产负债表、损益表、资本公积、股东权益变动及现金流量表（audited consolidated balance sheets and statements of income, retained earnings, changes in shareholders' equity and cash flows）；未经审计的合并资产负债表、损益表、资本公积、股东权益变动及现金流量表（unaudited interim balance sheets and statements of income, retained earnings and cash flows as of and for the X-month period ended insert dates）及脚注（together with the footnotes）；卖方将在交割前向买方提交完整、正确的季报和年报副本（will deliver to buyer complete and correct copies of each quarterly and/or annual statement for all calendar quarters prior to the Closing）；除了报表或附录中列明的债务（except as and to the extent disclosed in the Current Financial Statements or on Schedule ××）及其他例外情况（此处例外情况一般需与财务报表提供单位沟通确定），卖方没有其他直接或间接的、固定的或或有的或其他形式的债务（seller has no other Liabilities whether direct or indirect, fixed or contingent or otherwise）。

除上述要点外，业界也常在公司知情的前提下列出以下内容：卖方员工及顾问等没收到对报表的诉状、权利主张或索赔（any complaint, assertion, or claim）；报表相关阶段卖方无欺诈行为（there have been no instances of fraud）；外部审计顾问的独立性（independent of the Company and its management）；编制的规范性（is consistent with GAAP or other system）。

（13）税务事项（Taxes）。交割日前目标企业已按法律法规规定提交各种报告；报税、交税、计提纳税准备；界定基准日后交割日前的税收性质为日常经营产生；无税务调查、审计及罚款等。

典型表述为：对于基准日或之前的时间段（for all periods ended on or prior to the Financial Statement Date），公司已向××机构提交或将在法律规定的时间内提交所有需要提交的报告（the Company has filed or will file within the time prescribed by law all reports required to be filed with the ××），该报告的编制符合法律和规章要求

（prepared in compliance with all applicable laws and regulations），并已支付或在基准日的财务报表中预留足够拨备，以支付所有到期的或任何政府单位声称到期应付的或卖方代表任何其他人扣缴的税款、利息、罚款、税值评估差价（has paid, or made adequate provision in the Financial Statements dated the Financial Statement Date for the payment of, all taxes, interest, penalties, assessments or deficiencies shown to be due on the reports or claimed to be due by any government entity or which the seller is required to withhold on behalf of any other person）；卖方在基准日、基准日后或交割日前的税收都是基于日常正常经营而发生或将发生的（any taxes arising after such date and at or before the Effective Time have been or will be incurred in the Ordinary Course of Business）；除了本合同披露清单之外（except as disclosed on Schedule ×× to this Agreement），没有针对目标公司的未决税务审计或检查（there is no audit or examination pending of the tax liability of ××）；没有政府或管理机构发出的未决涉税索赔（there is no unresolved claim by any Governmental or Regulatory Authority concerning the Tax liability of target company）。

（14）财产所有权和充分性（Title to and Sufficiency of Assets）。目标企业拥有合法产权的各种财产之上，无抵押或质押；合法租赁的各种财产，无导致租约终止之情形；无侵犯他人知识产权或商业机密（Intellectual Property and Trade Secrets）的情形或与之相关的诉讼或法律程序。

（15）合规性内容（Compliance with Laws）。卖方保证目标公司经营合法合规。典型表述为：目标公司运营合规，拥有必需的资质证照。其签署并购交易文件并完成该并购交易不违反相关法规和任何公司章程性文件，不引发其他合同（如贷款合同、担保合同等）项下的违约。除了已列明的政府批准和第三方同意外，交易不需要获得其他批准或同意。目标公司及其附属公司运营合法，陈述方保证陈述事实真实且在某特定或指定期间内处于其所陈述的状态。

（16）关联交易（Connected Transactions）。目标公司除与其董事、管理人员及重要股东之外，无披露外关联交易。

（17）劳工问题（Employment）。目标公司无股票增值权和股东权利计划，无披露外金银"降落伞"类雇佣合同，无影响正常运营的劳工问题、福利纠纷。

(18) 环境问题（Environmental Matters）。目标公司及其子公司拥有所有必需的环境许可，无环保相关调查或法律行为，所属场地无污染历史、污染行为，业务行为符合环保法规。

(19) 重大合同（Material Contracts）。列明目标公司及其子公司与业务相关方的所有重要业务合同，并指明其合法有效，无重大违约及合同终止情形。

(20) 诉讼、仲裁（Litigation/Arbitration）。典型表述为：除已披露外（except as disclosed on schedule × which lists），目标公司及其子公司无任何未决或威胁性的（there is no pending or threatened），影响其正常运营的调查、诉讼等（investigation, action or proceeding against the seller），亦无针对买方股东的未决或威胁性的，对其签约产生重大或不利影响（materially and adversely affect his, her, or its ability to consummate the transactions contemplated by this Agreement）的调查、诉讼、仲裁、行政处罚等。知情限制是否添加，取决于双方谈判（negotiated on a case-by-case basis）。

(21) 过渡期内容。此处主要涉及无重大不利变化（No Material Adverse Change, MAC）：自经审计的财务报表基准日（披露日）起，无红利分配、重大债务、签署非正常重大合同、重大资本结构变化等重大不利变化。MAC 大体有两种：一是概括性 MAC，即交易方概括性做出不存在导致 MAC 的事件及存在 MAC；二是限定性 MAC，即对陈述和保证的极端情况进行限制，防止动辄得咎问题。详见本章第十节。

与 MAC 相对的是正常经营条款或不从事超出日常经营范围的活动（Operation in the Ordinary Course of Business），保证签署合同到交割阶段标的企业资产与经营状况与签订合同时陈述情况无异。具体而言，为保持标的企业在签署交易文件到交割这段时间正常经营，卖方或标的企业应维持既有企业财产和员工稳定、业务关系稳定；保持各种政府颁发的执照与保险合法有效、依法纳税；不采取对交易不利的行为，如诉讼妥协或弃权、重大合同签署或变更、修改章程、会计规则、红利分配、资本重组、股份处置（发行、转让、质押、购买）、重大对外投资或重大费用产生、借贷、担保、提前还款、员工薪资与福利变更。

（三）对价调整机制（Price Adjustment Mechanism）

对价调整机制有两种，即交割后价格调整机制和锁箱机制，应注意两者的转换。有业者认为前者在北美交易中居多,后者在欧洲交易中居多。也有业者认为盈利机制也是交易对价调整机制的一种。两种机制的相同计算逻辑基础为基准价格是基于卖方保留现金（Cash Free）并支付债务（Debt Free）的假设。

1. 交割后价格调整机制（Post-closing Price Adjustment Mechanism）

定义：签约日与交割日期间,以营运资本变化（Working Capital Ajustments）为重点,及其他对股价有影响事项而产生的资产负债表的差异造成必须对交易价格做出股价或股份数调整的机制。

计算步骤：笔者总结出对买方有利的"两日三步"方法,即仅涉及两个关键日期（签约日和交割日）,分三步计算。第一步是在签约日明确目标公司价值；第二步是在交割前预估股权价值、负债和营运资本,进而得出初始购买价格（Initial Purchase Price）,即交割日实际支付价格；第三步是在交割后双方议定的时间阶段内,基于交割时账目（Closing Accounts）和初始价格的计算项目,明确股权价值,形成最终支付价格（Final Purchase Price）。

核心计算：差异及调整的重点是营运资本。营运资本的计算涉及两个计算指标和一个计算依据。两个指标：一是基准运营资本（Benchmark Working Capital, BWC）；二是交割日实际运营资本（Closing Working Capital, CWC）。当CWC>BWC时,价格增加（Upward Adjustment）,反之下调（Downward Adjustment）。一个依据就是作为附件包含营运资本的资产负债表,基于该表可以得到会计准则依据、计算方法依据、营运资本构成依据。

调整方法：全额/等额调整法（Dollar for Dollar Basis Adjustment）,即按照基准运营资本和交割日运营资本差额对交易价格进行调整；最小额/最低门槛调整法（De minis Basis）,即仅在基准运营资本和交割日之差超过一定额度（最小额或最低门槛）时,才能进行价格调整。但该调整的额度并不是BWC-CWC,而是BWC-CWC-DM（最低门槛额）,调整逻辑同等额法；最大额/限额调整法（Capped Adjustment）,即设定调整金额的上限,价格调整不能超过此额,如调整金额不超过200万美元。

争议解决：价格调整机制事先讨论得再详细,设计得再周密,也可能出现争议,此时由双方共选的无双方雇用历史的会计师事务所提供解决方案。事务所费用有两种解决办法，可由双方议定，一种是一家一半，另一种是观点未被认可的一方支付。

2. 锁箱机制（Locked Box Mechanism）

定义：指签约前锁定财务报表以确定交易价格，签约日填入交易文件，签约日后不做调整，交割日按此价格支付的机制。

计算步骤：笔者总结出对卖方有利的"三日三步"方法，涉及三个关键日期：锁箱日（Locked Box Date）、签约日以及交割日（按时间发生排序）。第一步是在锁箱日基于锁箱资产负债表（Locked Box Balance Sheet）计算股权价值；第二步是在签约日固定此股权价值（Fixed Equity Value）；第三步是漏损补救调整。

锁箱日设定：应在两个前提下选择锁箱日，一是锁箱日到签约日期间尽量短，以便减少漏损风险；二是该期间能满足买方对账目的最低尽职调查时间要求。一般为目标公司上年度报表时间。

漏损补救：锁箱机制存在一个矛盾，即锁箱日转移风险，交割日转移股权，在此期间，卖方可能会针对目标公司进行影响公司价值的活动。故支付对价需用价值减损/漏损（Leakage）补救，即锁箱日到交割日之间，如目标公司发生约定触发事项（漏损赔偿），则按约调整。

调整公式：收购对价 + 封箱交易期对价利息 – 漏损。此处对价利息问题的设计初衷源自卖方对于交割前归属买方的收益产生的补偿要求，需谈判决定是否采纳及其利率。也有的只将此处的利息单列为价值累积条款。

漏损事项（Leakage）包括：目标公司向卖方支付的现金；承继的卖方向第三方承担的义务、放弃可向卖方主张的请求权；为促成拟议交易而对卖方或目标公司高管的激励、偿还现有借款产生的各种费用、股息、股息分配及与以上事项相关的税费；未获许可的分红、资产转让以及向董事、高管或关联方支付或放弃应收账款等。允许的价值减损事项（Permitted Leakage）包括公司正常业务支付与工资支付、事先考虑在价款中的价值减损事项等。此外，漏损数量是否有上限及时间方面的限制也是谈判的要点。

买方其他救济方法：一是对交割日前卖方对于股权价值有所影响的活动加以约定，取得卖方给买方的无价值减损承诺（No Leakage Covenants），卖方希望价值减损的索赔保障时间要短于陈述与保证条款列明的时间。二是要求卖方在协议陈述与保证条款中指明锁箱日的财务报告全面且真实，并保证和承诺目标公司在锁箱日直至交割日期间如历史常态地正常运营，不发生任何价值减损，避免目标公司与卖方母公司之间的内部交易。

锁箱与盈利机制：实务操作中，有业者将锁箱机制与盈利机制结合使用，将一次支付分为两次，即交割时支付一次，盈利期结束后支付第二次。这种设计将买方在锁箱日被转移的部分风险分配给了卖方，其实是将事件触发（Event-trigger）和绩效触发（Performance-trigger）相结合的一种设计。

（四）先决条件（Condition Precedent）

1. 定义

先决条件是指买方支付对价，卖方移交资产或股权的条件，以交割为目标，也有业者称之为交割先决条件，与合同生效条件（一般签约即生效）和陈述与保证条款不同。

2. 先决条件与最终完成日（Long Stop Date）

一般规定如 CP 未能在最终完成日得到全部满足，则双方各有一次权利通过书面通知要求延期。延期期满再无法满足条件或取得豁免，任何一方可解除协议且一般都不相互承担责任（反向分手费除外）。

3. 典型内容

卖方一般要求简化先决条件，如只提及买方和中间层公司（如有）的批准，而买方一般要求细化先决条件。典型内容如为：要约或者交易完成的一般性条件（customary conditions），包括但不限于（including but not limited to）以下需要满足或豁免的条件（conditions to be satisfied or waived）。

（1）融资条款[①]（Financing）。买方为项目所有投资提供融资（buyer would fund all capital requirements of the project）；另一种情况是买方为项目所有投资提供融资（buyer would fund all capital requirements）直到达到某种条件，之后按股比投资（on a pro rata basis in accordance with their respective participating interests）。典型表述包括：买方提供融资方出具的有约束力的承诺函（Commitment Letter/Comfort

---

① 融资条款也常常独立于先决条件作为独立条款。

Letter），或明确表示自身资金实力的表述，如截至某日，买方现金及现金等价物（cash and cash equivalents）为×亿美元，银行信用额度（total approved credit line）为×亿美元，买方可用其现金、银行存款（bank deposit）及信用额度支付对价，不需要依靠外部融资（will not be contingent upon external financing）。卖方一般不会接受融资条款。

（2）监管机构审批条款（Mandatory/Regulatory Approval；Clearance or Permission）。典型表述包括：买方获得了政府的原则支持（in-principle support）或指示性支持（indicative support）或考虑到买方的历史记录（given its track record），如交易符合相关法律和各相关交易所要求，我们有信心能够及时高效地（in a timely and efficient manner）获得监管部门的批准（secure the regulatory approvals）。中国的监管包括中国各级审批机构的批准（receipt of all the PRC regulatory approvals）一般在交易公布后才能获得。批准机关一般包括国家发展和改革委、商务部、外汇管理部门（根据监管政策适时调整，近年有较大变化）。为防止泄密，卖方涉及国家监管机构的批准（receipt of all other government or regulatory approvals）一般在交易公开后申请。

（3）内部批准（Internal Decisions/Approvals）。除买方董事会不可撤销的要约接受承诺外（irrevocable undertakings to accept the Offer），一般不设置其他内部批准条件或表述为已经获得所有必要的内部批准（all necessary internal approvals have been obtained）。有时也会增加卖方董事会推荐表述：财务顾问建议卖方董事会推荐报价（agreeing unanimously to recommend to the shareholders of seller to accept the Offer）；在较少情况下可见到双方设置需要股东批准的条款（if applicable, the shareholders of seller approving the Offer）和无更优报价条款，即在没有更优竞价（in the absence of a Superior Proposal）的情况下接受本函。

（4）满意尽职调查条款（being satisfied to the results of its due diligence investigations）。

（5）接受要约所需的对卖方章程的必要修改（any necessary amendments to the articles of association if required）。

（6）反稀释条款（Anti Dilution Clause）。卖方股东发出承诺信（delivery of a letter of undertaking），保证资产权益不被稀释（will not be diluted）。

第五章 法务

（7）业务开展条款（Conduct of Business）或过渡期保护。过渡期稳定，典型表述包括：从签署最终协议到交割日（between the date of the definitive agreement and the closing），或者卖方在某里程碑日负债不超过×亿美元，且从卖方最近审计日起（since the date of the latest audited accounts of seller）未实施任何重大的企业行为（has not undertaken any material corporate activity），包括但不限于收购、处理资产或签署任何重大商业合同（the entering of any material commercial agreements），且除正常经营外（other than in the ordinary course of business），其现金余额没有任何减少。也有协议如此行文：卖方应在实施上述正常业务范围之外的任何特殊交易或行为时通知买方（notify Buyer in advance of any extraordinary transactions or conduct outside the ordinary course of business），这种措辞，买方一般应予以拒绝。

防止重大不利变化。从卖方最近审计日起，卖方在财务、业务或贸易状况、利润或利润前景（financial, business or trading position, profits or prospects）上没有发生重大不利变化（material adverse change），且不存在公开的重大的第三方财务与法务风险（material third party financial or legal exposures）。

防止控制权变更。执行本要约的结果（as a consequence of implementing the offer），不存在会对卖方公司核心×项目产生重大不利影响（cause a material adverse impact）的控制权（no change of control）、监管要求或限制方面的变化（other regulatory requirements or restrictions）。

除上述涉及各种性质的变化条款外，红利支付、资本重组、股权回购或其他资本收益等运作也被禁止。

（8）公告形式条款（the Form of any Announcements）：买方和卖方就与本要约相关的任何公告的形式达成一致（agreeing to the form of any announcements to be made relating to the offer），形式指根据各自监管机构（relevant requirements of the jurisdictions）及证券交易所的规则（the rules of any stock exchange）而确定的任何公告的形式。

（9）获得卖方或其关联公司签署的任何合同条款下的所有必要许可（receipt of all necessary consents under the terms of any contract to which any of seller or its affiliates is a party to）。

（10）法庭批准（Court Approval of the Arrangement）。实务中一般根据项目实际加入此条款。

（11）权利计划（Rights Plan）或毒丸计划澄清。一般表述为上述计划已经终止交易（being cease traded）或已修改以豁免此计划实施（amended to exempt the arrangement from its application）。

（12）满足条件的努力程度，如最大（best endeavor）、合理（reasonable endeavor）、排除万难（hell or high water）。一般折中到合理，买方最好不接受排除万难条款。排除万难条款一般包括：万难定义（尽最大努力、采取一切必要措施避免或消除政府审批给交割造成的障碍）、政府审批界定、必要措施界定（剥离相关资产、限制并购后业务与资产、应对政府诉讼）。对排除万难条款的反制手段其实与其他限制性条款一样，一般是对限制进行量化，比如实质资产剥离金额上限。从理论上讲，反向分手费和排除万难条款作用类似。

（五）不招揽、不谈判条款（No Shop，No Talk）

1. 不招揽、不谈判

不招揽、不谈判条款禁止与第三方接洽并购谈判，买方或目标公司不与有参与交易的第三方进行包括信息提供、谈判、交易意见沟通等接触，与第三方正在进行的谈判应终止。

2. 忠慎例外（Fiduciary Out）

如有更优的并购建议（Superior Proposal），卖方或目标公司董事会依据忠慎义务（Fiduciary Duty）与第三方谈判并撤销拟议建议的推荐。忠慎例外是对不招揽、不谈判条款的限制，也是招揽（Go Shop）的理论支持。通过不招揽和忠慎例外的一番较量，最终招揽被接受的可能性居多，招揽条款一般会约定，签约后目标公司仍有3~8周（具体由双方议定）的时间寻找更优报价。除设置分手费外，买方的忠慎例外或招揽反制手段包括：一是程度上，更优建议需非卖方主动邀请，换言之是将卖方的招揽降低到不主动招揽；二是要件上，卖方顾问出具更优确认意见书；三是条件上，要求给予买方提前通知和修改拟议报价的时间；四是时间上，招揽的时间设置尽量短；五是内容上，买方要求得到卖方给予的超出己方的条款，即最惠国待遇（Most Favored Nation，MFN），也有业者提出在保密协议中也应采取最惠国待遇，这种情况并不常见，最惠国待遇实际也是禁购（Standstill）的反制手段；六是底线上，可采用强制投票（Force the Vote），即买方与第三方报价提交股东大会投票决定。

（六）承诺条款（Covenants Clause）

1. 定义

承诺条款规定签约日后、交割日前的过渡期内一方（特别是卖方及目标公司）不能实施（否定性承诺）及可以实施（肯定性承诺）的行为或事项。也有业者为了对买方有利将交割后一定时间阶段的事项也纳入承诺。从时间点上可以看出承诺条款和陈述与保证条款的区别，即承诺是面向未来的，保证是针对某个时点的。

2. 承诺事项

承诺事项包括目标公司正常经营、限制重大资产购买与处置、重大资本开支、增资减资、发行债券、设立子公司、重大人事聘用、非正常调整薪资和福利及岗位、签署或变更重大合同、大额借款提前还款、对外担保、核心制度变更、利润分配、终止或变更重要业务等。也有业者将不招揽、不谈判条款归入承诺条款，有一定道理。

其他承诺：持续信息披露（交割前卖方或目标公司应持续向买方披露信息，特别是主动通知对交易有实质影响的信息）；原董事辞呈（交割前卖方或目标公司应向买方提交董事辞呈，确保买方控制董事会）；过渡管理；通知；补救；费用分担；上市公司程序配合（如卖方配合买方推进退市）。

3. 否定性承诺限制

买方一般可对否定性承诺加"除非买方同意"的限制措辞，如此则将买方对于目标公司的经营权利从交割后提前到交割前。是否纳入该限制，由双方协商决定。

4. 违反承诺的后果

守约方可申请法庭要求另一方实际履行或不作为，但如经济上可赔偿，则不一定能取得法庭同意要求另一方实际履行；如违约方行为不能补救，守约方也可要求终止协议。

（七）交割（Closing/Completion）

1. 定义与基础概念

交割指在满足或豁免交割条件下，买方支付对价，卖方交付相关资产证明的过程。涉及的基础概念包括时间、地点、内容、条件等。交割是并购交易的实质性最后阶段，如何完美收尾取决于对细节的周密设计。

交割时间（Completion Date）：一般为满足或豁免交割条件当日之后的某工作日。

交割文件准备：交割事项清单（Completion List or Deliverables List）。

卖方需提供的资料：有资格管理人员提供的完成或豁免交割条件证明、卖方标的良好经营状态证明、卖方申述与保证下沉声明、资产或股权凭证、卖方决策机构出具的交易授权证明、管理人员在职工作证明、完税证明、目标公司印章移交证明。

买方需提供的资料：有资格管理人员提供的完成交割条件证明、付款证明（大额资金跨境支付需注意提前量）、买方决策机构出具的交易授权证明、SPV的母公司的担保文件、内外部合同汇编、银行资料。

交割方式：一是现场实体盘点交付，交割地点由双方议定；二是电子交付，无须实体交割会议室和交割文件汇总，签字文本通过电子邮件由律师代管，交割资金到账，律师同时发送签字文本至对方办公地，则交割结束。

交易终止日（Long Stop Date/Sunset Date）：在该日前，如交割条件无法得到满足，守约方有权终止协议（可要求责任方承担以分手费或反向分手费为形式的违约金）或规定协议自动终止（不终止则可选延迟交割或继续交割并索赔）。其目的是为了规避无限期拖延交割。

交割的努力：其核心还是合理努力（Reasonable Effort/Endeavor）与最大努力（Best Effort/Endeavor）的选择。

与终止日相关的日期还有过渡期，即由双方谈判议定的从签字日到终止日之间的时间段。在该阶段应注意期间损益安排、期间损失审计、规定期间卖方积极经营义务、期间在卖方之前及许可下不从事某些特定行为的消极义务、衔接共管安排等。

2. MAC 作为交割条件的分类及设计

一是分步式交割条件（Back Door MAC）与陈述与保证条款相结合。第一步，卖方在陈述与保证条款中声明"目标公司自评估基准日起不存在重大不利变化"，换言之，在评估基准日到签约日这个过渡期内不存在重大不利变化；第二步，在交割条件条款中用下沉条件（Bringdown Condition）给予卖方在重大不利变化出现后解除并购协议的权利。具体安排是在交割日重复陈述与保证，且在交割日如陈述与保证所说的一样真实有效（true and correct on and as of Closing Date，as if made on and as of Closing Date），如有不实则买方可解除协议。这种设置的缺点在于：披露清单将为陈述与保证下沉为交割条件设置限制，即已披露及公开获知信息被定义为非重大不利变化；优点在于其作为陈述与保证的性质，可以用于追究违约责任。

二是独立式交割条件（Stand-along MAC）。不同于分步式交割对重大不利变化风险的分步安排与全程覆盖，采用独立式交割只限定在签约日到交割日的过渡期内，卖方财务与业务等方面出现重大不利变化，买方可解除协议。但是这种独立式交割条款不能覆盖基准日或尽职调查结束日到签约日之间的重大不利变化风险，买方对此时间阶段实际会出现的风险无法通过解除协议来规避，且无法以卖方违约为由要求赔偿。简言之，分步式重大不利变化条款安排，由于是陈述与保证，可追究违约责任；而独立式重大不利变化条款安排，由于仅是交割条件，无法追究违约责任。实务操作中，从买方角度，该条款不是理想设计。

三是混合式交割条件（Back Door MAC Plus Stand-along MAC）。第一步由卖方负责陈述与保证从基准日到签约日无重大不利变化，第二步在交割条件中描述下沉条件，第三步明确指出作为交割条件，卖方从签约日到交割日无重大不利变化。其优点：一是将重大不利变化责任延伸到交割日；二是从性质而言，是陈述与保证，也是交割条件，可解除协议也可追究违约责任；三是解决了分步式重大不利变化条款安排受限于披露条款的问题。

必须指出的是，三种重大不利变化条款安排虽然各有优缺点，且独立式重大不利变化条款缺点明显，但并购交易的世界不是一个理想的世界，最终需要通过谈判妥协，因此即便股权购买协议定稿中出现仍有所谓漏洞的重大不利变化条款，那也是利益冲突妥协的结果，大多情况下和从业者水平无关。

（八）公告（Public Announcements）

该条款需注意两个要点。

一是双方书面许可方可公告。即未经双方事先书面许可（without the prior written approval of Buyer and Seller），任何一方都不得在交割前发布任何新闻稿或与本协议主题有关的任何公告［no Party shall issue any press release or make any public announcement relating to the subject matter of this Agreement（prior to the Closing）］；在一方发布此类新闻稿之前，另一方应有合理机会对新闻稿进行审查和提出意见（Prior to the issuance of such press release by a Party, the other Party shall have a reasonable opportunity to review and comment thereon）。

二是根据法律、政府及证券交易所的要求需要公告，则有两种选择：第一种选择是事先要通知。任何缔约方均可根据适用法律或被政府实体、证券交易所要求进行任何其认为善意的公开披露（provided, however, Each of the Parties acknowledges and agrees that that any Party may make any public disclosure it believes in good faith is required by applicable law or by a Governmental Entity or any stock exchange concerning its publicly traded securities），在这种情况下，披露方在披露之前将利用其合理的最佳努力通知其他缔约方（in which case the disclosing Party will use its best efforts to advise the other Parties prior to making the disclosure）。第二种选择是事后需提供副本。订约方同意就上述义务进行合作，披露方应在必要范围内在此类披露后尽快向另一方提供其披露的任何书面信息副本（the Parties hereby agree to cooperate in connection with such requirements and, to the extent required, the disclosing Party shall provide the other Parties with a copy of any written disclosure made by such disclosing Party as soon as practicable thereafter）。

（九）披露（Disclosure）

该条款需要注意四个要点。

一是披露的意义在于寻求并列明保证条款的例外，即通过披露将问题从保证范围内排除，亦即排除违反保证条款的责任。

二是披露的内容。必须要注意的是，披露的内容设计需要谨慎，并非披露就一定能规避违反保证条款的责任。买方希望事无巨细，卖方则希望笼统，full、fairly 等措辞需要注意，一般写作：facts or matters fairly disclosed with sufficient detail to enable a buyer to identify the nature and scope of the matter disclosed。披露的内容应为重要信息，但何为重要，围绕着高标（high bar）和低标（low bar）的界定是重点；内容也可分为正面披露（affirmative disclosure）和负面披露（negative disclosure）。

三是过渡期披露问题。在签署交易文件的同时或之前，卖方向买方发出一般情况下双方实际已达成一致（不排除卖方在不寻求实现沟通的情况下发出）的首封披露函（first disclosure letter），其内容是保证条款的例外。存在争议或会成为谈判焦点的是在交割日（过渡期），卖方向买方发出次封披露函（second disclosure letter）或不时发出披露并因此而就保证条款免责。从对买方有利的角度看，应尽量避免允许卖方过渡期披露，可代之以卖方的交割日保证重述。在这种情况下，重述如违反之前的保证，且认定为重大不利变化，则买方可解除协议；如违反之前的保证但不被认定为重大不利变化，则买方仍可要求交割，但拥有索赔权利。此种情况下索赔权是争论焦点。此时也涉及沙袋条款，如卖方坚持在交割日更新披露表或发出次封披露函，如果买方仍选择交割，那么是否可索赔就由沙袋条款界定。

四是披露附表问题。披露附表分为两部分，一部分是整体陈述，另一部分是逐项或分项披露，其目的是对保证条款的例外事项做详细表述。如保证条款往往依据尽职调查结果编制一样，披露附表亦如此。

此外，披露是否违反相关国家的反垄断法与抢跑（gun jumping）的概念也应加以了解，小项目一般不涉及。

（十）重大不利变化（Material Adverse Change）

重大不利变化条款（Material Adverse Change，MAC），即在过渡期[①]造成目标公司价值重大缩减的事项或情形，也是在买卖双方信息不对称的前提下通过结果

---

① 业内对于是否在过渡期内以及过渡期的含义也有争议，过渡期的含义包含多种，比如一般认为是签字日到交割日，但是尽职调查结束日到签字日、基准日到签字日等也是重要的过渡阶段；也有业者将其界定为尽职调查之后。

分析预设条件的风险分担方式。其历史可追溯到20世纪80年代左右，但并购领域实质性引入该条款则与经济危机相关。北美并购案例使用该条款的频率很高，而欧洲案例使用频率较低。在实务操作中，虽然几乎凡股权购买协议就有重大不利变化条款，但援引此条款进入诉讼的则较少，更多的是作为风险漏洞的贴补。有同行指出重大不利变化（MAC）和重大不利影响（MAE）有区别，区别落实在重大不利变化的条件和标准上，本书不做区别。

1. 定义、例外、对象

重大不利变化的基本定义包括两部分，即单独或共同影响目标公司在股权购买协议规范下履行义务，或对目标公司及其子公司的经营、业务及财务状况有重大不利影响的事项（实务中应对此事项做详细界定）。如卖方反对出现在股权购买协议中的此类前瞻性限制内容（forward looking formulations）一样，卖方一般只接受已发生事项，而不接受预期（prospect）发生的，或类似含义的表述，如可能发生的（are reasonably likely），往往需要谈判议定。

如前文所述，重大不利变化可分为三种：一是全程（从尽职调查到交割日）两步转换式重大不利变化，即陈述与保证条款中卖方提出无重大不利变化，之后下沉其为交割条件；二是单程（过渡期）独立重大不利变化，即直接作为交割条件；三是混合式重大不利变化，即先保证无重大不利变化，之后下沉，条件中亦注明过渡期无重大不利变化。

重大不利变化的基本定义有三种描述方式：一是定性描述（概括性描述，对卖方有利）；二是定量描述；三是综合描述（定量描述加定性描述，对买方有利）。定量描述是指将影响资产或业务到一定程度，比如影响营业收入达到某百分比，或"对目标公司的财务状况、资产、负债、经营等的不利影响超过×美元"，此处不利影响持续的时间也可能作为量化标准并成为谈判焦点，故是否加入时间量化标准也值得考虑。如有证据证明买方能预期此不利影响，则未必会被认定为重大不利变化。必须指出的是，重大不利变化基本上是含义模糊的概念，定量描述及综合描述等定义方式的引入虽然让重大不利变化的定义朝着更加清晰的道路上迈进，但也导致双方谈判难度增加。不过，设计重大不利变化条款的初衷就是为了应对那些内涵和外延都比较模糊的风险。因此有同行认为重大不利变化是应对风险的兜底条款。此外，重大不利变化条款可以长篇幅列举重大不利变化的情形或事项，但是通常也很难具体化、细化每一个情形。这是因为重大不利变化条款涵盖的每个组成部分实际都是信息量极大的板块，想穷尽其含义，实务操作中是难以做到的。

例外事项（Carve Outs）有业者将其定义为重大不利变化例外；也有业者称之为剜除或刮除，即不构成重大不利变化的若干事项或在判定重大不利变化发生时不予考虑的若干事项；还有业者认为是外部因素（主要是法律、经济与行业因素）造成的事项，包括影响目标公司及其子公司的全球性行业或经济等市场变化、政府与法律变化、战乱、自然灾害、目标公司信用评级变化、目标公司股票及交易量变化、营业额及现金状况未能达到预期的情况等。例外的列明至关重要，卖方自然希望例外事项的范围越大越好，买方反之。

例外之例外（Exceptions to Carve-outs；Disproportionate Effect Qualifier；Carve-outs to Carve-outs；Exceptions to Exceptions）是对例外事项的限制，是指例外事项对目标公司产生的负面影响超过同行（如行业或经济、金融市场变化对目标公司的负面影响超过同行），则此负面影响可认定为重大不利变化。

重大不利变化（MAC）—例外（Carve Outs）—例外之例外（Carve Outs to Carve Outs），前两个阶梯式设计其实体现了买卖双方在陈述与保证条款下沉覆盖全部有风险阶段体现买方利益的同时，给卖方一定"天窗"空间的理念，最后一个例外之例外，又体现了买方在寻求对"天窗"的弥补。双方的利益争夺在这个条款上反映得淋漓尽致。

另外，重大不利变化所影响的对象通常是状况（目标公司及其子公司作为一个整体的经营或财务状况）与能力（卖方履约能力及卖方对存续公司形式所有权的能力）。

2. 重大不利变化的作用和风险分担

重大不利变化的作用，一是从卖方而言，是其陈述与保证条款的限制，排除非重大影响事项，以免因微小变化导致违约，当然买方亦可使用此限制；二是从买方而言，是将陈述与保证条款从签字日延伸到交割日，可据此（目标公司发生重大不利变化）在买方举证的条件下退出交易（解除合同）或以此（目标公司未发生重大不利变化）作为交割条件之一，当然卖方亦可据此退出；三是从结果而言，虽然因重大不利变化诉诸法院而得到的判决结果一般不可能压倒性地倾向于买卖双方中的一方，但是诉讼的压力和负面预期的可能性是存在的。重大不利变化条款主要是买方据此向卖方实施价格压力的工具。重大不利变化条款在一定程度上也体现了双方约定分担风险，即一般而言，卖方负责承担自身经营风险，而外部风险和交易风险由买方负责。

3. 重大不利变化在保证、交割、终止条款中的存在

在陈述与保证阶段，重大不利变化一般描述为卖方负责其陈述与保证从基准日到签约日无重大不利变化，是交割和终止条款中重大不利变化的基础，后者则是前者的后果。交割条款中的重大不利变化作为条件有三类设计，如前文所述，使用混合式、至少分步式、避免独立式。在终止条款阶段，作为书面通知单方终止的条件之一，即违反陈述与保证的重大不利变化（详见后文）。

4. 双重重大问题

为防止因微小变化动辄得咎问题，一般会在陈述与保证条款加入重大不利变化限制；为避免过渡期保证内容发生变化，下沉条款将效力为基准日到签字日的保证条款下沉（覆盖）到签字日至交割日的阶段；为防过渡期仍出现因微小变化动辄得咎问题又需要给下沉条款加上重大不利变化限制，即构成双重重大问题。换言之，下沉条款不但将其他保证条款下沉到过渡期，同时也把重大不利变化下沉到过渡期，实际上这种双重重大有利于卖方。为了应对这个逻辑上的矛盾问题，业界设计了"双重重大刮除"（Double Materiality Scrape），即删除陈述与保证条款中的重大不利变化。

5. 卖方最后反制

对于卖方而言，除了精心设置披露内容、利用重大不利变化的例外之例外等手段外，要求买方根据重大不利变化条款退出交易的同时，买方行为也不得严重违反合同（Material Breach），应该说是其最后反制措施。至于何种行为则需根据实际情况设置，比较典型的是政府审批风险分担条款（主要是地狱条款、绝对责任条款、赴汤蹈火条款，也可设置反向分手费）和要求买方"尽其最大努力采取一切必要的措施（Reasonable Best Efforts）完成交易并使之生效"。前者对买方要

求极高，必须穷尽一切手段，如接受政府部门提出的全部要求（修改交易结构、资产剥离等）或对政府部门的全部主张做应对，这极易给卖方以攻击机会；后者则需要考虑买方在整个交易过程中为促成交易的行为一致性，并非因为自身财务、业务、战略、人事等问题而故意使用重大不利变化条款退出交易。

有矛就有盾，针对地狱条款，买方也可谈判争取对地狱条款的限制，如给资产剥离设置金额上限等。总之，与招揽、静止等条款的提出和被反向设限一样，条款设计和后续修改都是一个博弈的过程，而非单方的一厢情愿。

（十一）保护机制：分手费与反向分手费

1. 性质

分手费（Break Fee / Termination Fee）是双方在签署有约束力协议后，因约定事件导致卖方不能完成交易时，卖方向买方支付的损害补偿，反之为反向分手费（Reverse Break Fee）。分手费实质为违约金，是买方交易保护机制的代表，有同行也称其为协议解除费，具有补偿性而非惩罚性。也有同行从大陆法和普通法的区别出发，指出仅在普通法法域，分手费与反向分手费才具有违约金性质。厘清其性质后，就涉及是否能设置为唯一与排他金钱救济方式的问题，一般应根据具体案例分析，从买方角度来看，多数情况下需要接受。反向分手费的性质与其他救济方式安排的问题基本同上。必须指出的是，站在对买方有利的角度，也应将反向分手费设置为买方违约前提下卖方的唯一排他性补偿（Sole and Exclusive Remedy）。

2. 金额

分手费金额不一而同，加拿大案例一般为交易价格的1%~3%；英国较低，一般为1%~2%；美国为2%~4%；澳洲分手费一般被认为不超过目标公司净资产价值的1%，但也有案例并非如此，仍需具体问题具体分析。一般认为反向分手费与分手费相当，涉及中国案例，有同行认为卖方往往要求正向比反向低，实际上应具体问题具体分析。例如金川收购Moterex案例中，正向是反向的1倍，而五矿收购Anvil案例中，正向低于反向的40%。此外，本书提及的各种惯例比例也都有其时效性，并购时代不同，特点也就不同，各种条款的所谓惯例也会改变。最稳妥的做法是设置条款关键数据时请相关顾问列出近年类似案例数据，以供选择与准备谈判攻防。此外，可设置分层。

3. 分层分手费（Tired Break Fee）

分层分收费有以下四种类型：一是以招揽期（一般3~8周）为界限进行规定，期内如收到更优报价而根据董事对股东的忠慎义务（Fiduciary Duty）终止，则分手费金额较低，如交易金额的1%~2%；期后收到更优报价终止，则分手费金额较高，如交易金额的3%~4%。二是根据更优报价是否是卖方主动招揽，分层分手费还可以进一步细分为主动分层分手费和被动分层分收费。就金额而言，主动招揽则高，被动（招揽期一般为4周）接受则低。也有同行将被动型分层分手费称为禁招揽加分层分手费。三是根据介入事件（Intervening Events）触发的分手费，即卖方无法预知的具有重大价值增值的事件在并购协议签约后发生，则卖方支付买方分手费。四是根据是否有理由或是否收到更优报价导致拟议交易不能继续，可将上述分手费分为有报价触发的分手费和无报价触发的分手费，无疑后者低于前者。

4. 时间点与托管

签署有约束力的法律文件后，买方要在约定期限内将款项汇至某账户，买方可要求托管，卖方则倾向其指定账户。

5. 触发条件

触发条件一般包括：卖方违约将股权出售给第三方、卖方董事会/股东会否决、卖方未按约定交割等；中国境内监管机关与监管机构审批、境外反垄断审查、买方股东会与董事会批准、融资不能、买方拒绝交割、买方违反陈述与保证或承诺条款并在限期内没有补救等。

6. 反向分手费保险

保险公司要求被保险人承担最低40%的反向分手费赔偿义务。反向分手费保费最高为保险限额（反向分手费的某比例）的10%。

7. 反向分手费的变形

一是计时费/等待费（Ticking Time）的引入，即随着卖方等待交割时间的延长，反向分手费递增，也有同行也称之为延迟赔偿金。二是根据触发条件种类设置不同金额，如股东大会不批，金额为A；反垄断机构不批，金额为B。这实际与分层分手费的设计初衷类似。

第五章 法务

（十二）保护机制：未来盈利定价机制（Earn Out）

1. 定义

作为交易保护机制之一，未来盈利定价机制是为了解决在并购前信息不对称、并购后未来不确定等条件下双方在标的上的估值分歧（Valuation Gap），基于逆向选择理论/柠檬市场理论，在将卖方利益也纳入未来运营结果中进行战略思考的前提下，在预定的交割后某段时间期限内（一般5年以下，2年左右居多，与市场波动成正比），根据双方议定的会计准则，依据标的未来经营业绩等定性、定量、结果导向等条件的（尽量详细界定的）达标情况/衡量指标/触发事项，对交易价款及风险进行调节（Gap Bridging）的定价支付机制或交易安排。国内也称"或有支付机制""或有价值权"（Contingent Value Rights，CVRs），是将不确定的未来问题放在未来，通过支付条件触发解决的支付机制。与对赌不同，对赌是为了买方退出，一般是并购对价先支付，进入运营后，如达不到承诺目标则卖方向买方支付；未来盈利定价机制则是为了安全进入交易，买方将风险分担给卖方后的前瞻性设计。

2. 指标

指标（Metric）分为三大类，即体现标的经营状况的财务指标[①]（如净利润、EBITDA）和影响处在发展阶段的标的资产价值的非财务指标，如获得某种监管许可或赢得特定的客户合同，以及对双方都无影响力的外部产业与市场指标，如金属价格。对于矿业企业并购而言，非通用指标反而是最重要或唯一的指标。

3. 设计要点

未来盈利定价机制设计要点包括：买方支付价款的构成（是否以标的资产担保进行债务融资）、支付总额、衡量指标（定性、定量、结果导向等）、时间期限、支付安排、买方交割后最大努力义务、买方以实现盈利为目标承诺提供资本开支；买方运营的独立性；触发事项的客观性、管理层是否保留及保留后业绩激励、过渡期经营模式稳定、过渡期不举债和担保承诺、过渡期不出售或清算标的资产、过渡

---

① 最重要的指标为净利润，但往往为复合指标，如净利润和税息折旧及摊销前利润的混合。

期诚信信用原则是否免除、卖方违约是否直接从未来盈利定价机制金额中扣除等。

财务指标：净利润指标一般有利于买方，因为买方一般可以在交割后运营会计调整，或者将自身管理成本加入标的运营中减少净利润，故卖方往往要求使用税息折旧及摊销前利润；而销售收入则是有利于卖方的指标，因为卖方对于标的及市场的了解起码不低于买方，且买方做手脚的可能性较低。财务指标往往采用阶梯性计算方式，如收入10亿美元则触发支付，10亿美元以上的区间，分区间支付基础额之外的金额，如10亿~15亿美元，支付1%；15亿~20亿美元，支付2%，依此类推。

矿业企业并购实际操作中，指标限定为行业因素为宜，过于复杂反而会造成交易的不确定性，如在洛阳钼业2016年收购TFM公司的案例中，双方约定如自2018年1月1日起至2019年12月31日的24个月内，LMEA级铜现货月平均交割价的均值高于3.50美元/磅，LME钴官方现货月平均交割价的均值高于20美元/磅，则洛阳钼业应在2020年1月10日及之前向PDK支付0.6亿美元和0.6亿美元对价。

（十三）保护机制：其他机制

从买方有利的角度来看，除分手费和未来盈利定价机制之外，较为常见的机制包括：一是大股东承诺支持买方交易的锁定机制，根据更优报价下大股东的承诺是否有效分为硬、软两种；二是虽有不招揽条款，但是收到更优报价后，买方有权匹配；三是托管设置；四是股权锁定（Stock Lockup）与资产锁定（Asset Lockup），在矿业企业并购实践中较少出现。无预设条件的尽职调查退出与融资退出一般较难。

（十四）赔偿（Indemnity）

1. 目的

赔偿的目的在于在交易双方间分配风险（allocate risks between parties to a transaction），赔偿方向受偿方提出赔偿、抗辩或者免受赔偿方追索等。此处三种行为也常见只保留赔偿与免受追索的，但对于买方而言，都保留更有利。

2. 主体

赔偿的主体一般为买卖双方，也可以由买卖双方约定添加其董事、高管、其他雇员或母公司、子公司为赔偿主体（Indemnified Parties）。约定添加其他个人或其母公司、子公司的初衷是考虑卖方有可能破产或无力赔偿，则此时买方可要求卖方的母公司、子公司赔偿。因此，卖方往往不会答应扩大范围。此外，一般而言，卖方在责任范围与内容上比买方要更广泛，后者的责任主要聚焦于其有交易和履约能力。主体的界定也涉及担保的谈判（Guarantor），如卖方是SPV，则买方往往要求担保。

3. 赔偿与违约损害赔偿

赔偿理论上无须因果举证、知情及损失弥补。实践中往往并非如此，赔偿可能会被界定为违约损害赔偿，但如果是损失弥补问题，也可由双方商定。

4. 作用对象或范围

赔偿的范围一般包括：发现一方违反陈述与保证、承诺条款、其他特定事项的情况；守约方损失与第三方索赔；所有权、环保等。卖方天然地倾向于限制或缩小范围，如排除其拥有标的阶段前后出现的事项、法律变化、间接损失、保险覆盖问题等，也可能要求赔偿是救济的唯一方式，同时要求补救权；买方则相反。与此类似，对于损失或损害（loss/damage）的界定，买卖双方争夺的焦点也在于范围的大小，即买方倾向于损失包括与赔偿责任相关的所有支出，而卖方则仅希望损失为直接相关（directly resulting from），如实在无法删除救济唯一性条款，则应加入故意误述（intentional mispresentation）不受唯一性限制。

5. 时间限制（Time Limit）

时间一般为交割后某约定阶段，这与赔偿条款一般被认为是事后救济手段有关。而交割后的具体时间设置，则一般是交割日后陈述与保证及承诺条款的有效期间或存续期间，一般为1~3年，2年以下的居多。时间设置的策略一般是，重要条款时间长，一般条款时间短。时间限制也有例外：一是重大例外事项的时间例外，二是交割前买方知情。例外事项一般有三项重点内容：一是所有权，其赔偿期限为权益自身存续期间或无限期（谈判中鲜见可统一无限期者，在某些法域也难以执行，故明确一个最长存续期较为实际）；二是环保类事项，其时间设置取决于双方对该情况谈判后达成合意的具体规定，一般可以商定一个以法定追责期限为基准的时间段；三是税务类事项，其时间设置一般是税务期满加双方约定时间。简言之，时间例外是根据例外事项性质，以事项涉及存续期限为基准的例外时间设置。

6. 金额限制

（1）损失额度低于最小索赔额的，买方无权提出索赔。

（2）额度基础/最低限问题，即高于最小索赔额的所有累计索赔金额之和达到某额度（the aggregate amount of all claims exceed a specified dollar threshold），卖方开始承担责任。这是各种赔偿金额的计算基础。Wyrick Robbins 律所的数据显示，这一额度一般为交易对价的 0.5%~1%[①]。基于额度基础，相关设置可分为起赔额和免赔额两种。起赔额（Tipping Baskets）：如界定额度基础为起赔额，买方索赔总额为 A（实际损失额），基础额度为 B（约定最低赔偿额），则卖方需承担责任为 A。换言之，损失达到基础额度后（once the threshold is reached），损失（the full amount of claims）全赔。免赔额（Deductible Basket）：如界定额度基础为免赔额，买方索赔总额为 A（实际损失额），基础额度为 B（约定最低赔偿额），则卖方需承担责任为 A-B=C。简言之，损失达到基础额度后，损失减去基础额度的差额可赔。一般而言，起赔额和免赔额两种方式各取其一。

（3）卖方对赔偿金额提出封顶要求。对于买方而言，理想情况下赔偿金额可以是交易金额本身，根据 Wyrick Robbins 律所的数据，一般比例为 10%，但实际操作中交易金额越高则比例越高，往往为 5%~10%，超过 25% 的属于少数。封顶条款的例外（对买方有利）包括：一是欺诈例外（Fraud Exception），即可证明的卖方欺诈行为，故意隐瞒（Active Concealment）或有意不当行为（Willful Misconduct），或约定违反某些特定保证（breaches of certain representations）；二是包括签约及履约能力在内的基础保证；三是特殊赔偿内容（详见后文）。

（4）超额/重复获益限制。这一条款对卖方有利。买方在谈判中较难使卖方放弃，其反制手段包括要求实际获得及排除税务收益，即买方在税务、保险等第三方获偿，因价格调整实际造成买方获益，因其他与交易相关的协议规定使买方

[①] 这一数据仅供参考，此类比例应根据每个项目的实际情况，由顾问具体提供当前时间阶段及相关条件下的参考比例，本书中的其他参考比例也同此理。

获益后，需避免因相同原因重复计算买方从卖方处得到的获偿金额，或从买方获益的范围内对卖方免责。除非协议有明示，一方不可穷尽一切可能的手段获得超额利益。

7. 知情限制（Knowledge Qualifier）

在交割前或交易过渡期买方知道卖方有违反保证条款或承诺条款的事实而仍选择交割，则是否可索赔，取决于双方对该情况谈判后达成合意的具体规定，约定可索赔则落实为沙袋条款（Pro-sandbagging Clause），这样可以避免卖方在签约或交割日之前最后一刻提交尽职调查文件，给买方施加压力。但如是买方故意为之，则给卖方增加了充分披露仍面临索赔的窘境；如约定不可索赔，则落实为反沙袋条款（Anti-sandbagging Clause）。实践中在这两种情况下，双方在谈判中往往争论很激烈，不做具体约定而走仲裁渠道折中处理是可选项之一。

8. 特别赔偿（Special Indemnity）

特别赔偿亦称个别赔偿，包括交割后税务承担、环保责任继承、交易费用、债务等，对买方有利，与一般赔偿（General Indemnities）相对应，前者一般不像后者一样受金额限制和约束，也不受时间限制约束（如双方谈判约定，则金额和时间限制也可以适用于特殊赔偿）。但两者在交割后税务问题上也有重叠的部分，即两者都可对此问题进行规范。

9. 保险问题（RWI）

鉴于卖方往往难以实际承担责任，购买保险是买方规避风险的方式之一。保费一般为保额的 1%~3.5%（无法量化的特殊赔偿上限可到 10%），保额则为交易额的 10%~50%，免赔额为交易额的 0.5%~1%。

10. 托管（Escrow）

托管对买方有利，即买方将部分价款不直接支付给卖方，而通过第三方托管或自身留置部分价款的方式使卖方受到价款到账的限制。需要注意的情况：①未来价款的提前抵消，即以买方对卖方计划发生的支付价款抵消卖方赔偿额。账户内金额将作为卖方违反保证及承诺条款的赔偿额（该账户并非只为存放赔偿额，定金与分手费也可放入此账户），但该金额并不是赔偿的封顶额。Husch Blackwell LLP 律所的研究发现，常见金额为 5%~15%，托管期一般为 1~2 年；②关于是否为唯一赔偿，显然卖方倾向于是唯一赔偿，而买方则相反。

11. 间接损失不赔

对于与合同相关的任何间接损失（any indirect or consequential loss or damage which may be suffered by the other Party in connection with the contract），任何一方不承担（neither Party shall be liable to the other party）。此处只用宏观的"consequential loss"表述，需要对此类间接性损失一一列明，以免产生误解继而引发纠纷。典型的损失范围包括：财产损失、人身伤害、律师费、利润损失、使用损失、买方对客户的责任、商誉损失、客户扣留款项的利息以及与第三方索赔有关的损失（property damage, personal injury, attorneys'fee, lost profits, loss of use, liability of buyer to customers, loss of goodwill, interest on money withheld by customers, and damages related to third party claims）。间接损失的重点在于损失数额的确定性、可预见性以及不可通过补救降低损失的特性。

与间接损失相关（但不同）的还有附带损失（Incidental Damages）和惩罚损失（Punitive Damages）。附带损失是非违约方为避免其他直接与间接违约损失（avoid other direct and consequential losses of breach）而产生的附带费用（Incidental Expenses）。惩罚性损失又称"示范性赔偿"（Exemplary Damages）或报复性赔偿（Vindictive Damages），是指赔偿数额超出实际损害的赔偿设计，在美国法下与补偿性损害赔偿金（Compensatory Damages）相对应（但不一定互相排斥，可同时存在），其可能的前提条件为违约方动机不良、恶意或故意侵犯他人权利；在英国法下则基本被视为侵权行为对待。对于该条款争议较大，已经又一次涉及违约与侵权的竞合，应根据具体法域和具体案件分析决定是纳入合同内容还是放弃。从严格的违约责任角度来看，间接损失和附带损失实际已脱离了严格意义上的违约责任，但这属于理论讨论范畴，也无定论。笔者认为，只有以存在侵权行为为基础，才可以纳入惩罚性损失条款，仅讨论违约行为，则不宜纳入该条款。此外，与间接损失不赔相关的还有有利于卖方的非量化潜在损失赔偿。

12. 程序（通知与第三方索赔）

典型表述是：受偿方（Indemnified Party，A）自行或在收到第三方索赔主张 X 天后向赔偿方（Indemnifying Party，B）发出书面通知（give written claim notice），

未及时发出不解除赔偿义务,但如后者认为构成重大损害,则在此损害程度内后者无赔偿义务(no indemnify B to the extent that the defense of such claim is materially prejudiced as a result thereof)。收到通知后 x 天,赔偿方有权通过书面通知与受偿方进行辩护(defense notice)。收到第三方索赔通知,双方应履行通知及协助义务;积极抗辩方费用由消极方承担;承诺赔偿是辩护主导权的前提。

(十五)终止(Termination)

1. 要点

终止条款需注意六个要点。一是双方终止条件,即交割前双方协商一致书面终止。二是交割未完成或违约后的单方终止条件,即一方向另一方发出书面通知终止,条件是如交易因未满足先决条件而未能在约定的时间(最终完成日)当日或之前完成交割,或者另一方违反任何声明、保证或承诺。此处要注意:重要方面、通知后未补救等限制条件可以通过双方谈判添加;只有守约方根据谈判有可能拥有单方终止权。三是法律问题导致不能交易的单方终止条件,即任何一方向另方发出书面终止通知,如法律导致拟议交易变得不合法或者被永久性禁止或严禁,并且该等法律(如适用)为终局。四是没有取得必要的批准或同意的单方终止条件。五是尽职调查不满意终止条件,即买方可以争取在签约后一段时间内,如买方不满意尽职调查结果则有权终止协议。此种情况需双方谈判而定。六是信义转卖终止条件,协议目标公司董事会基于信义接受更优报价,则卖方有权终止协议。此种情况需双方谈判而定,一般买方会较难接受或寻求限制措施。

2. 典型表述

在下列情况下,本协议以及因本协议而产生的或与之相关的任何义务均可随时终止(this Agreement and any obligations arising out of or relating thereto may be terminated at any time)。

(1)订约双方可在交割前的任何时候,经达成书面约定终止(Buyer and Seller may terminate this Agreement by mutual written consent at any time prior to the Closing)。

(2)经买方向卖方发出书面通知单方终止(buyer may terminate this Agreement

upon written notice to buyer）：①如因未满足先决条件，在约定日当日或之前未能完成交割。需要指出的是，此处实践中也有不提及原因，只以到期未交割的结果为标准。②卖方违反任何陈述、保证或承诺（or in the event any Seller has breached any representation, warranty, or covenant contained in this Agreement）。需要指出的是，在实践中也有为此违反行为添加限制的：一是提出"在重要方面违反"（in any material respect）；二是提出买方已经通知卖方其有违反行为（Buyer has notified Sellers of the breach）；三是违反行为在通知后某个时间阶段内未能补救（the breach has continued without cure for a period of x days after the notice of breach）。此处即宽限期（Grace Period）的应用。

（3）卖方向买方发出书面通知终止，内容同上。

（4）经任何一方向另一方发出书面通知终止（this Agreement and any obligations may be terminated by either seller or buyer, by delivery to the other of written notice）：如颁布、制定、实施或修订了任何适用的法律，而导致双方开展本协议项下的拟议交易变得不合法或者被禁止，且该等法律（如适用）已是终局、不可上诉（if any Law is enacted, made, enforced or amended, as applicable, that makes illegal the consummation by seller or buyer of the transactions contemplated hereby or otherwise permanently prohibits or enjoins seller or buyer from carrying out the transactions contemplated hereby and any such Law has, if applicable, become final and non-appealable）。

（5）买方可以争取的条款：如买方不满意协议目标公司及其子公司相关的尽职调查结果，买方有权在签约后一段时间内终止协议。

（6）终止效力（Effect of Termination）。需注意三个要点：一是基本效力，即双方的权利义务均终止。二是两个责任设定，除违约方责任外，任何一方均不对其他方承担责任；违约方需要向守约方支付违约金（分手费）或要求赔偿损失。三是协议终止后保密条款仍有效。

如果任何一方根据上述条款终止本协议（if any Party terminates this Agreement pursuant to the above clause），则本协议双方的所有权利和义务均应终止（all rights and obligations of the Parties hereunder shall terminate）。

值得注意的是权利义务终止后，责任问题有两种设定：一是任何一方均不对任何其他方承担任何责任，任何违约方的责任除外（without any liability of any Party to any other Party，except for any liability of any Party then in breach）；二是违约方需向非违约方支付违约金（Liquidated Damages），形式包括分手费（Break Fee）、反向分手费（Reverse Break Fee）或因协议产生的费用（Expenses）。

协议终止后协议保密规定仍然有效（provided, however, that the confidentiality provisions contained in the agreement shall survive termination）。

（十六）语言与解释（Language and Construction）

1. 要点

该条款需要注意三个要点：一是基本使用英语，偶有中英对照；二是出现语言方面的冲突，则以英语为准；三是内容中若有需要理解的问题，则需认定文件为双方起草，不能因作者身份对任何一方产生偏袒或歧视。

2. 典型表述

（1）本协议采用英语订立（this Agreement is made in the English language），如本协议为方便或为其他目的使用其他语言翻译，则以英文版本为准（in the event any translation of this Agreement is prepared for convenience or any other purpose, the provisions of the English version shall prevail）。

（2）也可以约定使用两种语言，但仍需明确如果两种语言之间存在任何冲突或不一致之处，则在任何情况下均以英文版本为准（in the event of any conflict or inconsistency between the languages, the English version shall in all cases prevail over the other language version）。

（3）如果出现含糊不清的意图或解释的问题，本协议及相关文件应视为双方共同起草（in the event an ambiguity or question of intent or interpretation arises, this agreement and the related documents shall be construed as if drafted jointly by the parties），并且不得因本协议或相关协议的任何条款的作者身份而对任何一方产生任何正面的或负面的推定或举证责任（and no presumption or burden of proof shall arise favoring or disfavoring any party by virtue of the authorship of any of the provisions of this agreement or the related agreements）。

（十七）其他条款/一般性条款（Miscellaneous Provisions）

1. 修改（Amendments）

该条款需要注意两个要点：一是修改只能通过书面形式；二是仅在该书面文件规定范围内有效。典型表述为：合同修改只能通过书面形式，任何修改仅在该书面文件具体限定范围内有效（effective only to the extent specifically set forth in that writing）。

2. 放弃（Waiver）

该条款需要注意三个要点：一是放弃只能通过书面形式；二是该条款放弃不构成对其他条款的放弃；三是不构成持续性放弃。

典型表述如下：

（1）合同条款放弃只能通过书面形式。

（2）除非另有明示（unless otherwise expressly provided），否则对本协议任何条款的放弃均不构成对任何其他条款的放弃（no waiver of any provision of this Agreement shall constitute a waiver of any other provision）。

（3）对本协议任何条款的任何放弃均不应构成持续性放弃（nor shall any waiver of any provision of this Agreement constitute a continuing waiver）。

3. 转让（Assignment）

该条款需要注意两个要点：一是原则上无他方书面同意不可转让；二是在买方仍旧履行义务的前提下，买方可转给继承人或子公司。也有业者将该条款设计为继承人与转让条款（Succesor and Assignment）。从普通法角度来看，"assign"表示转让权利，"tansfer"表示转让义务，权利义务的继承者同时转让应采用约务更替（Novation）的方式。但实际上并购合同中的转让往往为概括转让，即权利和义务的转让。理论上，除明示与默示禁止外，权利一般可转让；义务转让通过约务更替方式进行。

典型表述如下：

（1）如无其他方的书面同意（without the prior written consent the other party or parties），合同及合同项下的权利、权益或义务（neither this Agreement nor any right, interest or obligation under this Agreement）不可让与、质押或以其他方式转让（may be assigned, pledged or otherwise transferred）。

（2）但买方可以将其合同项下的权利让与给（may assign its rights under this Agreement to）任何合并或购买买方或买方重要资产的继承者（successor by merger or purchase of all or substantially all of the Buyer's assets），其前提是资产购买者明确表示承担买方合同项下的义务（the purchaser expressly assumes the obligations of the Buyer under this Agreement）。

（3）买方可将其权益转让给其关联公司，或指定其关联公司履行其义务（assign any or all of its rights and interests hereunder to one or more of its Affiliates and designate one or more of its Affiliates to perform its obligations hereunder），前提是买方仍需履行其在本协议项下的所有义务（Buyer nonetheless shall remain responsible for the performance of all of its obligations hereunder）。上述前提也可表述为转让不能影响或减少买方在本协议项下的权利或义务，在任何情况下也不能免除买方在本协议项下的义务（the assignment shall not affect or diminish the rights or obligations of such Buyer under this Agreement and in no event shall any assignment relieve buyer of its obligations hereunder）。

4. 保密（Confidentiality）

该条款一般情况下需要注意两个原则：一是不泄露，二是不滥用。还要注意六个要点：一是形式，保密信息不拘形式，无形或有形皆可。二是范围，保密信息包括所有一方及其子公司的人员、技术、财务、法务、协议本身相关信息。三是除外，一般认为保密信息不包括披露前接收方已知信息、向公众公开的信息及从无保密义务第三方获得的信息等。除此之外的额外内容需双方议定。四是前提，即无他方事先书面同意，不透露使用信息。五是例外，任何一方可向披露方的相关人员在合理范围内透露其他方的信息，接受者需保证信息的机密性；任何一方在协议明确规定范围内可为了自身利益额外披露或使用其他方信息；任何一方在政府要求的范围内可披露其他方信息，但披露前需通知信息方，后者有权参与确定披露数量与类型。六是从有利于买方的角度，可以要求在交割后卖方就收购标的和其附属公司仍保持信息保密。

典型表述如下：

（1）一方的保密信息是指与该方或其任何关联公司的业务、运营、财务状况或前景有关或与之相关的所有信息（the Confidential Information of a party means all information concerning or related to the business, operations, financial condition or prospects of the party or any of its Affiliates），不管该信息的出现形式如何，也不管信息是否已简化为有形形式（regardless of the form in which that information appears and whether the information has been reduced to a tangible form）。

（2）一方的机密信息具体包括：所有与一方及其关联公司的高级职员、董事、雇员、股权持有者、客户、供应商、分销商、销售代表和执照领有人相关的所有信息，不管是现任的还是未来的（all information regarding the officers, directors, employees, equity holders, customers, suppliers, distributors, sales representatives and licensees of the party or its Affiliates, in each case whether present or prospective）；一方或其关联公司的所有发明、发现、商业秘密、工序、技术、方法、公式、想法和技术诀窍（all inventions, discoveries, trade secrets, processes, techniques, methods, formulae, ideas and know-how of the party or its Affiliates）；一方或其关联公司的财务报表、审计报告、预算与经营计划或预测（all financial statements, audit reports, budgets and business plans or forecasts of the party or its Affiliates）；一方或其关联公司的条款、契约和条件，所有其他与本协议有关的事项或信息以及与本协议有关的文件（all terms, covenants and conditions, any and all other matters or information concerning this Agreement, documents delivered in connection with the Agreement）。

（3）保密信息不包括（the Confidential Information of a party does not include）：任何另一方通过作为或不作为而向公众公开的信息（information which is or becomes generally known to the public through no act or omission of another party）；另一方从保密信息所属方（或其任何关联公司或其各自的高级职员、董事、员工、股权持有人或代理人）以外的来源合法获得的信息 [information which has been or is lawfully obtained by another party from a source other than the party to whom the Confidential Information belongs (or any of its Affiliates or their respective officers, directors, employees, equity holders or agents)]。

（4）除了以下例外，各方协商同意，未经另一方事先书面同意，不得为自身利益披露或使用另一方的任何保密信息（except as otherwise permitted by subsection below, each party agrees that it will not, without the prior written consent of the other party, disclose or use for its own benefit any Confidential Information of the other parties）。

（5）使用例外。虽有××之规定，但任何一方都可以（Notwithstanding subsection above, each party shall be permitted to）：向披露方的高级职员、董事、员工、股权持有人、贷方、代理人和关联公司披露其他方的机密信息，但仅在合理必要的范围内，以便该披露方根据本协议履行其义务并行使其权利和补救措施，并且披露方应采取一切必要或可取的行动，以确保收到机密信息的每个人都保持该保密信息的机密性（disclose Confidential Information of another party to the disclosing party's officers, directors, employees, equity holders, lenders, agents and Affiliates, but only to the extent reasonably necessary in order for that disclosing party to perform his, her or its obligations and exercise his, her or its rights and remedies under this Agreement, and that disclosing party shall take all action as shall be necessary or desirable in order to ensure that each of the Persons to whom Confidential Information is disclosed maintains the confidentiality of that Confidential Information）。

任何一方都可以为了其自身利益额外披露或使用其他方的保密信息，但仅限于本协议明确规定披露或使用的情况（make additional disclosures of or use for its own benefit Confidential Information of another party, but only if and to the extent that the disclosures or use are specifically contemplated by this Agreement）；披露另一方的保密信息，仅限于政府规则要求的范围，前提是在根据本条款进行任何披露之前，披露方应通知必须披露其保密信息的一方，并且该方有权参与确定保密信息的数量和类型。如果有的话，必须符合政府规则（disclose Confidential Information of another party to the extent, but only to the extent, required by Governmental Rules; provided, however, that prior to making any disclosure under this subsection, the disclosing party shall notify the party whose Confidential Information must be disclosed, and that party shall have the right to participate with the disclosing party in determining the amount and type of Confidential Information, if any, that must be disclosed in order to comply with Governmental Rules）。

5. 副本（Counterparts）

该条款需要注意两个要点：一是数量与效力，即可以签署多份副本，且正本原件与副本视为同一协议。二是交付方式，即电子传真交付有效但仍需交付亲笔签署文件，无亲笔签署不影响有效性。

典型表述如下：

（1）本协议可签署多份副本并经传真签署（this Agreement may be executed in any number of counterparts and by facsimile），每份副本均被视为原件（each of which will be deemed an original），但所有副本将构成同一份文书（but all of which together will constitute one and the same instrument）。

（2）通过传真交付本协议已签署副本与交付本协议的亲笔签署副本具有同等效力（Delivery of an executed counterpart of this Agreement by telefacsimile shall be equally as effective as delivery of a manually executed counterpart of this Agreement）。通过电子传真交付本协议已签署副本的任何一方也应交付协议的亲笔签署文件副本（any party delivering an executed counterpart of this Agreement by telefacsimile also shall deliver a manually executed counterpart of this Agreement），但是如无法交付亲笔签署文件也不会影响其有效性、可执行性或约束力（but the failure to deliver a manually executed counterpart shall not affect the validity, enforceability or binding effect of this Agreement）。

6. 完整协议（Entire Agreement）

该条款需要注意两个要点：一是协议及交易文件构成完整协议；二是协议及交易文件取代所有书面与口头前期共识。

典型表述如下：

（1）本协议和其他交易文件构成拟议交易达成的完整协议（this Agreement and the other Transaction Documents contain the entire agreement of the parties with respect to the transactions contemplated by this Agreement and the other Transaction Documents）。

（2）并取代双方先前的所有书面和口头协议、非正式协议与保证（and supersede all prior written and oral agreements, understandings, or representations by or among the Parties）。

7. 费用（Expenses）

该条款需要注意两个要点：一是除非另有规定，各方各付其费；二是从买方有利的角度，提出如交易完成，卖方承担标的与协议相关费用，这需要双方议定。

典型表述如下：

（1）除非本协议另有约定（except as otherwise provided in this Agreement），各方均应自行承担其与拟定本协议以及协议拟议交易完成相关的费用和支出（each Party hereto shall pay its own expenses and costs incidental to the preparation of this Agreement and to the consummation of the transactions contemplated by this Agreement and other Transaction Documents）。

（2）从买方有利角度，如拟议交易完成，则卖方也将承担协议目标及其子公司与协议相关的费用（Sellers will also bear the cost and expenses of Target and its Subsidiaries in connection with this Agreement and the transactions contemplated hereby in the event that the transactions contemplated by this Agreement are consummated）。

8. 进一步保证（Further Assurances）

该条款的核心在于为促使协议生效，各方需迅速进行必要的补充、签署与交付行为。

典型表述为：双方应根据另一方的合理要求，不时落实、实施补充行为，签署与交付或促使落实、实施补充行为以及签署和换文（the parties shall, from time to time and upon any reasonable request of the other, do and perform any additional acts and execute and deliver, or cause to be done, performed any additional acts, executed and delivered），包括为使本协议生效而可能需要或必要的所有进一步的行动、文件和事项（all further acts, documents and things as may be required or necessary for the purposes of giving effect to this Agreement）。

9. 管辖法（Governing Law）

该条款标题也可采用适用法律和接受管辖（Governing Law and Submission to Jurisdiction），或适用法律与争议解决（Governing Law and Disputes Resolution）。需要注意两点：一是管辖法，适用法律大多是英美普通法。二是管辖法的基本效力，即协议、相关交易、各方权利和义务根据该法律解释与执行。

典型表述如下：

（1）本协议为××法律项下的协议，在任何情况下均受该国法律管辖，并根据该国法律进行解释和执行（this Agreement shall be a contract under the laws of ×× and for all purposes shall be governed by and construed and enforced in accordance with the laws of that State）。

（2）双方因本协议或本协议项下拟议或与之相关的任何交易而产生的各自权利和义务，以及双方因本协议和本协议项下拟议之交易而产生或与之相关的所有其他索赔，均受××法律管辖（and the respective rights and obligations of the Parties arising out of or relating to this Agreement or any transaction contemplated hereby or relating hereto and all other claims between the Parties arising out of or relating to this Agreement and the transactions contemplated hereby, shall be governed by ×× law）。

10. 争议解决（Dispute Resolution）

在实践中，争议解决基本只有两个选择：诉讼或仲裁。该条款注意以下四个要点。

（1）选择标准：一是执行可行性问题，在这方面，仲裁无疑是占优势的；二是短期和长期费用的综合比较，短期来看诉讼成本低于仲裁，但是长期则未必；三是双方出于保密考虑，仲裁有利于保护不宜为公众所知的信息；四是仲裁可以选择仲裁员，更具中立性。综合而言，仲裁是多数业者的选择。但是必须要注意，仲裁是无后续救济手段的，即所谓一裁终局（final and enforceable）。

（2）仲裁核心术语解析：仲裁开庭（进行）地（venue or place of the arbitration）；仲裁地（seat of the arbitration），亦即程序法（curial law）所在地，或者说法律上的举行地；仲裁适用法（law governing arbitration agreement）；实体合同适用法（law governing the substantive contract）。在这四个概念中，仲裁地（法律概念）最重要，它决定仲裁程序法，有业者认为除特例外，仲裁地与开庭地（物理概念，视方便性决定）实质一致。但事实上，根据国际商事仲裁示范法，它们是两个概念，笔者认为最好在协议中明示，以免引起误解。程序法和实体法则一般会有公认的差异。换言之，仲裁地决定仲裁程序法，实务中鲜见有条款列明程序法的，常为仲裁地决定或推定；但是纽约公约及示范法规定，有约定从约定，无约定按推定；实体法律则完全是另外的概念，国际商会国际仲裁院（ICC）和新加坡国际仲裁中心（SIAC）都有规定，有约定从约定，如无约定，则由仲裁庭决定使用其认为适当的实体问题法律规则。

（3）仲裁时间：一般十几个月的裁决时间是常见的。以香港为例，2013—2017年平均仲裁时间为16个月。但是根据香港国际仲裁中心2018年的规定，仲裁时限规定为3个月，并设置了限制延长条件。

11. 通知（Notices）

该条款需要注意三个要点：一是送达形式，即通知必须用书面形式；二是送达时间，一般在营业日下午五点之前递交，递交之日为送达日；三是拒收效力，如因拒收或临时改地址未通知对方，导致通知无法送达的则视为送达。

典型表述如下：

（1）根据本协议发出的任何通知、指示或其他通信必须采用书面形式，通过专人递交、快递或电子邮件方式发送（any notice, direction or other communication given pursuant to this Agreement must be in writing, sent by hand delivery, courier or email）。

（2）通知视为送达的规定（any notice is deemed to be given and received）：①如果采用专人递交或快递递交方式，则在营业日下午五点（收件地的当地时间）之前递交［on the date of delivery by hand or courier if it is a Business Day and the delivery was made prior to 5:00 p.m. (local time in the place of receipt)］；②采用电子邮件方式，则在营业日下午5:00（收取邮件地的当地时间）之前发送［if sent by email on the date of transmission if it is a Business Day and transmission was made prior to 5：00 p.m. （local time in the place of receipt）]，则递交之日为送达日，否则应将下一个工作日视为送达日（and otherwise on the next Business Day）。此处需要注意的是，实践中有时也将专人递交或发送邮件后几天作为标准。

（3）在上述各种情况下，通知应送至订约各方的如下地址（in each case to the Parties at the following addresses）：

　　If to Sellers：　　　　　Copy to：

　　If to Buyer：　　　　　 Copy to：

（4）拒收或以其他方式拒收或者由于地址变更且未发出通知而导致无法交付，均应被视为拒收、拒绝或无法在交付之日前收到通知（rejection or other refusal to accept, inability to deliver because of changed address of which no Notice was given, shall be deemed to be receipt of the Notice as of the date of such rejection, refusal or inability to deliver）。

12. 可分割性、独立有效条款（Severability）

该条款需注意两个前提：一是任何条款无效、非法或不可执行，二是任何一方经济或法律不受重大不利影响。还要注意三个结果，即无效条款可分割，其他条款仍有效；协议仍可解读与实施；各方应修改协议以便交易完成。

典型表述如下：如果本协议的任何条款被具有管辖权的法院在任何司法管辖区在任何情况下宣布无效、非法或不可执行（if any provision of this Agreement is determined by a court of competent jurisdiction to be invalid, illegal or unenforceable, in any situation in any jurisdiction），在此拟议交易的经济或法律实质内容不以任何方式对任何一方造成重大不利影响（the economic or legal substance of the transactions contemplated hereby is not affected in any manner materially adverse to any Party）的情况下，本协议的所有其他条款仍应完全有效（all other provisions of this Agreement shall remain in full force and effect），本协议将继续解读和执行，犹如该非法、无效或不可实施条款从未构成本协议一部分（this Agreement will be construed and enforced as if such illegal, invalid or unenforceable provision had never comprised a part hereof）。在确定任何或其他条款无效、非法或无法执行的情况下

第五章 法务

（upon such determination that any term or other provision is invalid, illegal or incapable of being enforced），本协议各方应真诚地进行谈判以修改本协议，以便以可接受的方式尽可能忠实地实现这些条款的原意（the parites hereto shall negotiate in good faith to modify this Agreement so as to effect the original intent of the parites so closely as possible in an acceptable manner），以尽可能充分地完成本协议项下拟进行的交易（to the end that the transactions contemplated hereby are fulfilled to the fullest extent possible）。

13. 无任何第三方受益人（No Third Party Beneficiaries）

该条款的设计意图是将协议条款和条件的指向限定为协议各方及继承人或受让人。一般可用一句话表述：本协议不对双方及其各自的继承人和允许的受让人以外的任何人授予任何权利（this Agreement shall not confer any rights upon any Person other than the Parties and their respective successors and permitted assigns）。

14. 放弃陪审团（Waiver of Jury Trial Clause）

一般是从经济方面考虑，放弃高费用的第七修正案（Seventh Amendment Right）规定的陪审团，约定由法官裁决。典型表述为：在法律允许的最大范围内（to the fullest extent permitted by applicable law），各方不可撤销地放弃（the parties hereby irrevocably waives）本协议项下或任何与交易相关的陪审团审理权利（any right to jury trial arising out of or relating to this Agreement or the transactions contemplated hereby）。

15. 时间至关重要（Time is Of Essence，TOE）

该条款应注意三个要点，一是将时间作为协议的实质要件，二是其性质因此可界定为条件，三是作为条件的违约结果为守约方（innocent party）可要求合同终止及损害赔偿。典型表述为：时间是协议至关重要的部分（time is of the essence of this Agreement），"营业日"一词是指××办公室营业的任何一天（the term "business day" shall mean any day when the office of ×× is open for business）。

三、其他法律文件

（一）保密协议（CA/NDA）

从业者参与交易并将交易推进到签署股权购买协议和股东协议的机会并不多，一年有 2~3 次已经算很高的频率了。但是保密协议一年签几十份则属平常。保密协议不受非法务人员重视的情况也时有存在，但实际却暗藏了巨大风险。股权购买协议合同的部分条款或协议精神实际已经渗透到保密协议，一不留神就会让后续谈判陷入不利境地。除了股权购买协议中部分保密条款已经阐述的部分（结合两部分理解），保密协议还应注意以下几个要点。

1. 主体（Parties）

（1）常规的签约主体名称、地址、管辖领域（Jurisdiction）等需要完整准确。

（2）是否需要纳入接收方母公司或子公司（Parent or Subsidiary），如不纳入则考虑是否在转让条款中涉及。此外，由于主体条件和不招揽条款存在逻辑联系，接收方母公司或子公司的范围也需要重视。如协议纳入不招揽条款，则承担不招揽义务的某个或某些接收方母公司或子公司的具体名称要列明，以防止其他接收方母公司或子公司受到莫名限制。

（3）信息接收方（Receiver）的界定，对于披露方（或不严格意义上的卖方）而言，接收方和并购实际买方是否一致一般被认为很重要，以免出现买方通过 SPV 绕开协议限制的漏洞。但一般大公司之间不会玩这种小把戏。

（4）信息披露方（Discloser）是否是并购交易的卖方需要注意，避免出现中介利用不对称信息谋利的问题。

2. 定义（Definition）

（1）双方诉求。披露方一般要求宽泛定义（Broad Definition），纳入直接或间接的所有披露信息；接收方一般要求严格定义（Narrow Definition），要求在协议中的信息与资料中标明。

（2）形式。非书面化及没有注明保密的信息是否是保密信息，需要谈判议定。

一般可达成一致的书面文件与电子文件都是保密信息（both paper and electronic copies are covered）；头脑印象（Mental Impression）则一般被认为是非保密信息。

3. 例外（Carve Out）

以下信息为非保密信息：①披露前已有信息；②从无保密义务第三方处获得的信息；③公知信息；④自行研发获得的信息；⑤法律法规、监管机构要求披露的信息。非保密信息的主要特点是谈判明确指出非保密信息且注明谁负责举证。

4. 所有权（Ownership）

披露方一般要求不改变所有权，接收方一般不会在此问题上纠缠。有同行认为这一条款主要针对的是产权。

5. 披露（Disclosure）

披露的范围一般包括员工、关联公司、顾问、融资人、投资人、证券监管机构。卖方天然地会要求披露范围小，买方则反之。此外也会涉及交易及细节的披露，双方都有不同目的的诉求。

6. 义务（Obligations）

（1）方向性（reciprocality）包括单向和双向。

（2）一般定义为保密义务（obligations to keep the information confidential）。

（3）义务标准（standard of obligations）包括：基于努力、与披露方同样努力、如同自身的保密信息一般对待。一般最后一个选项可以达成一致。

（4）非交易（not a deal）：保密信息的披露不产生进行交易的义务（not a deal：disclosure of CI creates no obligation to do a deal），因此也有业者称之为无义务谈判最终协议条款。

（5）附带义务/限制条款（针对接收方）包括：

● 禁购/静止（standstill），指接收方只能在披露方同意的前提下购买卖方股票或资产。

● 不竞争（no compete），指禁止接收方利用保密信息进行竞争。

● 守门员（gatekeeper），指接收方在披露方同意的前提与披露方员工接触。

● 禁止合作（no teaming），指禁止接受方与其他方联合参与卖方交易。

● 不招揽（no shop），指禁止招揽披露方职员。如基于商务考虑无法拒绝，买方原则上可用缩短期限、缩小适用范围、设置限制解除触发器或限制例外应对。限制解除触发器可以灵活商定，例如有第三方报价或恶意收购则禁购条款解除。具体对于禁购和不招揽条款可用最惠国待遇条款应对，对于限制期限，一是宏观上需注意各条款期限和保密协议的期限不能混淆，接收方有下调空间可谈；二是对于禁购条款的体现要与证券法强制性限制期相比较，接收方可争取要求与证券法强制性限制期相同。

7. 目的（Purposes）与使用（Use）

（1）目的：一般要求目的明确，防止笼统。双方诉求：披露方一般要求限制，接收方一般要求广泛。实际要与协议的背景相结合并保持一致。

（2）使用：一般披露方要求仅用于协议目的，接收方则要求广泛，如扩展到融资层面。

8. 排他性（Exclusivity）

一般较难取得，即披露方可以与其他方签署类似协议或进行谈判（discloser may enter into similar agreements or negotiation with others）。

9. 控制权变更（Change Of Control，COC）

披露方可能提出如接收方出现控制权变更，则披露方有权终止合同。接收方接受的可能性不大。

10. 权义转让（Assignment）

对于协议权义是否可转让这一问题，披露方自然要求禁止转让，接收方相应要求扩展到关联公司。

11. 系列协议链接性（Chain of Agreements）

相对于协议条款后的商务逻辑而言，还有另外一个小概念，笔者称之为跨协议逻辑一致性，即前端协议和后端协议之间不仅要考虑前端协议条款在后端协议条款中的落实问题，还要考虑前端协议条款中限制性条款是否会对后端协议形成障碍。例如保密协议中有不招揽条款，而外部顾问与并购方签署的背靠背协议一般会包括不接受、不招揽等限制性条款的内容，那么如外部顾问作为信息接收主体，则后果可想而知。因此，系列协议链接性强调从保密协议开始就需要对主要条款做清单式对比核查，避免前后矛盾。

（二）顾问聘用协议（Engagement Letter）

1. 背景介绍

拿着市场概览、项目介绍（Pitchbook）穿梭于各大企业之间提供财务顾问服务的投行，由于在行业中的人脉、长期的数据积累、不同法域项目的经验等，其在并购中的作用不容忽视。有业者将投行按规模分为大型、中型及精品投行，但实际大投行往往也下设精品投行，区别在于是否有融资业务、是否提供服务而已。不过精品行一般规模确实比较小。有融资服务的大型投行为并购提供服务的团队是 M&A 团队，融资服务另有团队。一般而言，投行更倾向于做成功概率更高的卖方顾问，而非面临更多竞争的买方顾问。协议一般由投行提供初稿，分为通用内容（Terms of Business）和一事一议（Deal Specific）的聘用协议（Engagement Letter）两部分，但为分类考虑，本书统一将顾问与企业之间的协议称为聘用协议。

2. 服务范围（Scope of Engagement）

（1）内容：企业要求范围尽量窄，顾问要求尽量宽，但一般分为两类，即兜底条款和促成拟议交易所需的其他服务。

（2）清单列举：推荐项目、实施尽职调查、协助谈判、协助估值、文件编制等。

（3）公允价值报告：企业一般可提出以交易为目的的公允价值报告（非以标的为目的的估值报告）不单独计费，顾问相应会反对，最终取决于谈判结果。顾问也许会以利益冲突为由推卸责任，但在实务中顾问提供的公允报告并无不妥。

3. 排他性（Exclusivity）

企业一般可要求不给排他性，如出现两家顾问，则需明确期限、服务区域、服务范围。

4. 优先选择权（Right of First Refusal，RoFR）

（1）定义：企业有其他并购项目需要财务顾问服务，则顾问在同等条件下优先于第三方向企业提供服务。

（2）要点：企业首选拒绝优先选择权，如接受则需加以限定，列明拒绝权终止条件、行使拒绝权程序等。

5. 解约（Termination）

核心是企业在较短通知期后无理由解除顾问协议问题，取决于双方谈判，谈判结果往往是签约一定期限后企业有权无理由解除。至于顾问提出的解约在此不赘述。

6. 尾期（Tail Period）

（1）定义：协议终止或接触后的一定期限内，企业通过签约顾问外的顾问达成拟议交易，则仍需向签约顾问支付成功费。

（2）性质：是企业拥有任意终止权的对冲条款。

（3）要点：尾期期限，一般为1~2年，企业一般要求越短约好；尾期起算时间，顾问一般要求按正式聘用日起算，企业一般要求按终止日起算；例外，一般企业会提出要求三种例外，包括顾问违约、顾问终止协议、顾问团队未提供实质服务。

7. 费用（Cost）

（1）固定费（Fixed Fess）。

- 聘用费（Retainer）：一般为首期加月度或季度支付，或签字费，也有顾问要求一次性支付的；不可返还。企业首选不接受该费用，其次为要求压缩金额、抵消成功费（回拨），也可将其与实报实销费用联系在一起，让顾问从中选一种，但结果取决于双方谈判。

- 里程碑费（Milestone Fees）/进度费（Progress Fees）：是逐项收取的阶段性费用，不可返还或约定抵消成功费，企业首选不接受，其次是将该费用支付时点尽量拖后并量化。

- 交易价格公允意见费（Fairness Opinion Fees）：一般为董事会委托顾问编制的公允意见费用。

（2）浮动费。

- 成功费（Success Fees）：前提是拟议交易范围往往是企业与顾问谈判的焦点，决定了成功费的计价基础，顾问无疑需要一个宽泛定义，如股权与资产购买、合作合资等涵盖各种形式的企业获得；企业则相反，一般应要求限定在自身交易范围内，特别是要求不包括已进行无须顾问参与的交易。此外拟议交易与实际交易有差异，则可能设计替代交易概念收费，这种方式对企业也有利。交易价值定义（计费基础）：顾问一般主张为与交易相关的所有经济价值，谈判后可缩减到交易对价层面，但顾问一般要求为企业价值（EV=MC+DEBT−CASH），而企业一般要求为股权价值（Equity value）或股东收益（proceeds），实务中会以接受企业价值结束；非现金交易需约定支付计算方法。支付时间：一般为交割时支付（企业较难争取到交易金额确定发生时支付，但可争取交割后一段时间支付），但如为不确定时间交易，则企业可要求交易金额确定发生时支付，是否能约定成功，取决于谈判能力。计算方法：理论上基于雷曼公式或衍生雷曼公式的阶梯性。按照雷曼公式的传统54321的计算方式，实际可以理解为14万美元+（并购金额−400万美元）×1%，衍生雷曼公式同理；交易价值如较低，用衍生雷曼公式；如很低，低于千万美元额度（矿业项目罕见此类规模并购），则往往设置顾问保底收入值。顾问实际报价方式：按比例付费对于卖方顾问而言没有问题，但是对于买方顾问而言，企业往往会基于一个利益冲突进行考虑，因此顾问也可能实际上按比例计算数字但表面上提供固定数字。

- 实报实销费用（Out of Pocket Fees）：法务、差旅、文印、翻译、电话、电传等费用，通常约定封顶费或需企业事先认可，一般情况下额度为几万美元。

8. 赔偿（Indemnity）

（1）定义：一是因第三方索赔造成顾问可能损失的赔偿，即顾问要求企业对顾问及其董事、雇员、关联方因向企业提供顾问服务产生的损失进行赔偿；二是针对企业对顾问发起的赔偿要求，即设置禁止诉讼条款（Exculpation），禁止企业因顾问服务起诉顾问及其董事、职员、关联方，顾问还可要求赔偿覆盖相关索赔诉讼产生的费用。第二种较为少见，本书主要针对第一种情况分析。

（2）要点：作为投行的保命伞，一般难以排除此条款，企业可要求加以限制，约定除外（顾问严重疏忽/未尽勤勉义务、过错或故意行为造成损失）；设定赔偿上限（一般不超过顾问费）、起赔额度；顾问是否需要及时通知企业第三方索赔要求并根据企业指示应对；顾问被第三方追偿（顾问往往要求出现第三方请求则立即赔偿），可以规定顾问对于第三方诉求的应对需企业批准；设定承担赔偿责任的时间限制；赔偿需有损害事实发生。

（三）股东协议（Shareholders Agreement）

股东协议是话语权在公司治理上的精神体现和文件落实，性质上是面向未来的股东内部协议，实质是小股东为避免经营和资本运作边缘化与大股东为免受小股东因此提出的赔偿要求之间的博弈。协议的基本原则是亲兄弟明算账。股东协议可戏称为企业婚前协议，也有业者认为起草该协议的最高境界是拥有但从不使用，其中含义不言自明。

就双方利益和诉求博弈的角度而言，小股东基于被稀释、无法获知公司真实状况、在董事会无话语权、控制权变更时无法退出、其他股东出售股份无法参与等风险，常要求全票表决机制或重大事项一票否决、知情权（查看公司财务状态等）、反稀释、随售权、回购权、至少推荐一名董事。大股东则相应要求拖售权、按比例推荐董事、普通多数表决机制等，合并报表的要求也应落实。与双方都有关系的关联交易问题，一般应设置数额限制，并需得到非关联股东方批准。

就协议内容而言，一般包括股东信息、董事会规则（董事会限制措施）、股东会规则、经营规则、管理层规则、股东纠纷处理规则、股价评估、股权相关规则（买卖、增发、转让、回购、优先购买权、拖售权、同时出售权、同步买卖或强制权）等，以及股息分配原则（分红情形）、违约（违约情形与后果）、争议解决。也有协议包括业务运营条款，但在矿业并购中并不多见。

就企业形式选择而言，一是法人型合资企业，企业是独立法人，由合资企业经营业务，通过股份分红分配利润，股东不负担合资企业税收；二是非法人型合资企业，仅为协议主体关系，非新的法律实体，由各方指定管理者经营业务，不分红，各方按比取得产品，股东各自报税。笔者工作过的一家国内公司在缅甸签署的就是非法人型合资企业，亦即产品分成协议。

就企业股份而言，要注意股权的限制性要求，项目所在国对于外国股份与本国股份比例可能会有限制，如何合法、合理设计股份持有方式对于合资企业的生存与买方的投入至关重要。仍举上文缅甸的案例，根据21世纪初的缅甸矿业法，外国自然人和资本无法持有本地公司股份，故中小型中资企业往往采用华人代持股的方式，而这种设计无疑是最危险的。再如一些南美国家，也会设置如最少一股当地人股的限制，如何无风险地找到一个当地人代持这一股并屏蔽后续风险，应视具体案例分析。

以下为协议条款框架和典型表述（假设 A 公司与 B 公组成公司收购目标公司，基于 A 公司角度设计）。

1. 主体（Parties）

介绍签约各方，典型表述如下：本协议于 × 年 × 月 × 日由以下各方签订，A 方在何地成立，注册地址为何（A, a company incorporated in × with limited liability and whose registered office is at ×，"Party A"）；B 方在何地成立，注册地址为何（B, a company incorporated in × with limited liability and whose registered office is at ×，"Party B"）。

2. 背景介绍（Background）

介绍各方法律关系和协议背景，主要是出资情况，包括拟开展的业务（business to carry on）、股份清单（list of shared issued to shareholders）、协议目的（reasons to enter into the agreement）。

典型表述为：公司在何地成立（the "Company" is a limited company incorporated under the laws of the × on ×），注册资金情况与股东比例（and as at the date hereof has a registered capital of US$ × divided into x Shares of US$1.00 each, of which × and × Shares have been issued and fully paid up and are registered in the name of Party A and Party B for the subscription price of x and x respectively）；公司将收购目标公司的全部（部分）股份（it is intended that the Company will acquire the entire issued share capital of the Target Company）；各方同意签约规范各自在公司的权义（the Parties have agreed to enter into this agreement to regulate their respective rights and obligations in the Company），并为相关运营和管理提供支持（and to provide for the operation and management in relation thereto）。

3. 董事与董事会（Directors and Board Meetings）

一般对董事数量、推荐方式、法定人数、会议安排等做出规定，典型表述如下：

（1）数量（Number）：董事会由 x 名董事组成（the Board shall consist of x Directors），比如 5 名。

（2）任命（Appointment）：A 任命 x 名，B 任命 x 名（A shall be entitled to

appoint x Directors while Party B shall be entitled to appoint x Directors），A方任命董事长（Party A shall appoint the chairman of the Board）。

（3）解除任命（Removal）：一方通过给董事会提交书面通知的形式有权罢免其任命的董事，并任命其他人接替（each Party shall be entitled by written notice to the Board to remove any Director appointed by it/him and to appoint another Director in his place）。

（4）辞任（Resignation）：如一方持股低于 x %（if the shareholding of any Party drops below x % of the issued share capital of the Company），该方应促成其任命的董事在 x 个营业日内书面通知董事会提出辞任［the relevant Party shall procure that the Director（s）appointed by such Party shall within x Business Days serve a written notice to the Board of its/their resignation as Director（s）of the Company］。从控股A方角度而言，该比例可设置为20%。

（5）法定人数（Number Constituting a Quorum）：董事会会议的法定人数（或任何其他委员会）应为 x 位董事或其指定的代表［the quorum for meetings of the Board（or any committee thereof）shall be x Directors or their nominated alternates］。如有5位董事，控股之A方可要求3位董事或代表构成法定人数。

（6）时间（Time）：董事会必须按照章程的程序和要求不时召开（Board meetings shall be held from time to time in accordance with the procedures and requirements laid down in the Articles），任何情况下不能低于 x 个月（比如6个月）一次［in any event, not less than once in every x months（six months）］。

（7）召集会议（Meeting）：任一董事在提前至少 x 天（如14天）以书面形式将列明日期、时间、地点的通知发给各董事可召集会议［a Board meeting may be called by any Director provided that at least x（fourteen）days' notice in writing specifying the date, time, place and agenda of the proposed meeting is given to all Directors prior to the meeting］，除非所有董事书面通知放弃通知要求（unless all Directors agree in writing to waive the notice requirement）。

（8）文件与记录（Documents and Minutes）：在召开董事会前，董事长应向每位董事和董事代理（如有）提交所有相关文件［the chairman shall deliver to each and every one of the Directors and alternate directors（if any）all relevant documents before convening the Board meetings］，会议纪要亦应在会后尽快提交给每位董事（minutes of the Board meetings shall also be delivered to each and every one of the Directors as soon as practicable after the meeting），董事可以指定其代理人履行其义务，参加董事会会议（the Directors may appoint alternate directors to perform their duties and attend the Board meetings）。

（9）表决与打破僵局的程序（voting and procedure for breaking a deadlock）：除另有规定（except as otherwise provided herein），会议决议采取简单多数通过原则（all decisions of the Board shall be made by a simple majority of votes），董事长在出现投票数相等时可投第二票或决定票（the chairman of the Board shall be entitled to a second or casting vote in case of an equality of votes）。此处要注意，简单多数通过原则有利于控股A方，全票和特别表决有利于B方或类似的小股东。

（10）董事会职责（Authority）：董事有权管理和监督公司事务及权力行使（the Board has the authority to manage and supervise the affairs and exercise all powers of the Company），且可以根据法律和协议的规定实施上述行为（and to perform such lawful acts provided under the law, the Articles or this Agreement）。

（11）披露（Discloure）：每位董事或其代理人都必须披露其与相关决议的利益关系（every Director or its alternate director shall disclose its interest in the relevant resolutions）。

（12）忠慎义务（Fiduciary Duties）：各方同意，如其指定或任命的董事疏于职责或违背忠慎义务（the Parties agree that in the event that a Director, nominated or appointed by any of them commits any negligent act or breaches its fiduciary duties），导致公司或其他方受到索赔、诉讼的负面影响（which in turn causes the Company or other Parties to suffer claims, legal actions），则该方应赔偿公司和其他各方遭受或发生的损失和费用（such Party shall indemnify the Company and other Parties against any loss and expenses suffered or incurred）。

（13）股息（Dividends）：一般规定，各方同意公司股利数额和分发由董事会决定（the Parties agree that the amount and distribution of dividends of the Company shall be decided by the Board）。

4. 股东大会与股东（Sharholder's Meetings and Shareholders）

典型表述如下：

（1）时间（Time）：股东会、年会或特别大会，均应根据章程规定的程序和要求不时举行（Shareholders' meetings, whether annual or extraordinary, shall be held from time to time in accordance with the procedures and requirements laid down in the Articles）。

（2）提名（Nomination）：A方提名股东会主席（Party A shall nominate the chairman of the Shareholders' meeting）。

（3）表决与打破僵局的程序（voting and procedure for breaking a deadlock）：除另有规定（except as otherwise provided herein），会议决议采取简单多数通过原则（all decisions of the Board shall be made by a simple majority of votes），大会主席在出现投票数相等时有权投第二票或决定票（the chairman of the Board shall be entitled to a second or casting vote in case of an equality of votes）。

（4）股东不竞争义务（duty not to compete）：在其作为股东期间以及之后的合理时间内（during time being shareholder and reasonable time thereafter），股东有义务在合理的地理区域内（within reasonable geographic area）不竞争。

5. 需要多数同意的表决事项（Matters Requiring Majority Consent）

为避免被边缘化，小股东一般都要求某些事项在表决权上尽量全票通过、将事项范围扩展到公司实质经营层面和资本运作层面。事项范围的讨论是双方谈判的焦点，大股东自然会尽量要求缩小范围。此外，小股东还可能要求开董事会时己方董事必须到场方构成法定人数。大股东的反制措施是，对少数股东董事缺席次数做出限制，超额则构成法定人数。

典型表述如下：股东应行使其拥有的与本公司有关的所有表决权和其他控制权（the Shareholders shall exercise all voting rights and other powers of control available to them in relation to the Company to procure that），以确保未经有权出席任何股东大会并在大会上投票的多数股东的同意（without the consent of a majority in number of the Shareholders having a right to attend and vote at any general meeting），本公司不得

出现如下行为（the Company shall not）：

（1）更改其名称或开展业务的名称、公司章程的名称（change its name or the name under which it carries on business or its Memorandum or Articles）。

（2）更改公司及其子公司、目标公司及其子公司任何成员的任何股份或股份所附带的任何权利（vary any rights attaching to any shares or shares of any member of the company, its subsidiary, the Target Company and its subsidiaries）。

（3）通过任何可能导致其清盘、清算或接管的决议，或与债权人达成任何和解或安排（pass any resolution the result of which would be its winding-up, liquidation or receivership, or make any composition or arrangement with creditors）。

以上为买方/大股东一般可接受的条款，小股东一般还可能会要求限制的事项包括：公司资本金增减、发新股，公司与任何其他法律实体的兼并或合并，超过规定数额的资本支出或承付款项、超过规定数额的公司财产租赁、公司或子公司借款（导致债务总额超过规定数额），与法律文件或任何金融机构有关的授权签字管理层的任何变更、任何超出目标公司正常业务范围的交易（包括建立新的商业合资企业）、目标公司向关联公司贷款、目标公司与股东关联方之间的合同，对公司章程、细则和其他基本变更的修订（如合并），认可或修改预算及公司签订的任何协议，限制或允许任何其他方在股东出售、转让或以其他方式处置其股份或贷款时要求偿还公司债务，审计师的任免、公司雇用股东的任何亲属，董事、高级职员和主要雇员的报酬，宣布分红或分红政策，发行、赎回、抵押或购买股份。

为防止小股东相关条款影响收购，买方还常常设置一个兜底条款。例如，为免生疑问，本协议的任何规定均不得限制本公司收购目标公司或进行任何附带交易（for avoidance of doubt, nothing herein shall restrict the Company from acquiring the Target Company or conducting any transactions incidental to it）。

6. 管理层（Mamangement or Officer）

一般由控股股东通过其推荐的董事长提名总经理、首席财务官和公司秘书。典型表述为：任命公司首席财务官和公司秘书应由董事长提名（the chief financial officer and the company secretary of the Company shall be nominated by the chairman of the Board），并由董事会任命（and appointed by the Board）。公司的审计师和律

师由董事会任命（the auditors and lawyers of the Company shall be appointed by the Board）。

7. 融资（Future Capital Contributions and Finance）

收购后目标公司所需资金除股权融资外，获得方式包括：一是从借款机构（institutional lender）贷款，这涉及股东是否被要求为目标公司的债务按股比担保（liabilities for guarantees shall be shared pro rata）及与股东贷款的先后关系（whether Company is required to try to obtain funds in this manner before turning to shareholders）；二是股东借款（shareholders loan），这涉及列明需要股东贷款的情形（circumstances）、借款额是否设置上限（CAP）、按比例分配及还款（contribution and repayment to be pro rata）、通知要求（notice requirements）、拒绝或实质无能力提供阶段的惩罚性措施（sanctions for failure）、是否计息（bear interest）、还款条件（repayment terms）、利润分配（distribution of net profit）。

典型表述如下：根据股东协议条款和章程，所有未来股份的分配，各方将按照股比（shall be made pro rata based on the Parties' respective shareholdings）或各方一致同意的比例承担（based on such other proportion as may be unanimously agreed upon by all the Parties from time to time）。

公司可能需要的资金应尽可能以第三方贷款的方式从银行和其他金融机构以合理获得的最优惠条件提供（any funding which may be required for the Company shall insofar as possible be provided by way of third party loans from banks and other financial institutions on the most favorable terms reasonably obtainable），除非各方同意（unless the Parties shall agree），为公司提供融资的贷款人或潜在贷款人以获得公司股本的任何利益（直接或间接）作为该等借款的条件［lender or prospective lender shall be allowed to obtain any interest（direct or indirect）in the share capital of the Company as a condition of such borrowing］。

如贷款需担保（if it is necessary for the borrowings to be wholly or partially guaranteed），则各方应按股比进行担保（the Parties hereto shall guarantee such borrowings in proportion to their beneficial shareholdings in the Company）。

如第三方贷款无法获得（if the Company shall fail to obtain any third party borrowings）

或无法满足公司资本开支（the loans are unable to satisfy the capital expenditure），经董事会多数/一致批准（upon obtaining the unanimous/majority approval of all the Directors in the Board），各方可提供股东借款或发行新股进行融资（Parties may provide Shareholder's loan or subscribe Shares on the terms and conditions as the Board considers reasonable）。如明确了股东有提供融资的义务（obligation），而股东未能提供（fail to advance funds），则将实施股权稀释的惩罚性措施（sactions in form of dilution in shareholding will be taken）。

8. 股权转让（Transfer of Shares）

该条款一般用于规定股权转让的权利、程序和限制，包括优先购买权（Right of First Refusal）、反稀释的优先认购权（Pre-emptive Rights）、强制性条款（Short Gun）、拖售权（Drag-along Rights）、随售权（Tag-along Rights/Me Too Clause/Come Along Clause）等。

优先购买权，即一方股东有优先于外部第三方的购买另一方股东拟出售股份的权利。反稀释权，即公司发行新股，老股东股权不被稀释的权利，这是对小股东的保护，大股东的反制措施也简单，就是要求同比例出资，购买新股。强制性条款，即一方股东通知另一方或其他多方，其认为合理的价格，另一方或其他多方要么按此价购买所有股东股权，要么按此价格转让己方股权给对方。拖售权对大股东有利，大股东同意出售股权给第三方时，小股东必须同步出售。随售权/同售权与拖售权对应，即第三方在购买大股东股权时需同比购买小股东股权。

股权转让的一般规定和限制，典型表述为协议任何一方均不得出售、转让其任何股份，除非：①获得其他各方的书面同意（with the written consent of the other Parties），②根据本协议的有关条款（in accordance with the terms of this Agreement）可以出售或转让。

任何股东希望根据第三方受让人的善意书面要约转让或以其他方式处置其持有的全部股份（any Shareholder wishes to transfer or otherwise dispose of all of the Shares held by it），以现金向该转让人购买其股份（"要约权益"），并且该转让人打算将公司的要约权益出售给该第三方受让人（pursuant to a bona fide written offer from a third party transferee to purchase from such Transferor of the

Transferor's Shares "Offered Interest", and such Transferor intends to pursue the sale of the Offered Interest in the Company to such third party transferee），可进行以下操作：

（1）转让人应向其他股东和公司发出书面出售通知，说明第三方受让人的身份（the Transferor shall give a written notice of sale to the other Shareholder and the Company setting forth the identity of the third party transferee），该第三方受让人提出收购要约权益的现金价格（"总销售价格"）以及该要约的所有其他条款和条件，提出以该现金价格并根据该条款和条件向其他股东出售和转让要约权益［the cash price at which such third party transferee has offered to acquire the Offered Interest（"Total Sale Price"）and all the other terms and conditions of such offer, offering to sell and assign to the other shareholder the Offered Interest at such cash price and pursuant to such terms and conditions］。根据该通知发出的要约应在该通知送达后的30个工作日内（"要约期"）继续开放［the offer made under such Sale Notice shall remain open for acceptance for a period expiring 30 Business Days after the service of such Sale Notice（"Offer Period"）］。

（2）其他股东可在要约期结束前向转让人发出书面通知，接受根据出售通知做出的要约（the other Shareholder may accept the offer made under the Sale Notice, by delivery of a written notice to the Transferor prior to the end of the Offer Period）。如果其他股东按照前述条款接受该要约（if the other Shareholder shall accept such offer in accordance with the preceding sentence），则转让人有义务出售（the Transferor shall be bound to sell），且该其他股东有义务以总出售价格购买该要约权益（and such the other Shareholder shall be bound to purchase the Offered Interest at the Total Sale Price）。转让人股份的出售应在要约期结束后的30个营业日内完成，或在获得必要监管批准所需的其他期限内完成（the sale of the Transferor's Shares shall be completed within 30 Business Days after the end of the Offer Period, or such other period as is required to obtain necessary regulatory approvals）。

（3）如果其他股东在要约期结束前发出通知，表示不希望接受出售通知项下的要约（in the event that the other Shareholder shall prior to the termination of the Offer

Period give notice that it does not wish to take up the offer under the Sale Notice ），或如果在要约期结束前该要约未被完全接受（or if such offer is not accepted in full by the end of the Offer Period），则转让人有权在发出该通知后的 30 个营业日内的任何时间（the Transferor shall be entitled at any time within 30 Business Days of such notice being given），或在要约期结束后的 30 个营业日内（within 30 Business Days of the end of the Offer Period），以不低于出售通知中规定的总出售价格的现金价格（at a price in cash of not less than the Total Sale Price set out in the Sale Notice），向出售通知中的指定方出售和转让出售通知中包含的所有转让人股份（to sell and assign all of the Transferor's Shares comprised in the Sale Notice to the person named in the Sale Noticeand otherwise），其条款和条件不得低于出售通知中规定的条款和条件（on terms and conditions no less favourable to the Transferor than the terms and conditions set forth in the Sale Notice）。

（4）在完成日期或之前（on or before the Completion Date），转让人应该：①向拟向转让人（以下简称"买方"）购买股份的人交付股份证书原件以及由买方或其指定人为受益人正式签署的所有转让文件［deliver to the person proposing to purchase the Shares from the Transferor（the "Purchaser"）the original share certificates and all transfer documents duly executed by the Purchaser or its nominee（s）as beneficiaries］；②向公司提交转让人任命的董事的辞职信［submit to the Company resignation letter（s）of the Director（s）appointed by the Transferor］；③采取所有其他行动，并交付买方合理认为必要的所有其他文件，以便达成适当转让，且不附带任何潜在债务（do all such other acts and deliver all such other documents that the Purchaser reasonably believes to be necessary for the proper transfer with no underlying debt liabilities attached）。

除上述条款外，一般还有两条兜底条款，即虽有上述规定，任何股东可将其持有的任何股份的法定权益或实益权益出售、给予、转让、让与、质押、授予担保权益或以其他方式处置给任何许可受让人（如适用）［any Shareholder may sell, give, transfer, assign, pledge, grant a security interest in or otherwise dispose of the legal or beneficial interest in any Shares owned by them to any Permitted Transferee （as applicable）］，未经其他股东事先书面同意，公司股东不得允许或批准相关公司股东的任何权益转让（the corporate Shareholders shall not permit nor approve any transfer of interest in the relevant corporate Shareholder without prior written consent of the other Shareholders）。

9. 运营优先权（Priority Rights Relating to the Projects of the Target Company）

运营优先权一般为控股方提出的控制项目运营和下游产品买卖的条款，是否能进入终稿，取决于谈判。典型表述如下：各方同意并承诺促使目标公司给予 × 方或 × 方指定者优先权以公平合理条件购买 100% 目标公司或其子公司产品（the Parties hereby agree and undertake to procure the Target Company to grant Party A or any nominee of Party A priority rights to buy as much as one hundred percent of the mineral products produced by the Target Company and its subsidiaries at fair and reasonable terms）；排他性指定 × 方或 × 方指定者作为目标公司或其子公司控制的矿山运营方［procure the Target Company （when acquired）to exclusively appoint Party A or any nominee of Party A as the operator of the mines controlled by the Target Company and/or its subsidiaries at fair and reasonable terms］。

10. 终止（Termination or Duration）

一般规定终止条款在企业存续期内有效，在一方违反重要义务时，守约方可终止；终止不豁免其他义务。

典型表述如下：协议在公司破产清算或停止作为一个独立企业单位存在前有效（shall continue in full force and effect until the Company shall be wound up or otherwise cease to exist as a separate corporate entity），或根据以下情况终止（or unless terminated earlier pursuant to Clauses）：如他方违反协议重要义务（has breached any of its/his material obligations），守约一方可终止协议，同时违约方需赔偿守约方损失及因此发生的费用（the Party in default, if any, shall indemnify the losses and costs suffered or incurred by the other Parties）；各方都同意终止，公司停止作为独立企业单位存在（all Parties have agreed to terminate this Agreement and the Company ceases to be a separate corporate entity）；一方收购他方所有股份（one Party acquiring all the Shares in the capital of the Company held by the other Parties）。但协议终止不意味着各方在此时点对其他方所负义务的豁免（Termination of this Agreement pursuant to this Clause shall not release any Party hereto from any other liability which at the time of termination has already accrued to the other Parties）。

11. 协议与章程（Prevalence of Agreement）

协议可约定有分歧之处，协议优先于章程，但从长远考虑（如章程的公示性和协议的保密性），需根据协议在排除保密性内容的前提下安排修改章程。典型表述如下：如果章程与股东协议有分歧或语义不明之处（in the event of any ambiguity or inconsistency between the provisions of this Agreement and the Memorandum and Articles），股东协议条款优先（then the provisions of this Agreement shall prevail）。

此外，承诺与终止 / 退出后承诺条款（遵守协议、投票使公司按协议行事、使协议生效、使代表按协议行事并使协议生效、协议终止或退出后保密与更名处理）、保证条款（股东设立合法、授权完备、合法经营等）、修改条款（书面形式）、通知（书面形式、地址、送达时间）、FMV 与专家裁决（遇到僵局时 FMV 如何确定及如何引入专家）、费用条款（各付其费）、完整性条款（取代之前的其他双方合意性沟通性文件）等条款也应具备，公司证照、公司章程、保险单据、计划预算、贷款协议等文件需列于附件中。

附件

附录1 矿业并购专业术语

附表1 矿业并购专业术语中英文对照表

中文	英文	中文	英文
废巷道	Abandoned Drives	活性煤	Activated Charcoal
抗磨蚀能力	Abrasion Resistance	活化剂	Activator
磨耗试验	Abrasion Testing	真实知悉	Actual Knowledge
磨料	Abrasive	红黏土	Adamic Earth
吸收剂	Absorbent	添加剂	Additive
出入沟，出入引道	Access Ramp	黏着	Adhere
副矿物	Accessory Minerals	黏附力	Adhesion Force
意外爆炸	Accidental Explosion	平硐	Adit
矿山酸性废水	Acid Mine Drainage	平硐口	Adit Collar
酸性矿水	Acid Mine Water	伸缩式支柱	Adjustable Prop
耐酸的	Acid Resistant	裸露装药爆破	Adobe Shot
酸性岩	Acid Rock	掘进	Advancement
酸性岩	Acidite	航磁测绘	Aeromagnetic Survey
酸化	Acidulation	工作面皮带输送机	AFC-The Armored Face Conveyor

续表

中文	英文	中文	英文
亲和力	Affinity	太古宇	Archaean Eonothem
玛瑙	Agate	泥质粉砂岩	Argilaceous
集块岩	Agglomerate	公平定价	Arm's Length Pricing
团聚	Agglomeration	过桥融资	Arrangement Fee
总厚度	Aggregate Thickness	现状	AS IS
搅动，搅拌	Agitation	石棉	Asbestos
未来达成协议的约定	Agreement to Agree	灰熔试验	Ash Fusion
气流	Air Flow	沥青	Asphalt
进气口	Air Intake	化验；分析；鉴定，测定	Assay
气孔，排气口	Air Vent	化验尺度	Assay Foot
航测	Airborne Survey	例行评估工作	Assessment Work
气腿式钻机，风动钻	Airleg	资产贝塔	Asset Beta
总成本	All in Cost	权利转让（普通法角度）	Assignment
合金	Alloy	伴生层	Associate Bed
冲积层；冲积土	Alluvium	螺旋钻	Auger Drill
明矾石	Alunite	辉石	Augite
调整后市值	AMC	高压灭菌器	Autoclave
固定螺栓	Anchor Bolts	自磨	Autogenous Grinding
辅助设备	Ancillary Equipment	巷道顶部	Back
氨油炸药	ANFO	采空区充填	Back Fill
角度不整合	Angular Unconformity	回填物凝固	Backfill Cure
硬石膏	Anhydrite	反铲挖土机	Backhoe
各向异性的	Anisotropic	职工持股计划预留结余	Balance of Plan Reserve
异常	Anomaly	球磨机/球磨厂	Ball Mill
背斜	Anticline	磋商	Bargain
复背斜	Anticlinorium	哑层	Barren Bed
反摊薄	Anti-dilution	玄武岩	Basalt
视倾角	Apparent Dip	基本金属/贱金属（铜、铅、锌、镍等）	Base Metal

续表

中文	英文	中文	英文
基岩	Basement Rocks	平台高度	Berm Interval
矿层露头	Basset	平台	Berms
批量试验，小试	Batch Testwork	电瓶车司机	Berryman
岩基	Batholith	最优报价	Best Offer
平台坡面	Batter	最佳惯例	Best Practices
方形木材支柱	Baulk	银行可贷款程度的可行性研究	BFS Bankable Feasibility Study
铝土矿	Bauxite	双边税收协定	Bilateral Tax Treaty
实立方米	Bank Cabic Meters（BCM）	最终约束力标书	Binding and Final Bid
矿床	Deposit	生物浸出	Bio-concentration
层理	Bedding	生物淋滤，湿法冶金	Bio-leaching
层面	Bedding Planes	双边投资协定	BIT
基岩	Bedrock	爆破钻孔	Blast Hole
台阶坡顶	Bench Crest	方框流程	Block Flowsheet
台阶高度	Bench Height	块段模型	Block Model
台阶坡面角	Bench Slope	监事会	Board Of Commissioners（BOC）
台阶坡底	Bench Toe	董事会	Board Of Directors（BOD）
选矿，富集	Beneficiate	受料漏斗	Boot End
选矿	Beneficiation	矿房	Bord
选矿机械	Beneficiation Machinery	钻孔岩样	Bore Plug
选矿方法	Beneficiation Method	分界线	Boundary
选矿试剂	Beneficiation Reagent	开段沟/井口区。开段沟是指露天矿为建立台阶或台阶初始工作线而掘进的水平堑沟	Box Cut
施惠协议	Benefits Agreement	屏蔽墙	Brattice

181

续表

中文	英文	中文	英文
防火服	Brattice	垫资	Carry
断裂充填带	Break Loosely	筹款	Cash Call
角砾岩	Breccia	陷落	Cave-in
下沉证明	Bringdown Cerfiticate/Statement	顶板冒落带	Caving Zone of Top Wall
巷道与采空区衔接处	Brow	新生界	Cenozoic Erathem
褐煤	Brown Coal	确定资金	Certain Funds
皮带卸料机	BSL- Beam Stage Loader	美国投资委员会	CFIUS
满斗系数	Bucket Fill Factor	白垩	Chalk
斗轮挖掘机	Bucket Wheel Excavators	装炸药	Charge
大规模开采	Bulk Mining	不公正选取可比公司	Cherry Pick
牛鼻楔	Bulkhead	破碎样本	Chip Sample
负担，（爆破）台阶抵抗线宽度	Burden	巷道支柱	Chock
现金成本标准	C1-C3 Cash Costbrook Hunt	铬铁矿	Chromite
钢索锚杆	Cablebolt	溜井	Chute
方解石	Calcite/Calcspar	加拿大矿业冶金石油学会	CIM
寒武系	Cambrian System	加拿大矿业冶金石油学会评估标准	CIMVAL
资本开支	Capex	循环论证	Circular Argument
融资额	Capital Raised	分级机	Classifier
碳回路	Carbon Circuit	黏土	Clay
碳的，碳质的，含碳的	Carbonaceous	黏土矿坑	Clay Pit
卡林型矿床	Carlin-type	黏土岩	Claystone
溢晶石	Carnallite	解理	Cleavage

续表

中文	英文	中文	英文
闭路	Closed Circuit	后决条件，解除条件	Conditions Subsequent（CS）
离合器	Clutch	导管，管道	Conduit
煤，烟煤	Coal	圆锥破碎机	Cone Crusher
煤层	Coal Bed	整合	Conformity
煤田	Coal Field	砾岩	Conglomerate
煤矿矿井	Coal Mine	接触面	Contact
粗粒级	Coarse Fraction	中试	Continuous Pilot Plant Testwork
粗磨	Coarse Grinding	连续	Continuity
粗粒度	Coarse Particle	连续采矿机	Continuous Miner
钴	Cobalt	等值线图	Contour Map
焦，焦炭	Coke	承包商	Contractor
顶板崩落	Collapse of Roof	惯例	Convention
井口，孔口，入口	Collar	传统的旋转钻进	Conventional Rotary Drilling
粉碎	Comminution	皮带运输机	Conveyors
有资质人，合资格人士	Competent Person / Qualified Person	冷却装置	Cooler Units
完成日计价法	Completion Accounts Pricing	公司狙击者	Coporate Raider
交割日价款调整法	Completion Accounts Adjustment	阴极铜	Copper Cathode
混合矿物	Complex Ore	岩芯	Core
抗压强度	Compressive Strength	岩芯筒	Core Barrel
精矿	Concentrate	取芯钻进	Core Drilling
富集，精矿	Concentration	浓缩器，浓密机	Concentrator
概念研究	Conceptual Study	上诉法庭	Court of Appeal
先决条件	Conditions Precedent（CP）	控尘罩	Cowl

183

续表

中文	英文	中文	英文
关键路线法	CPM	数据授权使用	Data License
从中抵扣	Credited Against	折现现金流法	DCF
白垩系	Cretaceous System	岩芯钻探	DD -Diamond Drilling
休息室	Crib Hut and Bathhouse	尽职调查问答	DD Q&A
临界的	Critical	僵局条款	Deadlock/Impasse
交错层理	Cross Bedding	买卖双方的交易动能	Deal Momentum
交叉违约	Cross Default	摇床床面	Deck
横构件	Cross Members	倾斜巷道	Decline
走向	Cross Pitch	余额递减折旧法	Declining-balance Method
石门，横巷	Crosscut	契据	Deed
原矿	Crude	转让契据	Deed of Assignment
破碎机	Crusher	违约/勘探权购买方授权书	Default / Farmee Power of Attorney
破碎站	Crusher Station	答辩	Defence
破碎	Crushing	（初为资产）递延费用	Deferred Expenses
客户熔炼厂	Custom Smelter	对价延期支付	Deferred Payment
巷道掘进的一个步进循环	Cut	（初为负债）递延收入	Deferred Revenues
边界品位	Cut Off Grade	亏损：所有者权益账户出现借方余额	Deficiency
排除值	Cut Value	亏损：留存收益账户出现借方余额	Deficit
避车横巷（槽）	Cut-out	迟发爆破	Delay Blast
或有价值权	Contingent Value Rights（CVRs）	要求登记权	Demand Registration Right
氰化提金	Cyanidation	密度	Density
氰化物	Cyanide	折耗：将自然资源的成本转移到费用账户的过程	Depletion
周期时间	Cycle Time	矿床	Deposit

续表

中文	英文	中文	英文
折旧：固定资产成本在预计使用年限内转到费用账户的过程	Depreciation	异议者退股或评估权	Dissenter's Right, Appraisal Right
矿浆泄压	Depressurization of the Discharge Slurry	股利收益率	Dividend Yield
深度	Depth	干吨	DMT
详细可行性研究	Detailed Definitive Feasibility Studies （DFS）	夜班巡查	Dog-watch
雷管	Detonators	充填长度	Dolly
掘进，开拓	Development	白云岩	Dolomite
掘进钻进	Development Drilling	穹窿	Dome
开拓巷道	Development Drive	金条	Doré Bar
石炭系	Devonian System	复式会计	Double-entry Accounting
设定的起爆点	DFP	故障时间，停机时间	Down time
岩芯钻	Diamond Drill	拖售权、强售权	Drag Along Rights
挖掘半径	Digging Radius	吊斗铲	Dragline
贫化	Dilution	提款	Drawing
贫化岩石	Dilution （mining） Rock	放矿口	Drawpoint
石材，石料型材	Dimensional Stone	溜洞	Drift
闪长岩	Diorite	向上进路充填采矿法	Drift-and-fill
倾角	Dip	钻头	Drill Bit
倾滑断层	Dip Slip Fault	巷道	Drive
坏账核算直接注销法	Direct Write-off Method	驱动头	Drivehead
圆盘真空过滤机	Disc Vacuum Filters	干式磁选机	Dry Magnetic Separators
卸料输送机，排土机	Discharge Conveyor	尽职调查	Due Diligence
不连续	Discontinuity	合法成立、有效存续、资格完备	Duly Organized, Validly Exiting and in Good Standing

续表

中文	英文	中文	英文
转存区	Dumpers	始新统	Eocene Series
卸载半径	Dumping Radius	宇	Eonothem
杜邦分析	Dupont Analysis	工程采购和建设管理	EPCM Engeering Procurement and Construction Management
岩墙	Dyke	浅成热液矿床	Epithermal Deposit
每股收益	Earnings Per Share（EPS）	设备库	Equipment Store
盈利机制	Earn-out	股权贝塔	Equity Beta
利息税项前利润	EBIT	股权市场风险溢价	Equity Market Risk Premium
利息税项折旧摊销前利润	EBITDA	权益证券：公司的普通股和优先股	Equity Securities
税前利润	EBT	排水	Erainage
回购权	Redemption Rights	界	Erathem
生效日	Effective Date	共管账户	Escrow Account
环保影响研究	EIS-Environmental Impact Study	员工持股计划	ESOP
电铲	Electric Shovel	记录禁反言	Estoppel by Record
电子资金转账	Electronic Funds Transfer（EFT）	企业价值	EV
电选	Electrostatic Separation	蒸发岩	Evaporite
紧急响应	Emergency Response	挖掘	Excavation
乳化炸药	Emulsions	重要事项尽职调查报告	Exceptions Only Report
保有储量	Ending Reserve	专家裁定：为股东分歧提供约束性技术与财务意见	Expert Determination

续表

中文	英文	中文	英文
炸药	Explosive	长石	Feldspar
炸药仓	Explosives Storage Bay	勤勉忠实义务	Fiduciary Duty
开采顺序	Extraction Sequences	忠慎义务例外	Fiduciary Out
与日常经营不同的非常项目	Extraordinary items	财务会计	Financial Accounting
巷道正面	Face	财务报表	Financial Statements
公允性意见	Fairness Opinion	债权人	Financiers
静止条款的终止或例外条款	Fall Away Provision	细碎	Fine Crushing
风扇	Fan	细粒级	Fine Fraction
勘探权购买方	Farmee	金纯度	Fine Gold Fineness
勘探权出让方	Farmor	细磨	Fine Grinding
勘探权购买/出让协议	Farm-out /Farm-in Agreement（FOA/FIA）	细粒度	Fine Particle
断层	Fault	瓦斯爆炸	Fire Damp Explosion
断层角砾岩	Fault Breccia	起爆点	Fire Depot
断层泥	Fault Gouge	急救中心	First Aid Centre
断层线	Fault Line	会计年度	Fiscal Year
断层面	Fault Surface	裂缝	Fissure
自由现金流	FCT	顶板裂隙带	Fissure Zone of Top Wall
可行性研究	Feasibility Study	固定资产减值	Fixed Asset Impairment
尖灭	Feather Edge	固定资产	Fixed Assets
给料口	Feed Inlet	固定成本	Fixed Costs
给料	Feed Material	近水平及缓倾斜矿床	Flat-bedded or Gently-inclined Deposit
给矿泵	Feed Pump	替换员	Floater

187

续表

中文	英文	中文	英文
底板	Floor	地质控制	Geology Control
浮选	Flotation	岩石力学	Geomechanics
浮选机	Flotation Machine	地球物理勘探	Geophysical Survey
流程	Flowsheet	地质统计学	Geostatistics
萤石	Fluor	岩土力学性质	Geotechnical Property
装运港船舷为界限区分费用与风险的贸易条件	FOB	矿压技术，土工学	Geotechnics
褶皱	Fold	冰川	Glacier
褶轴	Fold Axis	片麻岩	Gneiss
形式要求	Fomality	招揽条款	Go Shop
球场估值图	Football Field Valuation Chart	采空区	Goaf
底板、下盘	Footwall	块金	Gold Nugget
不可抗力	Force Majeure	金矿矿脉	Gold Reef
组	Formation	良好证明	Good Title
裂隙，裂痕，裂缝，裂面	Fracture	铁帽	Gossan
自由现金流	Free Cash Flow	地堑	Graben
免选矿石	Free Milling	品位	Grade
自由沉降	Free Setting	品位控制	Grade Control
前装机	Front end Loaders	平路机	Grader
棘轮条款	Full Ratchet Provision	粒度	Grain Grade
全面尽职调查报告	Full Report	花岗岩	Granite
完全摊薄股票	Fully Diluted Shares	花岗闪长岩	Grano Diorite
平硐，平巷	Gallery	石墨	Graphite
总分类账	General Ledger	砾石	Gravel
地球化学	Geochemistry	重选	Gravity Separation
地质构造	Geologic Structure	溢价回购讹诈	Green Mail

续表

中文	英文	中文	英文
绿岩带	Greenstone Belt	香港国际仲裁中心	HKIAC
格筛	Grizzly	香港联交所	HKSE
棒条筛	Grizzly Screen	提升机	Hoist
累计厚度	Gross Thickness	全新统	Holocene Series
地下水	Groundwater	层位	Horizon
群	Group	角闪石	Hornblende
燃料	Fuel	地垒	Horst
喷浆	Gunite	围岩	Host Rock
排水沟，淤沟	Gutter	上议院	House of Lord
石膏	Gypsum	液压支柱	Hydraulic Chock
旋回破碎机	Gyratory Crusher	液压挖掘机	hydraulic Excavator
断层倾角	Hade	液压挖掘机	Hydraulic Shovel
上盘	Hanging Wall	旋流器	Hydrocyclone
运输道路	Haul Road	旋流器组	Hydrocyclone Assembly
运输卡车	Haul Truck	湿法冶金	Hydrometallurgy
入选品位	Head Grade	热液	Hydrothermal
原矿品位，入选品位	Head Grade	深成矿床	Hypogene Deposit
井架	Headframe	火成岩	Igneous Rock
堆浸	Heap Leaching	指示性估值分析	Illustrative Valuation Analysis
持有至到期证券	Held-to-maturity Securities	信息备忘录	Information Memorandum（IM）
赤铁矿	Hematite	反击破碎机	Impact Crusher
高等法院	High Court	善意	in Good Faith
高品位富矿	High Grade Rich ore	倾斜矿床	Inclined Ore Bed
高梯度磁选机	High Gradient Magnetic Separators	收入投资者	Income Investors
高压辊磨机	High Pressure Grinding Roll	职工持股计划结余增量	Increase to Plan Reserve

续表

中文	英文	中文	英文
随通胀调整	Indexed to Inflation	颚式破碎机	Jaw Crusher
控制的	Indicated	跳汰机	Jig
控制资源量	Indicated Mineral Resource	节理	Joint
推断的	Inferred	澳洲勘查、矿产资源量与储量报告规范	JORC（Joint Ore Reserves Committee Code）
加拿大推断资源量定义	Inferred Mineral Resource（CIM Definition）	日记账	Journal
加密钻探	In-Fill Drilling	日记账分录	Journal Entry
初始资本开支	Initial Capex	司法原籍	Judicial Home
首次公开招股	Initial Public Offering（IPO）	掘进钻机	Jumbo/Jumper
侧洞	Inset	侏罗系	Jurassic System
资不抵债	Insolvency	无理由拒绝权	Just Say No, No Means No
仪表	Instrumets	标志层	Key Bed
无形资产	Intangible Assets	吊桶	Kibble
临时会议	Interim Meeting	角砾云橄岩，金伯利岩	Kimberlite
过渡期	Interim Period	克立金估值	Krieg Estimation
联锁	Interlock	熟知交易对手	KYC（Know your Client）
区间矿柱	Interpanel Pillar	缺失	Lacuna
侵入	Intrusive	坍落	Landslide
距离幂次反比法	Inverse Distance Square（IDS）	布置图，分布图	Layout
发票	Invoice	堆浸	Leach/Heap Leach
铁矿	Iron Ore	可淋滤的	Leachable
立体图	Isometric View	分类账	Ledger
禁反言	Issue of Estoppel	法定住所地	Legal Domicile
价内期权	ITM Options	透镜状结构	Lensoid

续表

中文	英文	中文	英文
主平巷	Level	长吨	Long Ton
液位控制	Level Control	长期负债	Long-term Liabilities
铲运机	LHD	回路	Loop
负债	Liabilities	润滑系统	Lubrication System
伦敦银行同业拆借利率	LIBOR Rate	镁铁质，基性岩	Mafic
授权费用	License Fee	炸药库	Magazine
轻型车	Light Vehicles	岩浆岩	Magmatic Rock
褐煤	Lignite	磁选	Magnetic Separation
翼	Limb	磁敏度	Magnetic Susceptibility
石灰	Lime	磁铁矿	Magnetite
灰岩	Limestone	年报中的管理层讨论与分析	Management Discussion and Analysis（MDA）
石灰石	Limestone	管理层介绍	Management Presentation
部门管理层	Line Management	管理会计	Managerial Accounting
直线筛	Linear Screen	载人车	Man-car
衬板	Liner	人员通道	Manway
固液分离	Liquid Separation	大理岩	Marble
清算	Liquidation	利率差价	Margin
锁箱机制	Locked Box	市场检验，引发买方竞争	Market Check
槽式洗矿机	Log Washing	泥灰壤土	Marl Loam
伦敦金属交易所	London Metals Exchange	泥灰岩	Marlstone
最终完成日	Long Stop Date/Sunset Date	大规模硫化矿	Massive Sulphide
长期通胀率	Long Term Inflation	票据到期值	Maturity Value

续表

中文	英文	中文	英文
加拿大探明资源量定义	Measured Mineral Resource（CIM Definition）	矿灯/安全灯	Miner's Lamp
探明资源	Measured Resource	少数股权	Minority Interest
段	Member	中新统	Miocene Series
莫瑞克洛沉淀，析出	Merrill-Crowe Precipitation	机动设备	Mobile Equipment
网目	Mesh	钼	Molybdenum
中元古界	Mesoproterozoic Erathem	抵押或质押	Mortage or Charge
中生界	Mesozoic Erathem	电机	Motor
冶金煤，炼焦煤	Metallurgical Coal	爆堆	Muck
冶金学	Metallurgy	爆堆取样	Muck Sample
变质岩	Metamorphic Rock	泥岩	Mudstone
云母	Mica	废石	Mullock
选矿厂	Mill	白云母	Muscovite
矿	Mine	无更优报价前提下，直接否决买方权利	Naked-no Vote
矿山开发，矿山开拓	Mine Development	天然金属	Native Metal
矿山可行性研究	Mine Feasibility Study	每股净资产	NAVPS
矿山生产能力	Mine Production Capacity	晚第三系	Neogene System
矿工	Miner	新元古界	Neoproterozoic Erathem
矿物	Mineral	禁止招揽	No Shop
矿床	Mineral Deposit	禁止接触	No Talk
加拿大储量定义	Mineral Reserve（CIM Definition）	价值不得溢出	No Value Leakage
矿产资源	Mineral Resource	易选矿石	Non-refractory Ore

续表

中文	英文	中文	英文
正断层	Normal Fault	矿石	Ore
非矛实盾，可抗辩，但不得据此另起诉讼	Not a Sword But Shield	矿石贫化损失	Ore Dilution
权利义务的继承者转让	Novation	溜井	Ore Pass
净现值	NPV	矿石回收率	Ore Recovery Rate
净冶炼返还	NSR	矿石储量	Ore Reserve
存货销售周期	Number of Days' Sales in Inventory	矿石堆	Ore Stockpile
应收账款周转天数	Number of Days' Sales in Receivables	矿体	Ore Body
附带意见	Obiter Dicta	露头	Outcrop
合同解释的客观标准	Objective Test	发行在外的普通股	Outstanding Common Shares
产状	Occurrence	超过预期的破碎	Overbreak
海外直接投资	Overseas Direct Investment（ODI）	覆盖物	Overburden
包销协议	Offtake Agreement	风桥	Overcast
古老空区	Old Kilns	筛上料	Overize
渐新统	Oligocene Series	皮带桥	Overpass
基于其原本状态	On a as is Basis	英国法院诉讼程序最高目标，公平低费	Overriding Objective
一次性买卖	One off Transaction	氧化	Oxidation
在线粒度分析仪	Online Analyzer	氧化矿	Oxide Ore
罐笼控制员	Onsetter	市值/净资产价值	P/NAV
开路	Open Circuit	古元古界	Palaeoproterozoic Erathem
期初报表	Opening Statement	古新统	Paleocene Series
正文	Operative Provisions	早第三系	Paleogene System
优化	Optimize	古生界	Paleozoic Erathem
期权	Option	采掘带	Panel
奥陶系	Ordovician System	柱/矿柱	Pillar

续表

中文	英文	中文	英文
平行不整合	Para Unconformity	投行项目建议书	Pitch Book
粒度	Particle Size	矿井口/井口	Pithead/Mine Entrance
粒径	Particle Size	配售股	Placement share
起诉书诉讼请求细节	Particulars of Claim	（含金、铂等的）砂矿，砂积矿床	Placer
尾矿回填，膏体回填	Paste Backfill	平面图	Plan View
尾矿回填，膏体充填	Paste Fill	设计贫化	Planned Dilution
初步经济评估	PEA	厂房	Plant
泥炭/泥煤	Peat	设备装卸横巷	Plat
泥炭沼	Peat Bog	更新统	Pleistocene Series
是否要求卖方提供履约担保	Performance Guarantee	上新统	Pliocene Series
二叠系	Permian System	倾俯角	Plunge
允许的价值溢出	Permitted Leakage	矿穴	Pocket
备用金	Petty Cash Fund	净化池	Polishing Pond
显生宇	Phaneozoic Eonothem	多金属矿床	Polymetallic ore
千枚岩	Phyllite	斑岩	Porphyry
岩石物理性质	Physical Properties of Rock	斑岩型铜矿	Porphyry Copper
镐	Pick	主井口	Portal
共同登记权	Piggyback Registration Right	卸任后	Post Employment
打桩	Piling	交割后收益	Post-Closing Consideration
矿柱回采	Pillar Extraction	融资后资本结构	Post-Money Capitalization
松油	Pine Oil	融资后股本比例	Post-Money Equity
露天运输系统	Pit Haulage System	融资后企业价值	Post-money Valuation
露天坑境界	Pit Limits	钾碱，碳酸钾，氢氧化钾	Potash
露天矿边坡	Pit Slopes	钾	Potassium

续表

中文	英文	中文	英文
个人安全保护装备	PPE-personal Protection Equipment	协议的优先性	Priority of Agreement
执业指南	Practice Direction	同比例	Pro Rata
交易案例可比值	Precedent Transaction Comparable	选矿厂	Processing mill（plant）
沉淀，析出	Precipitation	允诺	Promise
调试	Precommissioning	被允诺方	Promisee
优先购买权	Pre-emption	允诺方	Promisor
优先认股权	Preemptive Rights	溢价	Promote
预可行性研究	Pre-feasibility Studies（PFS）	支柱	Prop
初步工程设计	Preliminary Engineering Design	见矿点	Prospect
初步可行性研究	Preliminary Feasibility Study（PFS）	探矿者	Prospector
初步评估，概略研究	Preliminary Assessment（PA）	元古宇	Proterozoic Eonothem
融资前资本结构	Pre-Money Capitalization	元古代的岩石	Proterozoic Rock
融资前股本比例	Pre-Money Equity	证实储量	Proven Reserve
融资前估值	Pre-money Valuation	规定	Provisions
现值	Present Value	买方对卖方发起委托投票权争夺战	Proxy Contest
加压浸出	Pressure Leaching	市场公告/媒体公告	Public Announcement/Press Release
加压氧化	Pressure Oxidation	公开市场	Public Market
市盈率	Price-earnings（P/E）Ratio	矿浆	Pulp
粗碎	Primary Crushing	粉磨机	Pulverizer
起爆药包	Primers	水泵站，水泵横巷	Pump Cuddy

续表

中文	英文	中文	英文
开拓沟道	Pushbacks/Cutbacks	例行维护	Regular Maintenance
回购协议	Put Option Agreement	调解装置	Regulator
交易曝光后买方的28天内明确交易意图	Put Up or Shut Up	支护，加固	Rehab
黄铁矿	Pyrite	对答辩的答复	Reply to Defence
露天采石场	Quarry	根本违约	Repudiatory Breach
石英	Quartz	储量	Reserve
石英岩	Quartzite	水库，储藏	Reservoir
第四系	Quaternary System	资源风险	Resource Risk
速动资产	Quick Assets	资源	Resources
速冻比率	Quick Ratio	限制性股票	Restricted Share
天井	Raise	保留	Retained
斜坡道路	Ramp	留存收益	Retained Earnings
投资回报率	Rate of Return on Investment（ROI）	露华浓规则	Revlon Rule
反循环（穿孔）	RC-Reverse Circulation	侧壁	Rib
活性成分	Reactive Component	天井	Rise
溶剂萃取	Reagent Extraction	道路等级	Road Grades
变现	Realization	道路坡度	Road Gradient
扩孔，扩孔钻进	Reaming	岩	Rock
后卸式卡车	Rear Dump Trucks	破碎岩样	Rock Chip Sample
复垦	Reclamation	岩体	Rock Mass
回收率	Recovery	岩石力学	Rock Mechanics
回购权、回赎权	Redemption Option	石盐	Rock Salt
难选矿石	Refractory Ore	锚杆	Rockbolt
（股票交易）登记权	Registration Rights	锚固支护	Rockbolting
海退	Regression	岩爆	Rockburst

续表

中文	英文	中文	英文
棒磨机	Rod Mill	二次富集	Secondary Enrichment
对辊破碎机	Roll Crusher	区段	Section
立磨	Roll Mil	担保权益	Security Interest
牙轮钻头	Roller Bit	沉积	Sedimentaiton
原矿破碎机和原矿仓	ROM Crusher and ROM Bin	沉积岩	Sedimentary Rocks
顶板	Roof	地震事件	Seismic Events
顶板管理	Roof Control	减持股票	Sell Down
顶板稳定性	Roof Stability	高等法院	Senior Courts
顶板支护	Roof Support	分选	Separation
房柱采矿法	Room & Pillar Method	统	Series
权益金	Royalty	服务孔	Service Hole
证据规则	Rule of Evidence	竖井	Shaft
原矿（堆）	Run-of-mine（ROM）	页岩	Shale
半自磨	SAG-Semi Autogenous Grinding	剪切	Shear or Shearing
取样	Sample	剪切带	Shear Zone
砂	Sand	滚齿刨煤机	Shearer
砂岩	Sandstone	卖方与数个卖方谈判	Shop Around
片岩	Schist	放炮工	Shot Firer
概略研究	Scoping Study	喷浆加固	Shotcrete
平土机，铲土机	Scraper	起爆首发孔	Shotholes
筛网	Screen Cloth	铲，锹	Shovel
筛孔	Screen Opening	电瓶车	Shuttle Car
外排气体的净化	Scrubbing of the Discharged Gas	社会影响评估	Social Impact Assessment（SIA）
封闭	Seal	新加坡国际仲裁中心	SIAC
矿层走向	Seam Strike	补充协议	Side Letter
矿脉	Sean	筛分	Sieving
中碎	Secondary Crushing	导爆管	Signal Tube

续表

中文	英文	中文	英文
签字日	Signing Date	溶液中和	Solvent Neutralization
岩床	Sill	标准作业过程	Standard Operation Procedures（SOP）
粉砂岩	Siltstone	碎矿工	Spaller
泥盆系	Silurian System	规格	Specification
震旦系	Sinian System	减速机	Speed Reducer
地面服务人员、设施、材料消耗开支等	Site Surface Overheads	螺旋分级机	Spiral Classifier
实地考察	Site Visit	劈裂式锚杆	Splitset
矽卡岩	Skarn	堆料机，排土机	Stacker
矿渣	Slag	阶	Stage
矿渣场	Slag Heap	阶段破碎	Stage Crushing
石板	slate	提前建仓	Stakebuilding
擦痕面，断面擦痕，滑面	Slickenside Geological Term	标准作业过程	Standard Operation Procedures
边坡稳定	Slope Stability	标准支护文件	Standard Support File
横巷，（巷道的）侧槽	Slot	备用股权协议	Standby Equity Agreements
浆状炸药	Slurries	禁购静止条款	Standstill
水力开采	Slurry Mining	订书钉融资（卖方向买方提供融资方案）	Staple Financing
氰化钠	Sodium Cyanide	诉讼文件	Statement of Case
水玻璃	Sodium Silicate	现金流量表	Statement of Cash Flows
硫化钠	Sodium Sulfide	所有者权益表	Statement of Owner's Equity
电解萃取	Solvent Extraction-Electrowinning（SX-EW）	诉讼文件内的真实性声明	Statement of Truth

198

续表

中文	英文	中文	英文
逐步钻探	Step-out Drilling	子公司	Subsidiary Company
股东权益	Stockholders' Equity	硫酸	Sulfuric Acid
储矿堆	Stockpile	硫化矿	Sulphide Ore
存储堆（巷道）	Stockpile	硫化物	Sulphides
石粉	Stone Dust	硫黄	Sulphur
石工锤	Stonemason	（巷道中的）集水坑，污水坑	Sump
采区	Stope	排水泵	Sump Pump
采区设计文件	Stope Design File	落日条款	Sunset Date/Drong Dead Date
探采平衡文件，采损平衡文件	Stope Reconciliation File	跟投超过原股份比例	Super Rata
背带	Strap	浅生（沉积）矿床	Supergene
地层对比	Stratigraphic Correlation	（井下）支护	Support
地层，地层学	Stratigraphy	露天矿运输	Surface Mine Haulage
矿层	Stratum	露天开采境界	Surface Mining Limits
金属流	Stream	（掘进）测量控制	Survey Control
走向	Strike	更新资金	Sus Capex
法院拒纳诉讼文件	Strike Out	可持续	Sustainability
走滑断层	Strike Slip Fault	可持续发展	Sustainable Development
脉道	Stringer	持续性资本开支	Sustaining Capex
剥离	Strip	松散系数	Swell Factor
剥采比	Stripping Ratio	钾石盐	Sylvine
次级水平	Sub Level	人工合成	Synthetic
超钻深度	Subdrill	系	System
所议事项	Subject Matter	水氯镁石	Tachydrite
分水平	Sublevel	随售权、共售权	Tag Along Rights

续表

中文	英文	中文	英文
尾矿	Tailings	总负债	Total Debt
尾矿池	Tailings Pond	总生产成本	Total Production Cost
尾矿存储设施	Tailings Storage Facility	交易可比值	Trading Comparables
要么拿走标的，要么支付约定金额	Take or Pay	列车	Trains
山麓堆积物	Talus	过渡期服务协议	Transactional Services Agreement
应税所得	Taxable Income	转让日/交割日	Transfer Data/Completion Date
项目推荐材料	Teaser	海浸	Transgression
构造	Tectonics	探槽	Trench
抗拉强度	Tensile Strength	走向	Trend
土地使用权	Tenure	三叠系	Triassic System
条款	Terms	真倾角	True Dip
第三系	Tertiary System	细磨机	Tube Mill
矿柱回采	the Recovery of Ore Pillar	凝灰岩	Tuff
浓密机，浓密池	Thickener	隧道	Tunnel
落差	Throw	隧道掘进机	Tunnel-Boring-Machine
冲断层	Thrust	重组	Turnaround
等待、计时费：买方拖延给卖方的赔偿	Ticking Fees	双锥破碎机	Twin Cone Crusher
矿渣堆	Tip	双臂掘进钻机	Two Boom Jumbo
权属流转	Title Chain	超微颗粒	Ultrafine Particle
锚杆盖	Top Hat	首席仲裁员	Umpire
表土	top Soil	第三方取样化验	Umpire Sample or Assay
地形图	Topographical Map	不整合	Unconformity
地形	Topography	小于预期的破碎	Underbreak
总现金成本	Total Cash Cost	在采空区上方开采（作业）	Undercutter

续表

中文	英文	中文	英文
底流泵	Underflow Pump	废料	Waste
不可分割权益	Undivided Interest	排土	Waste Disposal
预收款	Unearned Revenue	排弃	Waste Dumps
筛下料	Unersize	潜水面，地下水面	water Table
上部地层	Upper Formation / Segment	风化	Weathering
买方向银行提交的使用贷款申请	Utilisation Request	楔子	Wedge
有用矿物	Valuable Mineral	加权平均反稀释条款	Weighted Average Anti-dilution Provision
估价调整机制	Valuation Adjustment Mechanism（VAM）	湿式磁选机	Wet Magnetic Separators
阀门	Valve	轮式装载机	Wheel Loader
变异曲线，方差图	Variogram	破产清盘全程	Wind Up
矿脉	Vein	卷扬机	Winder
卖方融资	Vendor Financing	（巷道间的）联络道路	Winze
通风	Ventilation	拒付款项	Withhold Payments
通风井	Ventilation Shaft	排除冲突法的适用	Without Reference to Conflicts of Law Principles
（小股东）重大事项否决权	Veto on Important Matters	不得无故拖延	Without Undue Delay
振动筛	Vibrating Screen	湿吨	WMT
明金，自然金	Visible Gold	以工作量为准的对价	Work-based Consideration
成交量加权平均价	VWAP	流动资金	Working Capital
加权平均资本成本	WACC	产率	Yield
矿体围岩	Wall Rock	交割为界限双方各负其责	Your Watch，My Watch
认股权证	Warrants	Zinc Ingot	锌锭
洗矿	Washing	Zone of Oxidation	氧化带
冲蚀区	Washout		

附录 2 全球在产铜、金、银矿项目汇总

附表 2 全球在产铜矿项目汇总（包括铜为副产品的项目）

序号	项目名称	国家	控股公司	类型
1	Buenavista del Cobre（SX-EW）Mine	Mexico	Grupo Mexico	OP
2	Chino Copper（SX-EW）Mine	USA	FCX	OP
3	Balkhash Copper Mines	Kazakhstan	Kazakhmys	OP,UG
4	Tintaya Copper（SX-EW）Mine	Peru	Glencore Xstrata	OP
5	El Teniente Copper（SX-EW）Mine	Chile	Codelco	OP
6	Langlois（Grevet）Polymetallic Mine	Canada	Nyrstar	UG
7	Mantos Blancos Copper（SX-EW）Mine	Chile	Anglo American	OP
8	Escondida Copper（SX-EW）Mine	Chile	BHP Billiton, Rio Tinto Group, Mitsubishi, JX Nippon	OP
9	Antamina Copper/Zinc Mine	Peru	BHP Billiton, Glencore Xstrata, Teck, Mitsubishi	OP
10	Batu Hijau Copper/Gold Mine	Indonesia	Newmont Mining, NSSMC, Bumi plc, PT Multi Daerah	OP
11	La Caridad Copper（SX-EW）Mine	Mexico	Grupo Mexico	OP
12	Voisey's Bay Nickel/Copper Mine	Canada	Vale	OP
13	Tizapa Polymetallic Mine	Mexico	Penoles, Dowa Metals, NSSMC	UG
14	Cerro Verde Copper Mine	Peru	FCX, SMM, Buenaventura	OP
15	Cuajone（SPCC）Copper Mine	Peru	Grupo Mexico	OP
16	Escondida Copper Mine	Chile	BHP Billiton, Rio Tinto Group, Mitsubishi, JX Nippon	OP
17	Spence Copper（SX-EW）Mine	Chile	BHP Billiton	OP
18	Radomiro Tomic Copper（SX-EW）Mine	Chile	Codelco	OP

续表

序号	项目名称	国家	控股公司	类型
19	Chuquicamata Copper（SX-EW）Mine	Chile	Codelco	OP
20	Garpenberg Lead/Zinc Mines	Sweden	Boliden	UG
21	Collahuasi Copper（SX-EW）Mine	Chile	Anglo American, Glencore Xstrata, Mitsui, JX Nippon	OP
22	Khanong（Sepon）Copper（SX-EW）Mine	Laos	Minmetals	OP
23	Bingham Canyon Copper Mine	USA	Rio Tinto Group	OP,UG
24	Pinto Valley Miami Copper（SX-EW）Mine	USA	BHP Billiton	OP
25	Toquepala（SPCC）Copper Mine	Peru	Grupo Mexico	OP
26	Palabora UG Copper Mine	South Africa	Rio Tinto Group	UG
27	Sierrita Copper（SX-EW）Mine	USA	FCX	OP
28	Collahuasi Copper Mine	Chile	Anglo American, Glencore Xstrata, Mitsui, JX Nippon	OP
29	La Caridad Copper Mine	Mexico	Grupo Mexico	OP
30	Alumbrera Gold/Copper Mine	Argentina	Glencore Xstrata, Goldcorp, Yamana	OP
31	El Teniente Copper Mine	Chile	Codelco	UG
32	Buenavista del Cobre Copper Mine	Mexico	Grupo Mexico	OP
33	Morenci Copper（SX-EW）Mine	USA	FCX, NSSMC	OP
34	Perseverance Zinc Mine	Canada	Glencore Xstrata	UG
35	Los Bronces Copper（SX-EW）Mine	Chile	Anglo American,Codelco,Mitsubishi	OP
36	Safford Copper（SX-EW）Mine	USA	FCX	OP
37	Los Pelambres（OP）Copper Mine	Chile	Antofagasta	OP
38	Hudson Bay Mines	Canada	Hudbay Minerals	UG
39	Tintaya Copper Mine	Peru	Glencore Xstrata	OP
40	Ray Copper（SX-EW）Mine	USA	Grupo Mexico	OP

续表

序号	项目名称	国家	控股公司	类型
41	Pyhäsalmi Mine	Finland	First Quantum	UG
42	Kansanshi Copper (SXEW) Mine	Zambia	First Quantum	OP
43	Mantoverde Copper (SX-EW) Mine	Chile	Anglo American	OP
44	Chuquicamata Copper Mine	Chile	Codelco	OP
45	Zhezkazgan Copper Mines	Kazakhstan	Kazakhmys	UG
46	Tenke Fungurume Copper/Cobalt Mine	Congo (Dem Rep)	FCX, Lundin Mining, Gecamines	OP
47	Cerro Verde Copper (SX-EW) Mine	Peru	FCX, SMM, Buenaventura	OP
48	Las Cruces Copper (SX-EW) Mine	Spain	First Quantum	OP
49	Chungar (Animon) Zinc Mine	Peru	Volcan	UG
50	Aitik Copper Mine	Sweden	Boliden	OP
51	Los Bronces Copper Mine	Chile	Anglo American, Codelco, Mitsubishi	OP
52	East (Vostok) Region Copper/Zinc Mines	Kazakhstan	Kazakhmys	OP,UG
53	Mission Complex Copper Mines	USA	Grupo Mexico	OP
54	Norilsk Nickel Russia	Russia	Norilsk Nickel	OP,UG
55	Cerro Lindo Copper Mine	Peru	Votorantim	UG
56	Zaldivar Copper Mine	Chile	Barrick	OP
57	Gabriela Mistral Copper (SX-EW) Mine	Chile	Codelco	OP
58	Toquepala (SPCC) Copper (SX-EW) Mine	Peru	Grupo Mexico	OP
59	Kidd Creek Polymetallic Mine	Canada	Glencore Xstrata	UG
60	Lumwana Copper Mine	Zambia	Barrick	OP
61	KGHM Copper Mines	Poland	KGHM	UG
62	Northparkes Copper/Gold Mine	Australia	Rio Tinto Group	OP,UG
63	Mount Isa Copper Mine	Australia	Glencore Xstrata	UG

续表

序号	项目名称	国家	控股公司	类型
64	La Candelaria Copper/Gold Mine	Chile	FCX	OP
65	Sabinas Silver/Lead Mine	Mexico	Penoles	UG
66	Highland Valley Copper Mine	Canada	Teck	OP
67	Tyrone Copper（SX-EW）Mine	USA	FCX	OP
68	Lomas Bayas Copper（SX-EW）Mine	Chile	Glencore Xstrata	OP
69	El Abra Copper（SX-EW）Mine	Chile	FCX, Codelco	OP
70	Bagdad Copper（SX-EW）Mine	USA	FCX	OP
71	Cayeli Polymetallic Mine	Turkey	First Quantum	UG
72	Prominent Hill Polymetallic Mine	Australia	OZ Minerals	OP,UG
73	Ok Tedi Copper/Gold Mine	Papua New Guinea	PNGSDP, State of Papua New Guinea	OP
74	El Tesoro Copper（SX-EW）Mine	Chile	Antofagasta, Marubeni	OP
75	Sierrita Copper Mine	USA	FCX	OP
76	Brunswick（Bathurst）Lead/Zinc Mine	Canada	Glencore Xstrata	UG
77	Santa Barbara Polymetallic Mine	Mexico	Grupo Mexico	UG
78	El Soldado Copper Mine	Chile	Anglo American, Codelco, Mitsubishi	OP
79	Ridgeway Deeps Gold Mine	Australia	Newcrest	UG
80	Chino Copper Mine	USA	FCX	OP
81	Quebrada Blanca Copper（SX-EW）Mine	Chile	Teck	OP
82	Sudbury Nickel/Copper Mines	Canada	Glencore Xstrata	UG
83	Continental Copper Mine	USA	Montana Resource, Grupo Mexico	OP
84	Cerro Colorado Copper（SX-EW）Mine	Chile	BHP Billiton	OP
85	Charcas Polymetallic Mine	Mexico	Grupo Mexico	UG
86	Raglan Nickel/Copper Mine	Canada	Glencore Xstrata	UG

续表

序号	项目名称	国家	控股公司	类型
87	Grasberg/Ertsberg Copper/Gold Mine	Indonesia	FCX	OP,UG
88	Konkola Copper/Cobalt Mine	Zambia	Vedanta, ZCCM	UG
89	Nchanga Copper（Tailings Leach）Mine	Zambia	Vedanta, ZCCM	Tail
90	Bagdad Copper Mine	USA	FCX	OP
91	Boddington（Worsley）Bauxite Mine	Australia	BHP Billiton	OP
92	Ray Copper Mine	USA	Grupo Mexico	OP
93	Atacocha Lead/Zinc/Silver Mine	Peru	Votorantim	UG
94	El Porvenir（Milpo）Polymetallic Mine	Peru	Votorantim	UG
95	Nchanga Copper/Cobalt Mine	Zambia	Vedanta, ZCCM	OP,UG
96	Sossego Copper Mine	Brazil	Vale	OP
97	Salvador Copper（SX-EW）Mine	Chile	Codelco	OP
98	Neves Corvo Copper Mine	Portugal	Lundin Mining	UG
99	Boliden/Kristineberg Polymetallic Mines	Sweden	Boliden	OP,UG
100	Viburnum Lead/Zinc Mines	USA	Doe Run	UG
101	Cobriza Copper Mine	Peru	Doe Run	UG
102	Kansanshi Copper Mine	Zambia	First Quantum	OP
103	Peak Gold Mine	Australia	New Gold Inc	UG
104	Mount Polley Copper/Gold Mine	Canada	Imperial Metals	OP
105	Olympic Dam Copper/Gold Mine	Australia	BHP Billiton	UG
106	Raura Lead/Zinc/Silver Mine	Peru	Raura	UG
107	Gibraltar（McLeese Lake）Copper Mine	Canada	Taseko, Sojitz Corp, Dowa Metals, Furukawa Co	OP
108	El Soldado Copper（SX-EW）Mine	Chile	Anglo American, Codelco Mitsubishi	OP
109	Campo Morado Polymetallic Mine	Mexico	Nyrstar	UG
110	Mogalakwena（Platreef）PGM Mine	South Africa	Anglo American	OP

续表

序号	项目名称	国家	控股公司	类型
111	Michilla (El Lince) Copper (SX-EW) Mine	Chile	Antofagasta	OP,UG
112	Telfer Gold Mine	Australia	Newcrest	OP,UG
113	LaRonde Gold Mine	Canada	Agnico-Eagle	UG
114	Golden Grove Base/Precious Metals Mine	Australia	Minmetals	UG
115	Miami Copper (SX-EW) Mine	USA	FCX	OP
116	Ivan-Zar Copper (SX-EW) Mine	Chile	Votorantim	OP,UG
117	Savannah Nickel Mine	Australia	Panoramic	UG
118	Carmen de Andacollo Copper Mine	Chile	Teck	OP
119	Black Mountain (Aggeneys) Zinc/Lead Mine	South Africa	Vedanta, Exxaro Res	UG
120	Duck Pond Base Metal Mine	Canada	Teck	OP,UG
121	Huaron Lead/Zinc/Silver Mine	Peru	Pan Am Silver	UG
122	Rosebery Base Metal Mine	Australia	Minmetals	UG
123	Mufulira Copper Mine	Zambia	Glencore Xstrata	UG
124	Robinson Copper/Gold Mine	USA	KGHM	OP
125	Tritton Copper Mine	Australia	Straits Res.	UG
126	Huckleberry Polymetallic Mine	Canada	Imperial Metals, Mitsub Materials, Dowa Metals, Furu	OP
127	Mount Lyell Copper/Gold Mine	Australia	Vedanta	UG
128	Myra Falls Zinc/Copper/Gold Mine	Canada	Nyrstar	UG
129	Nifty Copper Concentrate Mine	Australia	Aditya Birla	UG
130	Vale Manitoba Nickel Mines	Canada	Vale	UG
131	Santa Rita Nickel/Copper Mine	Brazil	Mirabela Nickel	OP,UG
132	Mount Gordon Copper Mine	Australia	Aditya Birla	UG
133	Jaguar Zinc Mine	Australia	Independence	UG
134	Bismark Zinc Mine	Mexico	Penoles	UG

续表

序号	项目名称	国家	控股公司	类型
135	Morenci Copper Mine	USA	FCX, NSSMC	OP
136	Mantos Blancos Copper Mine	Chile	Anglo American	OP
137	Morococha（Pan Am）Silver Mine	Peru	Pan Am Silver	UG
138	Nkana Copper/Cobalt Mine	Zambia	Glencore Xstrata	UG
139	Ernest Henry Copper/Gold Mine	Australia	Glencore Xstrata	OP,UG
140	Casapalca（Yauliyacu）Polymetallic Mine	Peru	Glencore Xstrata	UG
141	Carlota Copper（SX-EW）Mine	USA	KGHM	OP
142	Vale Ontario Nickel Mines	Canada	Vale	UG
143	Talvivaara Nickel/Copper/Cobalt Mine	Finland	Talvivaara Min	OP
144	Mount Garnet Base Metal Mine	Australia	Snow Peak	OP,UG
145	Aguablanca Polymetallic Mine	Spain	Lundin Mining	OP
146	Rustenburg Section PGM Mines	South Africa	Anglo American	UG
147	Nkomati Polymetallic Mine	South Africa	ARM, Norilsk Nickel	UG
148	Fortaleza Nickel Mine	Brazil	Votorantim	OP
149	Quiruvilca Silver/Zinc Mine	Peru	Southern Peaks	UG

附表3 全球在产黄金项目汇总（包括金为副产品项目）

序号	项目名称	国家	控股公司	类型
1	Alumbrera Gold/Copper Mine	Argentina	Glencore Xstrata, Goldcorp, Yamana	OP
2	Casposo Gold Mine	Argentina	Troy Res	OP
3	Veladero Gold Mine	Argentina	Barrick	OP
4	Gualcamayo Gold Mine	Argentina	Yamana	OP
5	Cerro Vanguardia Gold Mine	Argentina	Anglogold	OP, UG
6	Kapan Copper Mine	Armenia	Dundee Precious	UG

续表

序号	项目名称	国家	控股公司	类型
7	Prominent Hill Polymetallic Mine	Australia	OZ Minerals	OP, UG
8	Cadia Hill Gold/Copper Mine	Australia	Newcrest	OP
9	Yandal Gold Mines	Australia	Newmont Mining	OP, UG
10	Charters Towers Gold Mine	Australia	Citigold	OP, UG
11	Cowal Gold Mine	Australia	Barrick	OP
12	Super Pit Gold Mine	Australia	Barrick, Newmont Mining	OP
13	Duketon Gold Mine	Australia	Newmont Mining	OP
14	Mount Rawdon Gold Mine	Australia	Evolution	OP
15	Leonora (SOG) Gold Mine	Australia	St Barbara	OP, UG
16	Paulsens Gold Mine	Australia	Northern Star	OP, UG
17	Mount Monger Gold Mine	Australia	Silver Lake	OP
18	Yilgarn South Gold Mines	Australia	Barrick	OP, UG
19	Peak Gold Mine	Australia	New Gold Inc	UG
20	King of the Hills Gold Mine	Australia	St Barbara	UG
21	White Dam Gold Mine	Australia	Polymetals Pty, WHSP	OP
22	Cracow Gold Mine	Australia	Evolution	UG
23	Ravenswood Gold Mine	Australia	Resolute	UG
24	Pajingo (Vera/Nancy) Gold Mine	Australia	Evolution	OP, UG
25	Agnew Gold Mine	Australia	Gold Fields	UG
26	Telfer Gold Mine	Australia	Newcrest	OP, UG
27	Boddington Gold Mine	Australia	Newmont Mining	OP, UG
28	Frogs Leg Gold Mine	Australia	Weather II	UG
29	Edna May Gold Mine	Australia	Evolution	OP, UG
30	Kanowna (Kalgoorlie) Gold Mines	Australia	Barrick	UG
31	Saint Ives Gold Mines	Australia	Gold Fields	OP, UG
32	Challenger Gold Mine	Australia	Kingsgate	UG
33	Tasmania Gold Mine	Australia	BCD Res	UG
34	Wattle Dam Gold Mine	Australia	Ramelius Res	UG

续表

序号	项目名称	国家	控股公司	类型
35	Carosue Dam Gold Mine	Australia	Saracen	OP, UG
36	Coyote Gold Mine	Australia	Tanami Gold	OP, UG
37	Sunrise Dam Gold Mine	Australia	Anglogold	OP, UG
38	Costerfield-Augusta Gold/Antimony Mine	Australia	Walter Energy	UG
39	Paddington Gold Mine	Australia	Zijin Mining	OP, UG
40	Higginsville Gold Mine	Australia	Alacer Gold	OP, UG
41	South Kal Gold Mines	Australia	Alacer Gold	UG
42	Plutonic Gold Mine	Australia	Barrick	OP, UG
43	Laverton (Crescent) Gold Mines	Australia	Shandong Gold	OP
44	Henty Gold Mine	Australia	Unity Mining	UG
45	Southern Cross Region Gold Mines	Australia	Hanking	UG
46	Tanami (NFM) Gold Operations	Australia	Newmont Mining	OP, UG
47	Coolgardie (Tindals) Gold Mine	Australia	Shandong Gold	OP, UG
48	Bronzewing Gold Mine	Australia	Navigator Res	OP, UG
49	Wiluna Gold Mine	Australia	Apex Minerals	OP, UG
50	Don Mario Gold/Copper Mine	Bolivia	Orvana Minerals	OP, UG
51	Chapada Copper/Gold Mine	Brazil	Yamana	OP
52	Andorinhas Gold Mine	Brazil	Troy Res	OP, UG
53	Anglogold Ashanti Mineracao Gold Mines	Brazil	Anglogold	UG
54	Aurizona Gold Mine	Brazil	Luna Gold	OP
55	Jacobina Gold Mine	Brazil	Yamana	UG
56	Serra Grande (Crixas) Gold Mine	Brazil	Anglogold	UG
57	Fazenda Brasileiro Gold Mine	Brazil	Yamana	UG
58	Paracatu (Morro do Ouro) Gold Mine	Brazil	Kinross Gold	OP

续表

序号	项目名称	国家	控股公司	类型
59	Caete Gold Mine	Brazil	Jaguar Mining	UG
60	Turmalina Gold Mine	Brazil	Jaguar Mining	UG
61	Paciencia Gold Mine	Brazil	Jaguar Mining	UG
62	Sao Francisco Gold Mine	Brazil	Aura Minerals	OP
63	Sao Vicente Gold Mine	Brazil	Aura Minerals	OP
64	Chelopech Gold/Copper Mine	Bulgaria	Dundee Precious	UG
65	Essakane Gold Mine	Burkina Faso	Iamgold	OP
66	Taparko Gold Mine	Burkina Faso	Severstal	OP
67	Mana Gold Mine	Burkina Faso	Semafo	OP
68	Inata Gold Mine	Burkina Faso	Avocet	OP
69	Doyon Division Gold Mine	Canada	Iamgold	UG
70	Red Lake Gold Mines	Canada	Goldcorp	UG
71	LaRonde Gold Mine	Canada	Agnico-Eagle	UG
72	Lapa Gold Mine	Canada	Agnico-Eagle	UG
73	Young-Davidson Gold Mine	Canada	AuRico Gold	OP, UG
74	Musselwhite Gold Mine	Canada	Goldcorp	UG
75	Black Fox (Glimmer) Gold Mine	Canada	Brigus Gold	OP, UG
76	Porcupine Gold Mine	Canada	Goldcorp	OP, UG
77	Holt Gold Mine	Canada	SAS Goldmines	UG
78	Rice Lake Gold Mine	Canada	San Gold	UG
79	Island Gold Mine	Canada	Richmont	OP, UG
80	Timmins West Gold Mine	Canada	Lake Shore Gold	UG
81	Malartic Gold Mine	Canada	Osisko Mining	OP
82	Meadowbank Gold Mine	Canada	Agnico-Eagle	OP
83	Bell Creek Gold Mine	Canada	Lake Shore Gold	UG
84	Hemlo Gold Mines	Canada	Barrick	UG

续表

序号	项目名称	国家	控股公司	类型
85	Seabee Gold Mine	Canada	Claude Res	UG
86	Macassa Gold Mine	Canada	Kirkland Lake Go	UG
87	Holloway Gold Mine	Canada	SAS Goldmines	UG
88	Hislop Gold Mine	Canada	SAS Goldmines	OP
89	La Ronge Gold Mines	Canada	Golden Band	OP, UG
90	Beaufor Gold Mine	Canada	Richmont	UG
91	Lac Herbin Gold Mine	Canada	QMX Gold	UG
92	El Penon Gold Mine	Chile	Yamana	UG
93	Maricunga Gold Mine	Chile	Kinross Gold	OP
94	Minera Florida/Alhue Gold Mine	Chile	Yamana	UG
95	CMD (Compania Minera Dayton) Gold Mine	Chile	Lachlan Star	OP
96	La Coipa Silver/Gold Mine	Chile	Kinross Gold	OP
97	Guanaco Gold Mine	Chile	Austral Gold	OP
98	Pimenton Gold/Copper Mine	Chile	CEG, Springpark	UG
99	Tanjianshan Gold Mine	China	Eldorado	OP, UG
100	BYP Gold/Lead/Zinc Mine	China	Silvercorp	UG
101	White Mountain Gold Mine	China	Eldorado	UG
102	Jinfeng (Lannigou) Gold Mine	China	Eldorado	OP, UG
103	Chang Shan Hao Gold Mine	China	CNGC	OP
104	Marmato (Zona Baja) Gold Mine	Colombia	Gran Colombia	UG
105	Segovia Gold Mine	Colombia	Gran Colombia	UG
106	Tongon Gold Mine	Cote d'Ivoire	Randgold Res	OP
107	Bonikro Gold Mine	Cote d'Ivoire	Newcrest	OP
108	Sukari Gold Mine	Egypt	Centamin Plc	OP
109	Bisha Gold/Silver/Zinc/Copper Mine	Eritrea	Nevsun, ENAMCO	OP
110	Vatukoula Gold Mine	Fiji	Vatukoula Gold	UG

续表

序号	项目名称	国家	控股公司	类型
111	Kittil?Gold Mine	Finland	Agnico-Eagle	OP，UG
112	Pampalo Gold Mine	Finland	Endomines AB	UG
113	Pahtavaara Gold Mine	Finland	Lappland Goldmine	OP，UG
114	Vammala Area Gold Mines	Finland	Dragon Mining	UG
115	Laiva Gold Mine	Finland	Nordic Mines	OP
116	Ahafo Gold Mine	Ghana	Newmont Mining	OP
117	Edikan Gold Mine	Ghana	Perseus Mining	OP
118	Tarkwa Gold Mines	Ghana	Gold Fields	OP
119	Chirano Gold Mine	Ghana	Kinross Gold	OP，UG
120	Wassa Gold Mine	Ghana	Golden Star Res	OP
121	Damang Gold Mine	Ghana	Gold Fields	OP
122	Iduapriem Gold Mine	Ghana	Anglogold	OP
123	Bogoso/Prestea Gold Mine	Ghana	Golden Star Res	OP
124	Obuasi（Underground）Gold Mine	Ghana	Anglogold	UG
125	Marlin Gold Mine	Guatemala	Goldcorp	OP，UG
126	Kiniero（Jean-Gobele）Gold Mine	Guinea	Semafo	OP
127	Siguiri Gold Mine	Guinea	Anglogold	OP
128	Lero-Fayalala（LEFA）Gold Mines	Guinea	Severstal	OP
129	San Andres Gold Mine	Honduras	Aura Minerals	OP
130	Way Linggo Gold/Silver Mine	Indonesia	Kingsrose Mining	UG
131	Gosowong Gold Mine	Indonesia	Newcrest，Antam	OP
132	Toka Tindung Gold Mine	Indonesia	Archipelago	OP
133	Batu Hijau Copper/Gold Mine	Indonesia	Newmont Mining，NSSMC，Bumi plc，PT Multi Daerah	OP
134	Mount Muro Gold Mine	Indonesia	Straits Res.	OP
135	Suzdal Gold Mine	Kazakhstan	Severstal	UG
136	Kumtor Gold Mine	Kyrgyzstan	Centerra	OP
137	Selinsing Gold Mine	Malaysia	Monument Mining	OP

续表

序号	项目名称	国家	控股公司	类型
138	Gounkoto Gold Mine	Mali	Randgold Res, State of Mali	OP
139	Morila Gold Mine	Mali	Anglogold, Randgold Res, State of Mali	OP
140	Loulo Gold Mine	Mali	Randgold Res, State of Mali	OP, UG
141	Syama Gold Mine	Mali	Resolute, State of Mali	OP
142	Sadiola Gold Mine	Mali	Anglogold, Iamgold, State of Mali	OP
143	Kalana Gold Mine	Mali	Avnel Gold	UG
144	Yatela Gold Mine	Mali	Anglogold, Iamgold, State of Mali	OP
145	Tasiast Gold Mine	Mauritania	Kinross Gold	OP
146	Penasquito Gold/Silver Mine	Mexico	Goldcorp	OP
147	Palmarejo Silver/Gold Mine	Mexico	Coeur d'Alene	OP, UG
148	Guanacevi Silver Mine	Mexico	Endeavour Silver	UG
149	El Cubo Gold/Silver Mine	Mexico	Endeavour Silver	UG
150	Cerro San Pedro Gold/Silver Mine	Mexico	New Gold Inc	OP
151	Pinos Altos Gold Mine	Mexico	Agnico-Eagle	OP
152	Mulatos Gold Mine	Mexico	Alamos	OP
153	San Dimas Gold Mines	Mexico	Goldcorp	UG
154	El Chanate Gold Mine	Mexico	AuRico Gold	OP
155	Mercedes Gold Mine	Mexico	Yamana	UG
156	La Colorada Gold Mine	Mexico	Argonaut	OP
157	Los Filos Open Pit Gold Mine	Mexico	Goldcorp	OP
158	El Castillo Gold Mine	Mexico	Argonaut	OP
159	El Sauzal Gold Mine	Mexico	Goldcorp	OP
160	San Francisco Gold Mine	Mexico	Timmins Gold	OP
161	La Herradura Gold Mine	Mexico	Penoles, Newmont Mining	OP
162	Campo Morado Polymetallic Mine	Mexico	Nyrstar	UG
163	Boroo Gold Mine	Mongolia	Centerra	OP

续表

序号	项目名称	国家	控股公司	类型
164	Navachab Gold Mine	Namibia	Anglogold	OP
165	Martha Hill (Waihi) Gold Mine	New Zealand	Newmont Mining	OP, UG
166	La Libertad Gold Mine	Nicaragua	B2Gold	OP
167	Limon Gold Mine	Nicaragua	B2Gold	OP, UG
168	Samira Hill Gold Mine	Niger	Semafo, State of Niger	OP
169	Molejon Gold Mine	Panama	Petaquilla Miner	OP
170	Lihir Gold Mine	Papua New Guinea	Newcrest	OP
171	Porgera Gold Mine	Papua New Guinea	Barrick	OP, UG
172	Hidden Valley Gold/Silver Mine	Papua New Guinea	Harmony, Newcrest	OP
173	Lagunas Norte Gold Mine	Peru	Barrick	OP
174	Tantahuatay Copper Mine	Peru	Grupo Mexico, Buenaventura	OP
175	Cerro Corona Copper/Gold Mine	Peru	Gold Fields	OP
176	Yanacocha Gold Mines	Peru	Newmont Mining Buenaventura	OP
177	Orcopampa Gold Mine	Peru	Buenaventura	UG
178	Corihuarmi Gold Mine	Peru	Minera IRL	OP
179	La Zanja Gold Mine	Peru	Buenaventura, Newmont Mining	OP
180	Pierina Gold Mine	Peru	Barrick	OP
181	Co-O Gold Mine	Philippines	Medusa Mining	UG
182	Masbate Gold Mine	Philippines	B2Gold	OP
183	Siana Gold Mine	Philippines	Red 5	OP, UG
184	Kupol Gold Mine	Russia	Kinross Gold	OP, UG
185	Savkino Gold Mine	Russia	WTG	OP
186	Berezitovy Gold Mine	Russia	Severstal	OP
187	Novoshirokinskoye Polymetallic Mine	Russia	HGM	UG
188	Pioneer (Rus) Gold Mine	Russia	Petropavlovsk	OP

序号	项目名称	国家	控股公司	类型
189	Mnogovershinnoye Gold Mine	Russia	HGM	OP, UG
190	Tabornoye Gold Mine	Russia	Severstal	OP
191	Pokrovskiy Gold Mine	Russia	Petropavlovsk	OP
192	Pogromnoye Gold Mine	Russia	Severstal	OP
193	Malomir Gold Mine	Russia	Petropavlovsk	OP
194	Albyn Gold Mine	Russia	Petropavlovsk	OP
195	Belaya Gora Gold Mine	Russia	HGM	OP
196	Sabodala Gold Mine	Senegal	Teranga Gold	OP
197	Mponeng（South）Gold Mine	South Africa	Anglogold	UG
198	Modder East Gold Mine	South Africa	Gold 1 Aust	UG
199	Joel Gold Mine	South Africa	Harmony	UG
200	Vaal River Tailings Gold Mine	South Africa	Anglogold	Tail
201	Target Gold Mine	South Africa	Harmony	UG
202	TauTona Gold Mine	South Africa	Anglogold	UG
203	Harmony/Free State UG Gold Mine	South Africa	Harmony	UG
204	Masimong Gold Mine	South Africa	Harmony	UG
205	Kopanang Gold Mine	South Africa	Anglogold	UG
206	Evander Gold Mines	South Africa	Shanduka Group	UG
207	Moab Khotsong Gold Mine	South Africa	Anglogold	UG
208	Savuka（West）Gold Mine	South Africa	Anglogold	UG
209	Kalahari Goldridge Gold Mine	South Africa	Harmony	OP
210	Lily Gold Mine	South Africa	Vantage Gold	UG
211	KDC Gold Mine	South Africa	Sibanye	OP, UG
212	Tshepong Gold Mine	South Africa	Harmony	UG
213	Barbrook Gold Mine	South Africa	Vantage Gold	UG
214	South Deep Gold Mine	South Africa	Gold Fields	OP, UG
215	Beatrix Gold Mine	South Africa	Sibanye	OP, UG
216	Randfontein Surface Gold Mine	South Africa	Gold 1 Aust	OP
217	Doornkop South Reef Gold Mine	South Africa	Harmony	UG

续表

序号	项目名称	国家	控股公司	类型
218	Virginia Gold Mines	South Africa	Harmony	UG
219	Kusasalethu UG Gold Mine	South Africa	Harmony	UG
220	Great Noligwa Gold Mine	South Africa	Anglogold	UG
221	Phakisa Gold Mine	South Africa	Harmony	UG
222	President Steyn Gold Mine	South Africa	Harmony	UG
223	Bambanani Gold Mines	South Africa	Harmony	UG
224	Cooke UG Gold Mine	South Africa	Gold 1 Aust	UG
225	Cooke 4 (Ezulwini) Underground Gold Mine	South Africa	Gold 1 Aust	UG
226	El Valle Gold Mine	Spain	Orvana Minerals	UG
227	Rosebel Gold Mine	Surinam	Iamgold	OP
228	Svartliden Gold Mine	Sweden	Dragon Mining	OP, UG
229	Bj Rkdal Gold Mine	Sweden	Elgin	OP, UG
230	Geita Gold Mine	Tanzania	Anglogold	OP
231	Golden Pride (Tan) Gold Mine	Tanzania	Resolute	OP
232	Bulyanhulu Gold Mine	Tanzania	Barrick	UG
233	North Mara Gold Mine	Tanzania	Barrick	OP
234	Buzwagi Gold Mine	Tanzania	Barrick	OP
235	Tulawaka Gold Mine	Tanzania	Barrick, MDN	OP
236	Chatree Gold Mine	Thailand	Kingsgate	OP
237	Kisladag Gold Mine	Turkey	Eldorado	OP
238	Cöpler (Cukurdere) Gold Mine	Turkey	Alacer Gold	OP
239	Efemcukuru Gold Mine	Turkey	Eldorado	UG
240	Rochester Silver Mine	USA	Coeur d'Alene	OP
241	Cortez Gold Mine	USA	Barrick	OP, UG
242	Kettle River-Buckhorn Gold Mine	USA	Kinross Gold	UG
243	Betze Post Gold Mine	USA	Barrick	OP
244	Turquoise Ridge Gold Mine	USA	Barrick, Newmont Mining	UG
245	Cresson Gold Mine	USA	Anglogold	OP
246	Newmont Nevada Mines	USA	Newmont Mining	OP, UG

续表

序号	项目名称	国家	控股公司	类型
247	Hycroft (Crofoot/Lewis) Gold Mine	USA	Allied Nevada	OP
248	Fort Knox Gold Mine	USA	Kinross Gold	OP
249	Wharf Gold Mine	USA	Goldcorp	OP
250	Ruby Hill Gold Mine	USA	Barrick	OP
251	Mesquite Gold Mine	USA	New Gold Inc	OP
252	Golden Sunlight Gold Mine	USA	Barrick	OP
253	Round Mountain Gold Mine	USA	Barrick, Kinross Gold	OP
254	Marigold Gold Mine	USA	Goldcorp, Barrick	OP
255	Bald Mountain Gold Mine	USA	Barrick	OP
256	Mineral Ridge Gold Mine	USA	Scorpio Gold, Golden Phoenix	OP
257	Briggs Gold Mine	USA	Atna Res	OP
258	Kensington Gold Mine	USA	Coeur d'Alene	UG
259	San Gregorio Gold Mine	Uruguay	Orosur Mining	OP
260	Freda Rebecca Gold Mine	Zimbabwe	Mwana Africa	OP, UG
261	Blanket Gold Mine	Zimbabwe	Caledonia	UG

附表4 全球在产白银项目汇总（包括银为副产品项目）

序号	项目名称	国家	控股公司	类型
1	San Dimas Gold Mines	Mexico	Goldcorp	UG
2	Zinkgruvan Zinc/Lead Mine	Sweden	Lundin Mining	UG
3	Langlois (Grevet) Polymetallic Mine	Canada	Nyrstar	UG
4	Balkhash Copper Mines	Kazakhstan	Kazakhmys	OP, UG
5	Casapalca (Yauliyacu) Polymetallic Mine	Peru	Glencore Xstrata	UG
6	Voisey's Bay Nickel/Copper Mine	Canada	Vale	OP
7	Cannington Silver/Lead/Zinc Mine	Australia	BHP Billiton	UG
8	Antamina Copper/Zinc Mine	Peru	BHP Billiton, Glencore Xstrata, Teck, Mitsubishi	OP

续表

序号	项目名称	国家	控股公司	类型
9	Campo Morado Polymetallic Mine	Mexico	Nyrstar	UG
10	Fresnillo Silver Mine	Mexico	Penoles	UG
11	Garpenberg Lead/Zinc Mines	Sweden	Boliden	UG
12	Cuajone (SPCC) Copper Mine	Peru	Grupo Mexico	OP
13	Cerro Verde Copper Mine	Peru	FCX, SMM, Buenaventura	OP
14	Tizapa Polymetallic Mine	Mexico	Penoles, Dowa Metals, NSSMC	UG
15	Saucito Silver/Gold Mine	Mexico	Penoles	UG
16	Escondida Copper Mine	Chile	BHP Billiton, Rio Tinto Group, Mitsubishi, JX Nippon	OP
17	Marlin Gold Mine	Guatemala	Goldcorp	OP, UG
18	Toquepala (SPCC) Copper Mine	Peru	Grupo Mexico	OP
19	Yanacocha Gold Mines	Peru	Newmont Mining, Buenaventura	OP
20	Bingham Canyon Copper Mine	USA	Rio Tinto Group	OP, UG
21	Alumbrera Gold/Copper Mine	Argentina	Glencore Xstrata, Goldcorp, Yamana	OP
22	Hudson Bay Mines	Canada	Hudbay Minerals	UG
23	La Caridad Copper Mine	Mexico	Grupo Mexico	OP
24	Tintaya Copper Mine	Peru	Glencore Xstrata	OP
25	El Teniente Copper Mine	Chile	Codelco	UG
26	Perseverance Zinc Mine	Canada	Glencore Xstrata	UG
27	Buenavista del Cobre Copper Mine	Mexico	Grupo Mexico	OP
28	Alamo Dorado Silver Mine	Mexico	Pan Am Silver	OP
29	Tighza Lead Mine	Morocco	Harwanne	UG
30	Rampura-Agucha Lead/Zinc Mine	India	Vedanta	OP
31	Chungar (Animon) Zinc Mine	Peru	Volcan	UG
32	Rajpura-Dariba Zinc Mine	India	Vedanta	UG
33	Iscaycruz Zinc Mine	Peru	Glencore Xstrata	UG

续表

序号	项目名称	国家	控股公司	类型
34	East (Vostok) Region Copper/Zinc Mines	Kazakhstan	Kazakhmys	OP, UG
35	Zhezkazgan Copper Mines	Kazakhstan	Kazakhmys	UG
36	Greens Creek Polymetallic Mine	USA	Hecla	UG
37	Chuquicamata Copper Mine	Chile	Codelco	OP
38	La Colorada Gold Mine	Mexico	Argonaut	OP
39	Aitik Copper Mine	Sweden	Boliden	OP
40	Cerro Lindo Copper Mine	Peru	Votorantim	UG
41	Mission Complex Copper Mines	USA	Grupo Mexico	OP
42	Porgera Gold Mine	Papua New Guinea	Barrick	OP, UG
43	Kidd Creek Polymetallic Mine	Canada	Glencore Xstrata	UG
44	KGHM Copper Mines	Poland	KGHM	UG
45	Lucky Friday Lead/Silver Mine	USA	Hecla	UG
46	Highland Valley Copper Mine	Canada	Teck	OP
47	Sabinas Silver/Lead Mine	Mexico	Penoles	UG
48	Mount Isa Copper Mine	Australia	Glencore Xstrata	UG
49	Pirquitas Silver Mine	Argentina	Silver Standard	OP
50	Pesquito Gold/Silver Mine	Mexico	Goldcorp	OP
51	Ok Tedi Copper/Gold Mine	Papua New Guinea	PNGSDP, State of Papua New Guinea	OP
52	Prominent Hill Polymetallic Mine	Australia	OZ Minerals	OP, UG
53	Chino Copper Mine	USA	FCX	OP
54	Brunswick (Bathurst) Lead/Zinc Mine	Canada	Glencore Xstrata	UG
55	Sierrita Copper Mine	USA	FCX	OP
56	El Soldado Copper Mine	Chile	Anglo American, Codelco, Mitsubishi	OP
57	Santa Barbara Polymetallic Mine	Mexico	Grupo Mexico	UG

续表

序号	项目名称	国家	控股公司	类型
58	Colquijirca（Tajo Norte）Lead/Zinc Mine	Peru	Buenaventura	OP
59	Charcas Polymetallic Mine	Mexico	Grupo Mexico	UG
60	Continental Copper Mine	USA	Montana Resource, Grupo Mexico	OP
61	Grasberg/Ertsberg Copper/Gold Mine	Indonesia	FCX	OP, UG
62	Sudbury Nickel/Copper Mines	Canada	Glencore Xstrata	UG
63	Boddington（Worsley）Bauxite Mine	Australia	BHP Billiton	OP
64	Raglan Nickel/Copper Mine	Canada	Glencore Xstrata	UG
65	Bagdad Copper Mine	USA	FCX	OP
66	El Porvenir（Milpo）Polymetallic Mine	Peru	Votorantim	UG
67	Atacocha Lead/Zinc/Silver Mine	Peru	Votorantim	UG
68	Cerro de Pasco Zinc Mine	Peru	Volcan	OP, UG
69	Ray Copper Mine	USA	Grupo Mexico	OP
70	Neves Corvo Copper Mine	Portugal	Lundin Mining	UG
71	Red Dog Zinc/Lead Mine	USA	Teck	OP
72	La Coipa Silver/Gold Mine	Chile	Kinross Gold	OP
73	Uchucchacua Silver Mine	Peru	Buenaventura	UG
74	Cobriza Copper Mine	Peru	Doe Run	UG
75	LaRonde Gold Mine	Canada	Agnico-Eagle	UG
76	Lisheen Zinc/Lead Mine	Ireland	Vedanta	UG
77	Vale Manitoba Nickel Mines	Canada	Vale	UG
78	Boliden/Kristineberg Polymetallic Mines	Sweden	Boliden	OP, UG
79	Coeur Silver Mine	USA	US Silver & Gold	UG
80	Mount Polley Copper/Gold Mine	Canada	Imperial Metals	OP
81	Raura Lead/Zinc/Silver Mine	Peru	Raura	UG

续表

序号	项目名称	国家	控股公司	类型
82	Telfer Gold Mine	Australia	Newcrest	OP, UG
83	Golden Grove Base/Precious Metals Mine	Australia	Minmetals	UG
84	Gibraltar (McLeese Lake) Copper Mine	Canada	Taseko, Sojitz Corp, Dowa Metals, Furukawa Co	OP
85	Olympic Dam Copper/Gold Mine	Australia	BHP Billiton	UG
86	San Cristobal Polymetallic Mine	Bolivia	NSSMC	OP
87	Vale Ontario Nickel Mines	Canada	Vale	UG
88	Rochester Silver Mine	USA	Coeur Mining	OP
89	Manantial Espejo Gold/Silver Mine	Argentina	Pan Am Silver	OP
90	Huanzala Zinc Mine	Peru	Mitsui Mining, Mitsui	UG
91	El Mochito Lead/Zinc Mine	Honduras	Nyrstar	UG
92	Robinson Copper/Gold Mine	USA	KGHM	OP
93	Rosebery Base Metal Mine	Australia	Minmetals	UG
94	Huaron Lead/Zinc/Silver Mine	Peru	Pan Am Silver	UG
95	Black Mountain (Aggeneys) Zinc/Lead Mine	South Africa	Vedanta, Exxaro Res	UG
96	Duck Pond Base Metal Mine	Canada	Teck	OP, UG
97	Mount Isa Lead/Zinc Mine	Australia	Glencore Xstrata	OP, UG
98	Century Lead/Zinc Mine	Australia	Minmetals	OP
99	Tritton Copper Mine	Australia	Straits Res.	UG
100	Jaguar Zinc Mine	Australia	Independence	UG
101	Mount Lyell Copper/Gold Mine	Australia	Vedanta	UG
102	El Toqui Zinc Mine	Chile	Nyrstar	UG
103	Huckleberry Polymetallic Mine	Canada	Imperial Metals, Mitsub Materials, Dowa Metals, Furu	OP
104	Myra Falls Zinc/Copper/Gold Mine	Canada	Nyrstar	UG
105	Zawar (Udaipur) Lead/Zinc Mines	India	Vedanta	UG

续表

序号	项目名称	国家	控股公司	类型
106	Naica Silver/Lead/Zinc Mine	Mexico	Penoles	UG
107	Tara Zinc Mines	Ireland	Boliden	UG
108	Rosh Pinah Zinc/Lead Mine	Namibia	Glencore Xstrata	UG
109	McArthur River Base Metal Mine	Australia	Glencore Xstrata	OP
110	Bismark Zinc Mine	Mexico	Penoles	UG
111	Morococha（Pan Am）Silver Mine	Peru	Pan Am Silver	UG
112	Mantos Blancos Copper Mine	Chile	Anglo American	OP
113	Broken Hill（North and South）Lead/Zinc Mines	Australia	Perilya	UG
114	Francisco I Maderos（Zacatecas）Lead/Zinc Mine	Mexico	Penoles	UG
115	Mount Garnet Base Metal Mine	Australia	Snow Peak	OP，UG
116	Endeavor Zinc/Lead Mine	Australia	Toho Zinc	UG
117	Quiruvilca Silver/Zinc Mine	Peru	Southern Peaks	UG

参考文献

（1）VAHLNE J E，JOHANSON J. The Uppsala Model on Evolution of the Multinational Business Enterprise-from Internalization to Coordination of Networks［J］. International Marketing Review，2013（3）：189-210.

（2）VAHLNE J E，JOHANSON J. From Internationalization to Evolution：The Uppsala model At 40 years［J］. Journal of International Business Studies，2017（9）：1087-1102.

（3）FORSGREN M. A Note on the Revisited Uppsala Internationalization Process Model-the Implications of Business Networks and Entrepreneurship［J］. Journal of International Business Studies，2016（9）：1135-1144.

（4）肖文，陈益君.企业国际化的影响因素：一个文献述评［J］.中南大学学报（社会科学版），2008（1）：17-22.

（5）COVIELLO N，KANO L，LIESCH P W. Adapting the Uppsala Model to a Modern World：Macro-context and Microfoundations［J］. Journal of International Business Studies，2017（9）：1151-1164.

（6）MARJORIE A L，LI D，YAN H F. Chinese Outward FDI Performance：The Role of Learning［J］. Management & Organization Review，2014（3）：411-437.

（7）PENROSE E T. Contributions to the Resource-based View of Strategic Management［J］. Journal of Management Studies，2004（1）：183-191.

（8）BENGTSSON L. Explaining Born Global：An Organizational Learning Perspective on the Internationalization Process［J］.International Journal of Globalization and Small Business，2004（1）：28-41.

（9）CANTWELL J A，DUNNING J H，LUNDAN S M. An Evolutionary Approach to Understanding International Business Activity：The Co-evolution of MNEs and the

Institutional Environment [J]. Journal of International Business Studies, 2010 (4): 567-586.

(10) VALNE J E, IVARSSON I, JOHANSON J. The Tortuous Road to Globalization for Volvo's Heavy Truck Business: Extending the Scope of the Uppsala Model [J]. International Business Review, 2011 (1): 1-14.

(11) KUHN T S. The Structure of Scientific Revolutions [M]. Chicago: The University of Chicago Press, 1962.

(12) 托马斯·S·库恩. 必要的张力 [M]. 纪树立, 范贷年, 罗慧生, 译. 福州: 福建人民出版社, 1981.

(13) LAUDAN L. Progress and Its Problems: Towards a Theory of Scientific Growth [M]. University of California Press, Berkeley, 1977.

(14) DOSI G. Technological Paradigms and Technological Trajectories: A Suggested Interpretation of the Determinants and Directions of Technical Change [J]. Research Policy, 1982 (3): 147-162.

(15) TONZELMANN N V, MALERBA F, NIGHTINGALE P, et al. Technological Paradigms: Past, Present and Future [J]. Industrial and Corporate Change, 2008 (3): 467-484.

(16) KUHN T S. The Structure of Scientific Revolutions [M]. 2nd Edition. Chicago, Illinois: The University of Chicago Press, 1970.

(17) FOSTER J, METCALFE J S. Frontiers of Evolutionary Economics [M]. Edward Elgar, 2001.

(18) PRIEM R L, BUTLER J E. Is the Resource-based "View" a Useful Perspective for Strategic Management Research? [J]. Academy of Management Review, 2001, (1): 22-40.

(19) 朱巧玲, 董莉军. 西方对外直接投资理论的演进及评述 [J]. 中南财经政法大学学报, 2011 (5): 26-32.

(20) JOHANSON J, VAHLNE J E. The Mechanism of Internationalization [J]. International Marketing Review, 1990 (4): 11-24.

(21) HYMER S M. The International Operations of National Firmas: A Study of Direct Investment [M]. Cambridge Mass: The MIT Press, 1976.

(22) BUCKLEY P J, CASSON M. The Future of the Multinational Enterprise [M].

London: Macmillan, 1976.

(23) JOHANSON J, VAHLNE J E. The Internationalization Process of the Firm-a Model of Knowledge Development and Increasing Foreign Market Commitments [J].Journal of International Business Studies, 1977 (1): 23-32.

(24) DUNNING J H. Explaining International Production [M]. London: Uuwin Hyman, 1988.

(25) OVIATT B M, MCDOUGALL-COVIN P P. Toward a Theory of International New Ventures [J]. Journal of International Business Studies, 2005 (1): 29-41.

(26) LUO Y, TUNG R L. International Expansion of Emerging Market Enterprises: A Springboard Perspective [J]. Journal of international Business Studies, 2007 (4): 481-498.

(27) CHEUNG Y W, QIAN X W. Empirics of China's Outward Direct Investment [J]. Pacific Economic Review, 2009 (3): 312-341.

(28) JOHANSON J, VAHLNE J E. Management of Foreign Market Entry [J]. Scandinavian International Business Review, 1992 (3): 9-27.

(29) MEJRI K, UMEMOTO K. Small and Medium Sized Enterprise Internationalization: Towards the Knowledge-Based Model [J]. Journal of International Entrepreneurship, 2010 (8): 156-167.

(30) BARKEMA H G, BELL J H J, PNNINGS J M. Foreign Entry, Cultural Barriers, and Learning [J]. Strategic Management Journal, 1996 (2): 151-166.

(31) JOHANSON J, VAHLNE J E. The Uppsala Internationalization Process Model Revisited: From Liability of Foreignness to Liability of Outsider Ship [J]. Journal of International Business Studies, 2009 (9): 1411-1431.

(32) AXINN C N, MATTHYSSENS P. Limits of Internationalization Theories in an Unlimited World [J]. International Marketing Review, 2002 (5): 436-449.

(33) JENSEN M. The Role of Network Resources in Market Entry: Commercial Banks' Entry into Investment Banking, 1991-1997 [J].Administrative Science Quarterly 2003 (3): 466-497.

(34) PRASHANTHAM S, YOUNG S. The Internet and the Internationalization of Small Knowledge-intensive Firms: Promises, Problems and Prospects [J]. International Journal of Entrepreneurship and Small Business, 2004 (1): 153-175.

(35) MADSEN T K, SERVAIS P. The Internationalization of Born Global: An Evolutionary Process？［J］. International Business Review, 1997（6）: 561-583.

(36) TYKESSON D, ALSERUD M.The Uppsala Model's Applicability on Internationalization Processes of European SMEs, Today: A Case Study of Three Small and Medium Sized Enterprises［D］. Lund: Lund University, 2011.

(37) ANDERSEN O. On the Internationalization Process of Firms: A Critical Analysis［J］. Journal of International Business Studies, 1993（2）: 209-231.

(38) ANDERSEN O. Internationalization and Market Entry Mode: A Review of Theories and Conceptual Frameworks［J］. Management International Review, 1997（2）: 27-42.

(39) HODGSON G M, KNUDSEN T. Darwin's Conjecture: The Search for General Principles of Social and Economic Evolution［M］. US: The University of Chicago Press, 2010.

(40) HODGSON G M. Evolution and Institutions, on Evolutinary Econoinics and the Evolution of Economic［M］. Cheltenham U.K: Edward Elgar, 1999.

(41) 迈克尔·普伯格.经济学大师的人生哲学［M］.北京: 商务印书馆, 2002.

(42) MARSHALL A. Principles of Economics［M］. London: MacMillan, 1920.

(43) HODGSON G M. The Evolution of Institutional Economics: Agency and Structure in American Institutionalism［M］. London and New York: Routledge, Forthcoming, 2004.

(44) LANGLOIS R N, EVERETT M. What Is Evolutionary Economics?［M］// Evolutionary and Neo-Schumpeterian Approaches to Economics. Edited by L. Magnusson. Kluwer: Dordrecht, 1994.

(45) FOSS NJ. Realism and Evolutionary Economics［J］. Journal of Social and Evolutionary Systems, 1994（1）: 21-40.

(46) EBNER A. Understanding Varieties in the Structure and Performance of National Innovation Systems: the Concept of Economics［M］// John Groenewegen, Jack Vromen. Institutions and the Evolution of Capitalism: Implication of Evolutionary Economics. UK: Edward Elgar Publishing, 2003.

(47) LEE R P, SILKE G. Path-dependence, Lock-in, and Student Perceptions of Nuclear Energy in France: Implications From a Pilot Study［J］. Energy Research & Social

Science, 2015 (8): 86-99.

(48) ROBINSON J. Essays on the Theory of Economic Growth [M]. London: Macmillan, 1962.

(49) 亨利·柏格森. 创造进化论 [M]. 肖聿, 译. 北京: 华夏出版社, 2000.

(50) NELSON R R, WINTER S G. An Evolutionary Theory of Economic Change [M]. Cambridge, MA, USA: Harvard University Press, 1982.

(51) DAVID P A. Clio and the Economics of QWERTY [J]. American Economic Review, 1985 (2): 332-337.

(52) DAVID PA. Evolution and Path Dependence in Economic Ideas: Past and Present [M]. Cheltenham: Edward Elgar Publishing Ltd, 2001.

(53) LIEBOWITZ S J, MARGOLIS S E. Path dependence, Encyclopedia of Law and Economics [M]. Edward Elgar and the University of Ghent, 2000.

(54) 曹瑄玮, 席酉民, 陈雪莲. 路径依赖研究综述, 经济社会体制比较 [J]. 2008 (3): 185-191.

(55) NORTH D C. The Contribution of the New Institutional Economics to a Understanding of the Transition Problem, Wider Annual lectures [M] // UNU-WIDER. Wider Perspectives on Global Development. Lendon: Palgrave Macmillan, 2005. Helsinki: WIDER, 1997.

(56) 库尔特·多普菲. 演化经济学纲领与范围 [M]. 贾根良, 刘辉锋, 崔学锋, 译. 北京: 高等教育出版社, 2004.

(57) SILVA S T, TEIXEIRA A C. On the Divergence of Research Paths in Evolutionary Economics: A Comprehensive Bibliometric Account [D]. Germany: Philipps University Marburg, 2006.

(58) 杨虎涛. 演化经济学中的生物学隐喻——合理性、相似性与差异性 [J]. 学术月刊, 2006 (6): 89-94.

(59) HODGSON G M. Meaning of Methodological Individualism [J]. Journal of Economics Methodology, 2007 (2): 211-226.

(60) SCHUMPETER J A. Theory of Economic Development: An Inquiry into Profits, Capital, Credit, Interest, and the Business Cycle [M]. Harvard University Press, Cambridge, 1934.

(62) PENROSE E T. The Theory of the Growth of the Firm [M]. New York: John Wiley

and Sons Inc, 1959.

（62） 谷奇峰, 丁慧平. 企业能力理论研究综述 [J]. 北京交通大学学报（社会科学版）, 2009 (1): 17-22.

（63） ZOLLO M, WINTER S. Deliberate Learning and the Evolution of Dynamic Capabilities [J]. Organization Science, 2002 (3): 339-351.

（64） BARNEY J B. Firm Resources and Sustained Competitive Advantage [J]. Journal of Management, 1991 (1): 99-120.

（65） 刁昳, 李凤. 企业动态能力理论综述 [J]. 管理纵横, 2014 (30): 160-162.

（66） LEONARD-BARTOM D A. Core Capabilities and Core Rigidities: A Paradox in Managing New Product Development [J]. Strategic Management Journal, 1992 (S1): 111-125.

（67） SCHREYOGG G, KLIESCH-EBERL M. How Dynamic Can Organizational Capabilities Be? Towards a Dual-process Model of Capability Dynamization [J]. Strategic Management Journal, 2010 (9): 913-933.

（68） LEWIN P, PHELAN S E. An Austrian Theory of the Firm [J]. Review of Austrian Economics, 2000 (13): 59-79.

（69） BARNEY J B. Firm Resources and Sustained Competitive Advantage [J]. Journal of Management.1991 (17): 99-120.

（70） COLLIS D J. Research Note: How Valuable are Organizational Capabilities? [J]. Strategic Management Journal, 1994 (15): 143-152.

（71） EISENHARDT K M, MARTIN J A. Dynamic Capabilities: What Are They? [J]. Strategic Management Journal, 2000 (21): 1105-1121.

（72） FIGUEIRA-DE-LEMOS F, JOHANSON J, VAHLNE J E.Risk Management in the Internationalization Process of The Firm: A Note on The Uppsala Model [J]. Journal of World Business, 2011 (2): 143-153.

（73） D'AVENI R A. Hypercompetition: Managing the Dynamics of Strategic Maneuvering [M]. New York: Free Press, 1994.

（74） VAHLNEJ E, WIEDERSHEIM P F. Ekonomisktavstand: Modelloch Empirisk Underso kning (Economic Distance: Model and Empirical Investigation) [M]. Uppsala: Almqvist Och Wiksell, 1973.

（75） 易江玲. 心理距离对国际直接投资流向的影响——基于中国的实证研究 [D].

南京：南京财经大学，2011.

（76）陈国艳.基于中国各省GDP的经济区域划分统计方法的研究［D］.长春：东北师范大学，2003.

（77）陈钊，陆铭，金煜.中国人力资本和教育发展的区域差异：对于面板数据的估算［J］.世界经济，2004（12）：25-31.

（78）TUNG S，CHO S. Determinants of Regional Investment Decisions in China: An Econometric Model of Tax Incentive Policy ［J］. Review of Quantitative Finance & Accounting，2001（2）：167-185.

（79）郑锦全.汉语方言亲疏关系的计量研究［J］.中国语文，1994（1）：35-43.

（80）BLOMKIVST K，DROGENDIJK R. The Impact of Psychic Distance on Chinese Outward Foreign Direct Investments［J］.Management International Review，2013(5)：659-686.

（81）张雷.中国矿产资源持续开发与区域开发战略调整［J］.自然资源学报，2002(2)：163-167.

（82）GARTNER W B. Who is an Entrepreneur? Is The Wrong Question ［J］.American Journal of Small Business，1988（4）：11-31.

［83］CEPEDA G，VERA D. Dynamic Capabilities and Operational Capabilities：A Knowledge Management Perspective ［J］. Journal of Business Research，2007（5）：426-437.

后 记

从2006年开始，笔者将学习和工作中遇到的知识、疑惑、想法和经验用笔记的形式一一记录下来，涓涓细流汇集成河，约有百万字。七年前再赴南美工作，回想十年并购经历，觉得有必要进行梳理，这既是对笔者并购工作的总结，也是对运营工作的启示。2016年底正式动笔，计划一年完成。怎奈工作环境恶劣，各种突发事件频发，终日疲于应付，写作计划一拖再拖。

转瞬到了庚子年，辗转回到鹭岛。季夏某日定稿，合上笔记本电脑，窗外树影婆娑，思绪万千，不能自已。感谢支持我的家人，让我可以静下心慢慢做一件小事，积跬步，虽不能至千里，有寸进亦可欣慰。

做一个在企业实践的读书人，心静路长。

张 源